卖香蕉的小贩　陈武星 | 摄

河上的渔船　陈武星｜摄

河边风景　陈武星｜摄

古建筑　　杨　智｜摄

开工仪式

劳动人民　陈武星 | 摄

推垃圾车的少年　陈武星 | 摄

孟加拉老总统府　　杨　智｜摄

"一带一路"合规经营
系列丛书

工程建设企业境外合规经营指南

孟加拉国

中国施工企业管理协会
中国石油管道局工程有限公司
编著

中国市场出版社
China Market Press
·北京·

图书在版编目（CIP）数据

工程建设企业境外合规经营指南．孟加拉国／中国施工企业管理协会，中国石油管道局工程有限公司编著．—北京：中国市场出版社有限公司，2021.5（2023.8 重印）
（“一带一路”合规经营系列丛书）
ISBN 978－7－5092－2073－3

Ⅰ．①工… Ⅱ．①中… ②中… Ⅲ．①建筑企业-对外投资-工业企业管理-中国-指南 Ⅳ．①F426.9-62

中国版本图书馆 CIP 数据核字（2021）第 081942 号

工程建设企业境外合规经营指南：孟加拉国

GONGCHENG JIANSHE QIYE JINGWAI HEGUI JINGYING ZHINAN：MENGJIALAGUO

编　　著： 中国施工企业管理协会 中国石油管道局工程有限公司
责任编辑： 宋　涛

出版发行： 中国市场出版社
社　　址： 北京市西城区月坛北小街 2 号院 3 号楼（100837）
电　　话：（010）68034118/68021338
网　　址： http：//www. scpress. cn

印　　刷： 河北鑫兆源印刷有限公司
规　　格： 145mm×210mm　32 开本
印　　张： 10. 25　**字　　数：** 270 千字
版　　次： 2021 年 5 月第 1 版　**印　　次：** 2023 年 8 月第 2 次印刷
书　　号： ISBN 978－7－5092－2073－3
定　　价： 68. 00 元

《工程建设企业境外合规经营指南：孟加拉国》

编 委 会

何　胜　对外经贸大学教授

王　琳　山东电力工程咨询院有限公司发电事业部总经理

张　红　中国石油工程建设有限公司北京分公司总工程师

张拉柱　中国施工企业管理协会法律顾问

PREFACE
序言

“一带一路”倡议是顺应全球治理体系变革，彰显同舟共济、命运与共意识的国际公共产品。作为完善全球治理体系、推动构建人类命运共同体的中国方案，共建“一带一路”已经成为171个国家和国际组织开展国际合作的新模式，正在向高质量共建的阶段迈进。

近八年的时间里，共建“一带一路”在完成总体布局的基础上，又聚焦重点、深耕细作，扎实推进项目实施，累计开展了2000多个项目，可圈可点的成果、实实在在的好处让“一带一路”朋友圈不多扩大。中国企业参与“一带一路”建设的程度也越来越深入，面临的市场环境越来越复杂，合规经营在企业可持续发展中也显得越来越重要。

为更好地帮助企业提高合规经营管理水平，有效防范及化解经营风险，早在2017年5月，习近平总书记就中国企业合规经营问题，在中央全面深化改革领导小组会议上，明确指出加强企业海外经营行为合规制度建设的必要性。2018年7月1日，国家标准《合规管理体系指南》（GB/T 35770—2017）正式实施；2018年11月2日，国务院国资委《中央企业合规管理指引（试行）》发布实施；2018年12月26日，国家发展改革委正式发布《企业境外经营合规管理指引》，为中国企业更好地开展境外经营业务、建立合规管理体系和制度，提供了官方的指导意见。

中国施工企业管理协会基于工程建设行业的实践经验和研究成果，联合 12 家会员单位，在国家发展改革委区域开放司的指导下，出版《工程建设企业境外合规经营指南》（以下简称《指南》），结合企业自身情况，以丰富翔实的案例，系统地从市场环境、通用规则、国别规则、示范项目等角度展示了中国企业在境外稳扎稳打、开拓进取的合规发展历程，具有针对性、实务性和系统性的特点，是一套指导性非常强的工具书。

《指南》的出版有利于帮助广大施工企业适应国际工程承包自由化、便利化的市场环境，引导企业实现行业高质量发展的目标，期望通过树立境外合规经营优秀典型，分享境外合规运营经验，帮助企业完善合规运营体系，形成合规文化，提升企业在国际市场中的竞争力。同时，在更广泛的范围内倡议共建“一带一路”的企业，增强机遇意识和风险意识，夯实基础，固牢底线，趋利避害，在发展中不断前进，在合作中茁壮成长。

曹玉書

2021 年 5 月

PREFACE

前言

孟加拉国位于南亚次大陆，连接中国、印度和东盟，区位优势明显。近十年来，孟加拉国是南亚地区乃至全球最具经济发展活力的国家之一，GDP 平均增速保持在 6% 以上，是世界第二大成衣出口国，外汇储备在南亚各国中仅次于印度。

近年来，孟加拉国政局和社会秩序基本稳定。2018 年底，人盟在大选中胜出，哈西娜总理再次连任。孟加拉国政府为实现“金色孟加拉梦想”，推出了一系列经济社会发展规划，大力发展基础设施、能源电力、交通、通信、化工、纺织服装等产业，努力实施工业化战略；通过创建经济区、高科技园区、出口加工区等方式积极鼓励和吸引国内私营企业和外商投资。孟加拉国政府计划到 2030 年新建 100 个经济区，相关经济区的建设正在积极推进之中。

中孟传统友好。两国自 1975 年建交以来，双边关系保持健康发展。孟加拉国是“一带一路”沿线重要节点国家，是首个响应“一带一路”倡议的南亚国家。2016 年 10 月，习近平主席对孟加拉国进行国事访问，双方宣布将两国关系提升为战略合作伙伴关系，签署了“一带一路”合作文件，中孟经贸合作迈上新台阶。孟加拉国是中国重要的承包工程市场；中国连续多年保持孟加拉国第一大贸易伙伴；2019年中国对孟加拉国投资增量排名第一。经贸合作成为促进双边关系健康发展的“压舱石”和“稳定器”，“一带一路”倡议与“金色孟加拉梦想”日渐融合，正在缔结日益丰硕的合作成果。

作为“一带一路”倡议和“孟中印缅经济走廊”沿线重要国家，孟加拉国成为中资企业投资合作的热土，中资企业对孟加拉国特别经济区、建材、金融服务、纺织服装、电力、路桥等领域的投资热情升温。值得注意的是，中资企业在孟加拉国开展经贸合作的机遇与挑战并存，应积极应对、慎重决策。孟加拉国拥有丰富的廉价劳动力资源和人口红利，但劳动力素质较低、基础设施落后、能源资源不足、工业化程度不高、营商环境有待改善以及生态环境脆弱等，是中资企业在孟加拉国投资合作面临的不利因素。在具体经营中，建议企业摒弃传统思维理念，加强合法合作的意识，注意事前投资调查分析和风险评估，事中做好风险规避和管理工作，同时充分利用专业风险管理机构保障自身利益。此外，正确处理好与孟加拉国中央、地方政府和民间社会的关系，适时了解政府的政治、外交、经济政策走向，密切与当地居民的关系，积极回报孟加拉国社会，依法保护生态环境。

作为处在南亚与东南亚十字路口的国家，孟加拉国自古便具有重要战略地位。独立以来除中国外，孟加拉国与美国、英国、印度、日本等国家亦保持着紧密的政府交流和经贸往来，上述国家除无偿援助外，亦有大批资本进入孟加拉国从事工业、农业和金融服务业等领域的投资。

建议中国企业在赴孟加拉国开展合作与投资时，要从全球高度客观看待孟加拉国与中国、美国、英国、日本、印度、巴基斯坦等世界大国和近邦的外交关系，切勿忽略国际政治、地缘政治、宗教、文化与经济之间的内在联系，尤其是印度在南亚诸国的巨大影响力，继而在赴孟加拉国开展合作时能够具备与他国企业在外交博弈、资本实力、战略谋划、合法经营、精细管理、风险防御、文化理解与包容等方面竞争的实力，彰显中国大国风范，实现企业自身长远发展的目标。

CONTENTS
目录

Chapter 1

第一章

境外工程建设合规管理的重要性

“合规”一词源于英文 compliance，是指企业行为符合法律法规及其内部规章制度和商业道德的要求。企业合规管理本质上是对企业内部的自我管理提出要求，不仅要求其合法合规，还要求其要遵守企业自己制定的规章和社会承认的商业道德。近年来，随着中国“走出去”战略、“一带一路”倡议的推动，越来越多的企业走出国门，开始广泛参与跨国经营，而与此同时，越来越多的中国企业遭受海外合规处罚，引发了国内企业对于合规问题的关注和思考。

一、“合规”的起源

（一）企业合规思想的起源

合规思想最早可追溯到成立于1906年的美国食品和药物管理局（FDA）。该局当时对食品和药物安全的监管促使部分企业开始将合规视为企业运营的一部分。20世纪50年代，因为第二次世界大战后国际新秩序的形成，作为老牌工业强国的英国，其国土面积狭小，劳动力人口不足，为发展外向型经济和对外殖民统治，需要对外扩张本土企业。当时，对外投资先行的是金融企业，尽管当时的英国法律以及各个行业的法规规章相对比较完善，但对外投资要做到“入乡随俗”，英国本土的法规、企业规章和文化理念等已不适应投资所在国。在此背景之下，从国家、行业和人员三个层面考虑，英国率先推出了compliance（合规）。

（二）企业合规体系的诞生

20世纪60年代，美国电气设备行业的众多龙头企业及其高管遭遇串通抬价、瓜分市场等反垄断指控。仅1961年，就有29家公司和45名个人接受反垄断罚款。美国开始反垄断大潮，政府在该领域重拳出击，合规管理随着美国防止违反《反托拉斯法》（反垄断）的政策实施进程而得到了普及，在当时促使很多企业开始建立反垄断合规体系。

（三）企业专项合规体系的建设

20世纪70年代，美国出现了系列财务丑闻，爆发了水门事件。当时对水门事件的调查结果显示，1972年总统选举过程中，大量企业进行了非法政治捐献，企业界贿赂、回扣成风。证券交易委员会对水门事件的进一步调查还发现了跨国企业为获取交易机会，使用公司资金贿赂外国政府官员的证据。为此，证券交易委员会在1977年颁布了《反海外腐败法》，要求上市公司在贿赂、回扣、记账和其他方面执行更为正式的合规政策，尤其在财务记录和资产分配方面。《反海外腐败法》在合规的世界发展史上具有标志性意义，一方面是因为该法在反腐败领域具有广泛的域外管辖效力，至今仍然是悬在各跨国企业头上的“达摩克里斯之剑”；另一方面是因为该法要求企业对资金往来进行准确的会计记录，从而直接介入了企业财务内控体系的建设。

20世纪80年代是美国各领域合规问题多发的时代，这也反过来推动了企业在问题领域的专项合规体系建设。1986年，美国发布了《环境审计政策声明》，将企业环保作为合规工作要点，鼓励公司对设备使用是否符合环保要求进行系统、定期和客观的检查，以确保公司合规体系的有效性，发现潜在的环保违规问题。这一年，美国军火企业联合起草了《国防工业的商业伦理与企业活动精神》，将自觉履行合规管理制度作为企业自律的要求。1988年，美国又通过《内幕交易与证券欺诈取缔法》，进一步防止证券内幕交易。这一系列专项法案的制定，推动了企业在问题领域专项合规体系的建设。

二、合规体系的成型与完善

（一）企业合规体系的成型

20世纪90年代以前的合规多集中在某些具体领域，从90年代开始，企业全面合规体系建设逐渐成型。标志性的事件是1991年美国量刑委员会发布的《针对机构实体联邦量刑指南》。

1991 年，美国制定了《针对机构实体联邦量刑指南》（以下简称《量刑指南》），主张将机构实体是否具备完善的合规体系作为减轻刑事责任的重要考量。《量刑指南》规定了衡量机构实体合规体系是否完善的七项标准，具体包括：

（1）建立合理的标准和程序，以预防和发现犯罪行为。

（2）机构实体领导层必须了解合规体系的内容和运行，合理监督合规体系的执行和有效性。机构实体管理层必须保证自身具备有效的合规体系。高级管理人员个人则应当对合规体系整体负责。机构实体中的个人应当承担合规体系的日常运作责任，定期向包括领导层在内的上级汇报合规体系的有效性。为完成上述职责，必须为个人配备足够的资源、适当的权限和向包括领导层在内的上级汇报的直接渠道。

（3）机构实体应尽力将任何有违法行为或者违反合规体系要求行为的个人排除出组织的实权岗位。

（4）根据受众的岗位和职责，通过培训项目和信息传播定期务实地向公司领导层、管理层、经理层、普通员工乃至代理人宣传合规体系标准、程序和其他各个方面。

（5）机构实体应当采取合理行动实现以下目标：1）确保机构实体的合规体系得到遵守，包括监督和审计以发现犯罪行为；2）定期评估合规体系有效性；3）建立并公开匿名或保密举报系统，以保证员工或者代理人可以就犯罪行为进行举报或者寻求指导时没有后顾之忧。

（6）激励合规行为，惩罚参与犯罪行为或者未采取合理措施避免、发现犯罪行为，以在整个机构实体范围内持续推广和执行合规体系。

（7）一旦发现犯罪行为，机构实体必须采取合理措施加以应对，并防止将来类似犯罪的发生，包括对机构实体的合规体系进行必要调整。

《量刑指南》的出台标志着现代合规理念与合规标准的成型，在美国乃至世界现代合规发展史上具有里程碑式的意义。企业按照《量刑指南》的合规标准审查现有合规体系，而此前尚未建立全面合规体系的企业则开始按照《量刑指南》的要求建立合规体系。

1992 年，关于通过控制危险废物跨越国境的转移和处置来防止危险废物对环境和人体健康造成危害的全球性国际公约《巴塞尔公约》开始生效，目前已经有 187 个国家签署。

1995 年，联合国首次提出“全球契约”的构想，号召企业以承诺遵守国际行为准则的方式，使经济活动兼顾社会公益，承担相关社会责任。2004 年，全球契约扩充形成人权、劳工标准、环境、反贪污四个方面的十项基本原则。

1997 年，经济合作与发展组织（OECD）成员国达成《OECD 反对国际商业活动中向海外政府官员行贿行为公约》。

（二）企业合规体系的规范

21 世纪最初的 5 年是违规丑闻频发的黑暗时期，同时也是合规发展的黄金时期。

2001—2002 年，安然有限公司和世界通信公司等企业发生财务造假丑闻，暴露出美国上市公司治理和财务审计方面存在的严重问题。为加强公司监管、重振投资者信心，美国国会于 2002 年通过《萨班斯-奥克斯利法案》，对美国上市公司财务监管中存在的问题进行了针对性规定。

作为美国国内法的《萨班斯-奥克斯利法案》适用于所有在美国上市和准备赴美上市的公司，包括外国公司，如中国的新浪、搜狐等，因而对世界范围内的企业经营和合规管理产生了深远影响。

2004年，巴塞尔银行监管委员会颁布《巴塞尔协议》，鼓励银行不仅要识别当前的风险，而且要识别将来的风险，并且改进现有的风险管理体系来管理这些风险。2005年，巴塞尔银行监管委员会又发布了《合规与银行内部合规部门》高级文件。

这一时期对合规发展产生重要影响的，还包括2004年修订后的《针对机构实体联邦量刑指南》。修订后的《量刑指南》在原先七项标准的基础上，为评估合规体系的有效性规定了更为细致和严格的要求，包括但不限于：培养诚信合规的组织文化；强调管理层对合规体系的监督；加强员工合规培训和宣介；建立内外部风险评估机制等。

（三）企业合规体系的发展和完善

肇端于2007年的次贷危机席卷全美，导致贝尔斯登公司和雷曼兄弟公司两家投行破产，并引发美国自大萧条时代以来最严重的失业和股灾。为避免经济危机进一步加剧，美国政府出资超过7000亿美元购买华尔街不良资产，救助房地产、汽车和银行等行业，但也导致民众财富缩水。为遏制金融违规、挽回公众信任，美国国会于2010年通过了《多德-弗兰克华尔街改革和消费者保护法案》（以下简称《多德-弗兰克法案》）。

该法案的规则覆盖了几乎整个金融业和国民经济，包括但不限于：商业贷款、消费贷款、金融衍生品、证券公司、对冲基金、投资银行、检举人，旨在改善金融行业责任制和透明度，避免再次发生经济危机，是美国金融业自大萧条以来最为深远的一次改革。

《多德-弗兰克法案》第922款规定，如果执法回收金额超过100万美元，那么美国证券交易委员会必须向提供证券违规举报原始信息的举报人发放10%~30%的奖励金。法案中此类鼓励举报的规定，促使企业进一步加强合规体系建设。

反腐败合规在这一阶段再次成为热点。以美国对德国西门子公司的反腐败执法案为代表，美国司法部和证券交易委员会在这一时期对大量跨国公司进行了反腐败调查和执法。受《反海外腐败法》巨额罚款的警示（西门子被罚约16亿美元）和会计条款的要求，众多企业不断加强自身的反腐败合规体系建设。

2010年，《量刑指南》再次修订，此次修订强调了合规官的独立性，对企业合规体系建设产生了不小的影响。

2010年，OECD颁布《内控、道德与合规最佳行为指南》，要求企业制定明确的政策来禁止海外贿赂，制定针对所有员工的合规执行体系、相关交流和培训机制、完善的举报制度等。

2014年，国际标准化组织（ISO）发布实施了《合规管理体系指南》（ISO 19600），将合规管理分为建立和改进两部分，包括确定合规范围、建立合规方针、评估合规风险、制定应对计划、实施和控制、评估和报告、持续改进等阶段，为所有规模和类型的企业建立有效的合规管理体系提出了指导性建议。

2014年，亚太经合组织（APEC）通过了《北京反腐败宣言》《亚太经合组织预防贿赂和反贿赂法律执行准则》《亚太经合组织有效和自愿的公司合规项目基本要素》。

2016年，ISO组织颁布了《反贿赂管理体系——要求和使用指南》（ISO 37001：2016），对于企业运营中可能存在的不正当的利益往来行为，阐述了预防、发现和应对措施。

2019年，《量刑指南》更新版明确提出了12项评估合规体系有效性的指标，并在《商业组织联邦起诉原则》中明确提出了三个评价标准：合规体系是否设计良好？是否有效实施？是否实际发挥作用？

到目前为止，经营合规的概念已经深入商业领域的各个方面，各个国际组织都为构建全世界范围内公平、公正的合法合规经营环境不断地努力着。而反过来对企业而言，经营风险不可能完全杜绝，却可以利用已尽合规义务的规则来保护自身，并且利用合规管理规则来加强企业建设。可以说，合规潮流不可逆，主动拥抱使用才是正确的做法。

点评：

从合规的起源到完善成型这近一个世纪以来的发展历程中，我们可以看到企业的合规从最初经济法的各领域，如反垄断法、证券和金融监管以及跨国商业行为，到现在已经扩展到经济和社会规制的各个领域。它从不同的企业和部门兴起，从最开始的分流和不同目标，在20世纪90年代，最终汇总成干流，初步形成相对完整的体系，而目前已经成为各国家、地区乃至全球商业组织和法律部门的共享制度。每一次合规的演变都是各个历史大事件的迭代结果，各个国家和组织都努力地从失败事件中总结经验，以完善并形成达成共识的合规规范。

站在企业的立场上，合规更多和“风险管理”“内控体系”联系在一起（后文将阐述这三者的关系）。对于风险事件而言，每一个风险事件有危又有机，危与机是共存的孪生兄弟。每一次事件，不只是事故，同时也是改进的契机，是推动前进的最深刻动力。因此，每个企业经营者都应充分意识到以下几点：

1. 合规要求不是对企业的约束，它最终的目标是引导全球商业环境朝健康有序、公平公正的方向发展。

2. 只有融入全球商业规则中，成为其中的合格一分子，才能接入全球的供应链环境，获取更多的业务机会，也同时能规避更多的风险。可以说，企业成为“合规组织”是参与全球竞争的最基本条件。

3. 注重企业发展过程中或者同行业中的每一次大事件，这是完善企业运行机制、规避运营风险的最好时机。

“走出去”与“全球性协作”是不可逆转的趋势，因时势而勃发的中国合规管理成为我国各个企业在国际化进程中的实践热点。但是源于美国并扩展到世界范围内的这一制度，在国内推行的时候的确有许多值得检讨的地方。中国式的公司治理、法治水平和大陆法系的制度局限性，限制了合规的作用发挥。然而，相对于开拓者，我们是幸运的，是站在前人的肩膀上去处理合规问题。这正是我们向前迈进的最准确方向。

三、合规管理的基本概念

顾名思义，合规管理是指为了合乎规范而进行的管理。合规是指企业及其员工的经营管理行为符合有关法律法规、国际条约、监管规定、行业准则、商业惯例、道德规范和企业依法制定的章程及规章制度等要求。企业通过制定合规政策，按照内部规范的要求统一制定并持续修改合规规范，监督内部规范的执行，以增强内部合规控制；对违规行为进行持续识别、监测、预警、防范、控制、化解合规风险的一整套管理活动和机制。

合规管理包括组织内部的自我审查和来自外部组织的监管，其主要内容包括（但不限于）：合规管理制度建设、合规文化建设、合规信息系统建设、合规咨询、合规培训、合规审核、合规审计、合规检查、合规考核、合规评价、合规报告、法律法规追踪、投诉举报处理、监管配合和合规问责等。

四、合规管理的意义

（一）中国当前合规管理的现状

合规管理理念和实践于20世纪70年代末由“三资”企业引入中国。就合规监管而言，我国也经历了由金融机构逐步向其他行业扩散的过程，目前政府对于企业合规管理体系的建设十分重视，要求各行业都应加强企业合规管理，完善企业合规建设。如：

2006年10月，中国银监会颁布了《商业银行合规风险管理指引》，为商业银行合规风险的管理提出了指引。

2016年4月，国务院国资委印发了《关于在部分中央企业开展合规管理体系建设试点工作的通知》。通知指出，企业合规管理在中国移动、中国石油、东方电气集团、招商局集团、中国中铁等五家中央企业开始试点。

然而，和跨国企业相比，中国企业在合规问题的处理上非常落后，很多中小企业乃至部分大企业甚至不知道合规管理的概念，而相对重视合规管理的企业，如华为、中兴和中国铁建等，其合规管理体系的构建也还处于起步阶段。同时，我国对企业经营合规方面的相关法律法规也并不十分健全。

2008年以来，随着中国企业大规模“走出去”，更是大量出现了因对遵守国际上通行规则与非通行规则的认识不足或者理解不到位而不合规的商业行为，导致企业受到经营所在地政府或者国际组织的制裁，这不仅给企业造成经济与声誉损失，还给中国企业国际形象带来负面影响。

近年来，随着“一带一路”倡议的推进，更多的中国企业离开熟悉的国内市场环境，参与到全球市场竞争当中，而全球反腐力度及合规经营的要求不断加强，这使中国企业面临的境外经营合规风险越来越大。

2004 年至 2019 年 6 月，世界银行就制裁了 52 家中国企业（一家企业内直接或间接控制的多家企业被制裁，计算为一家企业）。另外，世行还对 8 名个人进行制裁。这其中有 18 家企业和 4 名个人因受到国际开发银行制裁再被世行实施交叉制裁。被世行制裁的中国企业中，如果对一家企业内直接或间接控制的企业进行独立统计，被制裁的中国企业已有 900 家之多。

2019 年 5 月 14 日，世行公布了对总部位于上海的思源电气股份有限公司做出除名的制裁决定。思源电气被制裁后不到一个月时间，世行在 2019 年 6 月 5 日又公布了对中国铁建股份有限公司及其所有附属公司、中铁二十三局集团有限公司、中国铁建国际有限公司及 730 家控股子公司做出除名的制裁决定。一家企业内受到制裁的附属公司数量之多，让人非常震惊。这打破了世行在 2013 年对加拿大兰万灵公司及其 133 家子公司制裁的纪录。

不只是来自世行的处罚，年产值上千亿元的通信行业骨干企业中兴通讯，被美国政府处罚 14.9 亿美元的同时，被列入美国禁售制裁名单，几乎濒临倒闭。同样是中国通信行业领头羊的华为也一直受到美国相关监管机构的调查，这为“走出去”的中国企业在合规管理方面敲响了警钟。

（二）国家对企业境外经营合规管理的重视

国家对企业境外经营合规管理越来越重视，近年来陆续出台了规范企业境外经营行为、提升企业合规管理水平的方针政策，详见表 1-1。

表 1-1　中国政府近年来发布的合规要求

时间	机　构	事　　项
2010 年 8 月	商务部、外交部、国家发展改革委、公安部、国务院国资委、安全监管总局、全国工商联	·印发《境外中资企业机构和人员安全管理规定》 进一步加强新形势下境外中资企业机构和人员安全保护工作，保障“走出去”战略的顺利实施。
2011 年 7 月	国务院国资委	·发布《中央企业境外国有资产监督管理暂行办法》 目的是规范境外企业经营行为，维护境外国有资产权益，防止国有资产流失。
2013 年 2 月	商务部、环境保护部	·《对外投资合作环境保护指南》 引导企业积极履行环境保护社会责任，推动对外投资合作可持续发展。
2013 年 3 月	商务部	·《规范对外投资合作领域竞争行为的规定》 促进对外投资合作业务健康和可持续发展，规范企业海外经营行为，鼓励和保护公平竞争，杜绝不正当竞争行为，提升对外投资合作企业管理水平和竞争能力。
2014 年 1 月	商务部、财政部	·审议通过《对外劳务合作风险处置备用金管理办法（试行）》 目的是规范对外劳务合作企业的经营行为，保障外派劳务人员合法权益。
2014 年 8 月	商务部	·审议通过《境外投资管理办法》 促进和规范境外投资，提高境外投资便利化水平。

续　表

时间	机　构	事　　项
2017 年 5 月	中央全面深化改革领导小组	·审议通过《关于规范企业海外经营行为的若干意见》 提出要“加强企业海外经营行为合规制度建设”。
2017 年 12 月	国家发展改革委、商务部、人民银行、外交部、全国工商联	·发布《民营企业境外投资经营行为规范》 从完善经营管理体系、依法合规诚信经营、切实履行社会责任、注重资源环境保护和加强境外风险防控等五方面对民营企业境外投资经营活动进行引导和规范。
2017 年 12 月	国家发展改革委	·发布《企业境外投资管理办法》 加强境外投资宏观指导，优化境外投资综合服务，完善境外投资全程监管，促进境外投资持续健康发展。
2017 年 12 月	国家质量监督检验检疫总局、国家标准化管理委员会	·颁布 ISO 19600《合规管理体系指南》（GB/T 35770—2017/ISO 19600：2014） 为企业全面系统地建设合规管理体系提供了具体指南。
2018 年 11 月	国务院国资委	·印发关于《中央企业合规管理指引（试行）》的通知 对中央企业的合规管理体系建设提出了要求和建议。
2018 年 12 月	国家发展改革委等 7 部委	·联合发布实施了《企业境外经营管理指引》 对于推动企业持续提升合规管理水平提供更加具体的行动指引。

近些年来，中国政府也更加积极地参与全球反腐败与合规管理的国际合作。2014 年亚太经合组织（APEC）北京会议通过了《北京反腐败宣言》(以下简称宣言)，中国是《宣言》的发起者和参与者。此外，中国还参与发起并通过了《亚太经合组织预防贿赂和反贿赂法律执行准则》《亚太经合组织有效和自愿的公司合规项目基本要素》等重要文件。同时，中国也积极加入世界级别的各类公约，如《联合国反腐败公约》《国际商务交易中打击勒索和贿赂行为准则》等。作为成员国的中国企业，必然要顺应全球合规治理加强的大趋势，履行公约所规定的义务，积极预防和应对商业贿赂，树立和维护国家形象。

（三）中国企业境外经营合规管理的重要意义

合规管理是企业稳健经营运行的内在要求，也是防范违规风险的基本前提，是每一个企业都必须重视且进行管理的一部分，也是保障自身利益的有力武器。

合规化管理是规范员工行为的有效手段，通过建构科学的企业合规文化以及合规体系，有利于让员工养成合规化的习惯，避免违规风险。同时在制度层面向广大员工普及合规管理的相关条例，有利于让员工自觉自律地避免违规化操作。

合规管理可以防止决策失误，领导者的权限较大，再小的决策错误都有可能引发公司的多米诺骨牌效应，合规化管理通过约束高层领导人员的相关行为能够最大限度地减少决策失误带来的经营风险。

对于境外经营的中国企业来说，合规管理还有着更多更高层次的意义。

1. 树立和维护国家形象的需要

跨国企业虽然具有国际性，并且遵循基本的商业逻辑行事，但在以国家为主体的当代世界中，让人产生的第一印象还是其国家形象。如果中国企业在“走出去”的时候能够塑造一个遵规、亲和、友善、负责的形象，就会减少许多冲突和困境。因此，建立合规体系并使其有效运行，是使企业所有商业活动始终保持合法合规的基本保障，是中国企业在境外经营时，树立和维护国家整体形象、促进企业国际声誉的最基本条件。

2. 文化融入的需要

在国际市场上，我国企业在工程建设领域技术方面的差距并不大，但在管理和文化层面还有很大差距。因此，建设与国际经营接轨的先进企业文化，转变思想观念、改变思维方式，成为我们参与国际竞争的关键因素。

在合规经营、反对腐败成为主流价值观的大背景下，我们首先要创新的就是合规文化。要把文化理念转变为行为，需要通过建立系统的制度，将合规要求融入具体的工作流程及岗位中，持之以恒地严格执行。将表面的合规管理逐渐变成习惯，形成一种严谨的行为方式。通过合规制度的建立与执行以及合规文化的培育，将管理文化由任意型、粗放型向信誉型、集约型转变。

中国文化比较强调变通、灵活，有时候这是优点，有时候就容易出问题。企业要想真正融入国际大家庭、实现做强做优，就必须对自己的行为方式和道德文化进行认真反思和总结，学会遵守国际游戏规则，才有可能自立于世界大企业之林。

3. 市场竞争的需要

随着不断的发展壮大，一部分中国企业已处于发展变革的重要阶段。在这个阶段中，一是面临更多、更复杂的合规风险，二是在合规要求更严格的环境下参与市场竞争是未来的发展趋势，这就决定我们只有走合规经营之路，才能防范合规风险，才能在世界范围内和发达国家跨国公司竞争。而合规经营反过来又能提升企业的信誉，从而增强国际竞争能力。通过行为的合规进一步保障执行结果正确，这也是提升企业经营质量的必选之路。

4. 防范政治风险的需要

在和平时期，国家之间的竞争主要体现在经济领域的竞争，而经济领域的竞争则突出表现在大企业之间的竞争。

在世界格局中占主导地位的美国和西方国家，用冷战思维遏制中国的崛起。在国际市场上，作为后起之秀的中国企业，一举一动都备受关注，一旦出现失误就会被无限放大，削弱我们的市场竞争力，遏制我们的发展壮大。

西方国家冷战思维的特点之一就是寻找中国企业与西方企业的差异，并在中国企业的软肋上大做文章，突出中国企业的弊端，从“软实力”上削弱我们的竞争力，破坏我们的国际形象，从而阻挠我们走向国际市场。

因此，中国企业在境外经营中做好合规管理，对于应对西方国家的“经济冷战”也有积极意义。

（四）工程建设企业境外经营合规管理的重要性

在“走出去”的中国企业中，80% 属于工程建设企业。而这些“走出去”的企业有的因合规导致的问题，已经造成了巨大的经济和声誉损失。如，因合规问题被世界银行制裁的中国企业的行业统计分布来看，99% 以上的企业是从事基础设施建设、工程建设类。如果这些企业因不合规被世行除名制裁，不仅不能承接世行及其他多边开发银行资助的项目，还可能引起他国政府、当地企业及金融机构的关注，或设置不利的合作条件。这不仅会影响我国企业进一步参与相关国家和地区的项目与商业合作机会，还会影响我国“一带一路”倡议的顺利推进，甚至影响国家推动企业“走出去”服务对外开放的大局，必须引起相关企业的高度重视。

因此，工程建设企业建立健全合规管理体系和制度，对于提升“走出去”企业整体合规管理水平至关重要。企业应充分重视合规问题，建立起工程建设企业境外经营合规管理的行业标准、体系指南。

五、合规管理与风险管理和企业内部控制的关系

（一）三者的含义

1. 合规管理

合规管理的定义如前文所述。

2. 内部控制

内部控制是指企业和各个组织在经济活动中建立的一种相互制约的业务组织形式和职责分工制度。为了实现企业经营目标，保障资产的安全、完整，保证会计信息资料的准确可靠，确保企业经营方针的贯彻执行和经营活动的经济性、效率性、效果性而在企业内部采取的自我调整、约束、规划、评价和控制的一系列方法、程序与措施的总称。

1980 年后，美国 COSO 委员会（全美反舞弊性财务报告委员会发起组织）将“内部控制”定义为“一个组织设计并实施的一个程序，以便为达到该组织的经营目标提供合理保障”。

在 COSO 委员会制定的内部控制框架中，把内部控制活动分成五大组成部分，即：控制环境、风险评估、控制活动、信息与交流和监

督评审。

2002年，美国成立的上市公司会计监管委员会（PCAOB）明确采用了COSO内控框架作为内控评价的标准体系。许多国家和地区的资本市场也采用了COSO内控框架，有些国家和地区在参照该框架的基础上建立了自己的内控体系。

我国在2005年先后出台了《上交所上市公司内部控制指引》和《深交所上市公司内部控制指引》两个文件。上述两个文件参照了美国SOX法案的要求，在理论体系上和COSO内控框架一脉相承。

3. 风险管理

风险管理是指通过对风险的识别、评估，选择最有效的应对方式，在事前主动地、有目的地、有计划地处理风险，以最小成本争取获得最大安全保证的管理方法。

企业风险管理理论发展大致分为三个阶段。

第一阶段：以“安全和保险”为特征的风险管理。100多年前，航运企业风险管理的主要措施就是通过保险把风险转移给保险公司。

第二阶段：以“内部控制和控制纯粹风险”为特征的风险管理。随着工业革命的发展，公司对业务管理和流程方面的内部控制提出了要求。美国1977年的《反国外贿赂法》要求公司管理层加强内部会计控制；1992年的《COSO内部控制综合框架》提出以财务管理为主线的内部控制系统。

第三阶段：以“风险管理战略与企业总体发展战略紧密结合”为特征的全面风险管理。风险管理实践表明，仅靠内部控制难以实现企业的最终目标。为此，COSO于2004年9月出台了《COSO企业全面风险管理整合框架》（ERM），提出了由三个维度构成的风险管理整合框架。

国务院国资委于2006年发布《中央企业全面风险管理指引》，标志着我国中央企业建立全面风险管理体系工作的启动。

（二）三者的侧重点

合规管理是内部控制的一个重要方面，也是风险管理的一个关键环节。内控制度的完善离不开合规化的管理及操作。这三者各有侧重点，详见表1–2。

表1–2　合规管理、内部控制与风险管理的侧重点

合规管理	内部控制	风险管理
1. 反商业贿赂、反欺诈、反舞弊； 2. 反垄断、反不正当竞争、反洗钱； 3. 贸易管制、海关估值、转移定价； 4. 数据安全、信息保护、隐私保护； 5. 高管刑事责任； 6. 税务合规； 7. 安全健康环保； 8. 知识产权保护	1. 组织架构的设计与运行； 2. 发展战略的制定与实施； 3. 人力资源的引进与开发、使用与退出； 4. 安全生产、产品质量、环境保护与资源节约、促进就业与员工权益保护； 5. 企业文化的建设与评估； 6. 资金活动：筹资、投资和资金营运； 7. 采购业务：购买、付款； 8. 资产管理：存货、固定资产、无形资产； 9. 销售业务：销售、收款； 10. 研究与开发：立项与研究、开发与保护； 11. 工程项目：立项、招标、造价、工程建设、工程验收； 12. 担保业务：调查评估与审批、执行与监控； 13. 业务外包：承包方选择、外包实施； 14. 财务报告：编制、对外提供、分析利用； 15. 全面预算：编制、执行、考核； 16. 合同管理：合同订立、履行； 17. 内部信息传递：内部报告的形成、内部报告的使用； 18. 信息系统：开发、运行与维护	1. 战略风险； 2. 财务风险； 3. 市场风险； 4. 运营风险； 5. 法律风险； 6. 环境风险； 7. 政策风险； 8. 技术风险

合规管理的核心，是“不合规，企业及相关利益主体将遭遇声誉损害、高额赔偿，乃至刑事处罚”。将企业和个人行为纳入合规管理体系中，保障主体不因不合规而遭受以上损失，这是合规管理的驱动力，也是合规管理的内在核心。至于合规可创造价值，完善的合规体系可成为减轻责任的抗辩理由，则是锦上添花的事。

内部控制的核心，是“通过内部控制五要素，对管理层及员工的行为进行约束，以尽可能实现企业的运营有效、报告可靠、合规这三大目标”。内部控制是帮助企业实现业绩和盈利目标，同时又保证企业出具的财务报告可靠和企业行为符合法律法规。

风险管理的核心，是“以可接受的成本保护和创造价值”。可接受的成本是指企业对风险的偏好程度，保护价值是指企业进行风险管理的基本目的，创造价值是指企业运用风险带来的机会，它是企业进行风险管理的高级目的。随着社会波动性、复杂性和模糊性日益增加，以及利益相关者的参与度越来越高，企业更加需要完善的风险管理机制来应对。将风险管理贯穿于整个企业会产生许多好处，包括增加新的机遇、识别和管理企业的风险、增加竞争优势、减少负面损失、降低绩效偏离度、改善资源部署、提升企业韧性等。近年来，基于风险导向的管理理念逐渐兴起，企业管理中常见的公司治理、企业文化、战略管理、绩效管理、危机管理等都可以用风险管理框架来更好地标准化、科学化。

（三）三者的关系

合规管理、内部控制、风险管理都是企业治理与管理必不可少的一部分。在经济与社会不确定性不断增加的情形下，以及处于政策作为经济与社会治理的重要手段不断加强的时代中，在历经一些惨痛教训之后，三者都越发显得重要。

与战略管理、营销管理、人力资源管理等职能与职责相比，合规管理、内部控制与风险管理在企业中偏向于基本保障、风险预防。如果将企业比喻为一艘向前行使的车辆，那么合规管理、内部控制与风险管理应该类似于刹车、前后护栏、ABS 等组合在一起的功能。

合规管理、内部控制、风险管理侧重的视角不同。合规管理强调对规则（法律、规章制度、商业伦理、当地宗教和文化）的遵守；内部控制强调对行为（企业各层级、业务各环节）的限制；风险管理强调对未来不确定性事件的控制。

合规是内部控制要达到的目标之一，而内部控制则被涵盖在企业风险管理之内，是风险管理的一个基础和组成部分。因此，从三者的内涵来看，合规管理小于内部控制，内部控制小于风险管理。但从价值上来看，三者目前并不是可以相互取代的。

Chapter 2
第二章

孟加拉国概况

一、地理位置和人口分布

(一) 地理位置

孟加拉国位于南亚次大陆东北部的恒河和布拉马普特拉河冲积而成的三角洲上。东、西、北三面与印度毗邻，东南部与缅甸接壤，南部濒临孟加拉湾。海岸线长 550 千米。全境 85% 的地区为平原，东南部和东北部为丘陵地带，国土大部分地区海拔低于 12 米。

孟加拉国首都达卡属于东 6 时区，与北京时差 2 小时，不实行夏令时。

(二) 人口分布

孟加拉国人口数量居世界第八位。截至 2019 年 1 月 1 日，孟加拉国人口估计为 1.6557 亿（2018 年生命登记系统抽样报告）。在总人口中，8270 万为女性，8287 万为男性。平均人口年增长率为 1.37%。人口密度为 1103 人/平方千米。2016—2017 年，孟加拉国总就业人口估计为 6350 万，其中 4350 万为男性，2000 万为女性（劳动力调查报告）。近 10% 的人口有各种类型的残疾。孟加拉国的出生时平均预期寿命由 2017 年的 72.0 岁提高到 2018 年的 72.3 岁。2008—2018 年，男性的平均预期寿命从 65.6 岁提高到 70.8 岁，女性从 68.0 岁提高到 73.8 岁。15 ~ 49 岁的人口约占总人口的 54.6%。

二、自然环境和自然资源

(一) 自然环境

1. 气候条件

孟加拉国大部分地区属亚热带季风型气候，湿热多雨。全年分为

3季：冬季（11月—次年2月）、夏季（3月—6月）和雨季（7月—10月）。年平均气温为26.5℃。冬季是一年中最宜人的季节，最低温度为4℃。夏季最高温度达45℃。雨季平均温度为30℃。

西部年降雨量为1000毫米，东南部年降雨量为2500毫米，北部靠近阿萨姆丘陵一带年降雨量则高达5000毫米。季风期时，河流泛滥，有时会造成大量人畜伤亡和财产损失。每年4至5月和10至11月特别容易发生强烈风暴，甚至出现时速超过160千米的飓风和高达6米的巨浪，广阔的海滨低地常被淹没。全年湿度都很高，在6至9月可达到90%～95%，有时甚至高达99%，几近饱和。

东北部毗邻印度的拉吉沙希区，气候与北印度一样的极端，夏季是全国最热的地区。在3月底至4月底期间，白昼热浪滚滚。然而，在冬季，夜间会变得相当寒冷，有时气温可降至3℃，寒雾令普通植物停止生长。但是，冬季通常天气干爽，空气清新，白昼阳光灿烂，长空碧蓝如染。

4月份，由于季风将要到来，气温在白天上升到40℃左右，夜间温度也可达到29℃。随着湿度日益增加，即使是当地人也会感到难以忍受。雨季一般始于5月底至6月中旬，使灼热的天气得以降温。

2. 地形地貌

孟加拉国的地貌以平原为主，面积达国土的90%，占有恒河-布拉马普特拉河三角洲平原东部的2/3。北面为恒河与布拉马普特拉河汇流前构成的楔形地区，东面是苏尔马河流域平原。如再往东行，就可见到冲积平原隆起形成向南北伸延的山脉，构成孟缅边界的一部分。

除了旧冲积层有部分地区地势较高之外，整个平原都是坦荡如砥的新冲积层，坡度舒缓，一般不超过海拔9米。另外，由于全球变暖而导致的海平面上升，使海滨低地面临严重威胁。

除了平原之外，河流、湖泊、沼泽、湿地构成了孟加拉国水陆兼备的地形特征。在辽阔而平坦的大地上，江河在高耸的堤岸内流动，再分为无数支流。在雨季，过分充沛的降雨形成洪水，淹没大片土地，特别容易发生洪灾。

孟加拉国的中南部一半是西面古老的三角洲，有枯河床和日趋干涸的河流；一半是东面新的三角洲，有水量丰足的河流，因此新的沉积作用不断发生，孟加拉国的领土面积在过去数十年间亦不断增加。南部海岸地带是盐碱滩，有大片的红树林。靠近诺阿卡利和吉大港狭窄的东南海岸，是由新旧冲积层共同构成的。再往东行即为吉大港山区地带，那里多山，但山势不高，多由黏土和页岩构成。南北走向的山脉通常不超过海拔 610 米，最高的乔克拉顿峰也不过海拔 972 米。

河流也是孟加拉国最重要的地理特征。正是由于这些河流，才造就了广阔的冲积层三角洲。孟加拉国拥有丰富的水资源，水流出量为世界第三高，仅次于亚马孙河水系和刚果河水系。

孟加拉国的河流年轻且容易移动。在过去的百余年间，河道已大幅变动。据历史记载，由于河流淤塞或改道，一些重要的城市被迫废弃的情况屡见不鲜。早期铭文就有奉劝人们贮备粮食防洪的教导。星罗棋布于全国各地的小湖和水塘，成为大河支流被切断之后的主要水源。

孟加拉国境内有三条大河。发源于喜马拉雅山南麓冈戈里冰川的恒河，向东流经印度斯坦平原，在孟加拉国西北部拉吉沙希县西面一隅进入孟加拉国，形成长 144.8 千米的印孟边界，然后向东南奔流，在孟加拉国的中心地带和首都达卡西北的戈阿隆多附近与贾木纳河汇流，继续向东南方向奔流与梅克纳河汇合，最后注入孟加拉湾。恒河流经孟加拉国的一段在当地又名博德河。与恒河一样，贾木纳河也是一条贯穿多个国家的河流。它发源于喜马拉雅山北麓，上游是雅鲁藏布江。雅鲁藏布江在印度名为布拉马普特拉河。它在穿越喜马拉雅山之后，流经阿萨姆平原，从正北方向进入孟加拉国。博德河与贾木纳河汇合后，水势异常浩阔。这些大河及支流，对孟加拉国的地貌产生了明显的影响，不断的侵蚀和洪涝导致河道改变。贾木纳河每年约携带九亿吨淤泥入海。梅克纳河上游水源众多，降雨量极大，其下游在昌德布尔与博德河和贾木纳河合流。梅克纳河的河面在雨季可以宽达8千米。

孟加拉国在东部边境地区有两片丘陵地带，一是东北部的锡尔赫特丘陵，一是东南部的吉大港和吉大港山区丘陵。锡尔赫特丘陵海拔30~244米，覆盖着森林、竹子和灌木，是孟加拉国最重要的茶叶种植区。吉大港和吉大港山区丘陵较为广阔，山谷之间覆盖着茂密的原始森林，也可见到河川和沼泽。

（二）自然资源

孟加拉国的资源主要包括土地资源、森林资源、矿产资源、旅游资源。

（1）土地资源：孟加拉国的可耕作面积占国土的73%，主要分布在冲积平原，其中可灌溉面积为47250平方千米。这些肥沃的土地，再加上农作物悠长的生长期以及丰沛的雨量，特别适宜水稻和黄麻生长。水流丰富的河川不仅可以用于水力发电，亦可在旱季灌溉农田。一方水土养一方人，对于以农业人口为主的孟加拉国而言，土地资源具有极其重要的意义。

（2）森林资源：孟加拉国的森林面积约占国土面积的15%。大部分森林为国有林，私有林面积很小。由于孟加拉国处于热带和亚热带，雨量丰沛，森林本身经济价值很高，同时森林也蕴藏着丰富的动植物资源。除了主要林区有五个：吉大港山区森林区、吉大港森林区、松达班森林区、锡尔赫特森林区、达卡-米门辛格森林区。吉大港山区森林约占全国林区面积的一半，而松达班森林区的面积约占全国林区面积的四分之一。除了主要林区之外，孟加拉国各地都广布多种树木。每个村庄都如同一座林木葱茏的绿洲。茂密的榕树和挺拔的木棉树都十分常见。19 世纪从缅甸引入吉大港山区的柚木，材质与缅甸柚木不相上下。凤眼蓝、茉莉、睡莲、玫瑰、木槿、木兰都是常见的装饰开花植物。在林区还有品种繁多的野生兰花。这些花木随季应时开放，点缀大地，使孟加拉国的乡野分外瑰丽。

（3）矿产资源：孟加拉国矿产资源主要有天然气、石灰石、硬岩石、煤炭、硅砂、白黏土等。天然气已公布储量为 3113.9 亿立方米，主要分布在东北部，煤炭储量约 7.5 亿吨。此外，孟加拉国还有大量的石油资源未探明。

（4）旅游资源：孟加拉国旅游资源相当充裕，最早的佛教遗址可以追溯到公元 8 世纪。不同时代遗留下来属于各种宗教的雄伟建筑、如画的田园、浩荡的河流、漫长的海滩、热带红树林、多姿多彩的部落民生活等都吸引着来自世界各地的旅客。首都达卡是一个旅游中心。这座拥有近四百年历史的城市，有莫卧儿时期兴建的城堡和数以百计的清真寺，也有维多利亚时代的英国建筑，还有许多独立后才兴建的现代建筑，梅纳马蒂是重要的佛教文化中心，科克斯巴扎尔是世界上最长的海滩，松达班自然保护区更是世界驰名的孟加拉国虎栖息地。

点评：

孟加拉国茂密而原始的森林生态为许多野生动物提供了良好的栖息地。这里有 200 余种哺乳动物生活，是孟加拉虎和豹子及体型较小的丛林猫等猫科动物的家园。孟加拉虎几乎全都栖息于松达班森林区。在松达班林区范围内，有三个孟加拉虎的保护区。数量在400只左右，处于濒危边缘。现在孟加拉国还有三种麝猫生活，其中体型较大的印度麝猫已经被列为濒危物种。其他大型动物有亚洲象和黑熊，还有野猪和鹿。猴子、长尾叶猴、长臂猿、水獭、獴等体型较小的动物分布广泛。曾经长期生活在这里的野牛和犀牛，在20世纪先后灭绝。约150种爬行动物在孟加拉国生活，其中主要有海龟、泥龟、河龟、蟒、鳄鱼、眼镜蛇等。有时，毒蛇就藏身在茂密的花丛之中。此外还有大量壁虎。

孟加拉国是鸟类的天堂，约650种鸟类在当地栖息。在这里生活的鸟类几乎占了南亚次大陆鸟类品种的一半。其中近350种为留鸟。由于地处南亚次大陆与马来半岛之间，孟加拉国成为大量候鸟迁徙途中的必经之地。冬季，在喜马拉雅山区和缅甸山区生活的鸟类前来孟加拉国的低地和湿地避寒觅食。

三、经济状况和发展规划

（一）经济状况

根据孟加拉国政府公布的数据，近十年来，孟加拉国经济持续稳定增长，国内生产总值（GDP）年均增长率维持在6%以上。2018—2019财年，孟加拉国实际GDP为11.06万亿塔卡，名义GDP为25.42万亿塔卡，人均GDP约合1828美元，人均收入约合1909美元（按1美元兑84.03汇率计算）。详见表2-1。

表 2-1　近年孟加拉国宏观经济情况

年份	实际 GDP（万亿塔卡）	经济增长率（%）	名义 GDP（万亿塔卡）	人均 GDP（万塔卡）	人均收入（万塔卡）
2014—2015 财年	8. 25	6. 55	15. 16	9. 60	10. 22
2015—2016 财年	8. 84	7. 10	17. 33	10. 84	11. 46
2016—2017 财年	9. 48	7. 28	19. 76	12. 22	12. 74
2017—2018 财年	10. 22	7. 86	22. 50	13. 75	14. 38
2018—2019 财年	11. 06	8. 15	25. 42	15. 36	16. 04

注：上述 GDP 增速按实际 GDP 计算，人均 GDP 及人均收入按名义 GDP 和 GNI 计算。
资料来源：孟加拉国统计局。

（1）产业结构：2018—2019 财年，孟加拉国消费、投资占 GDP 比重分别为68. 2%和33. 8%。农业、工业和服务业三大产业占 GDP 的比重分别为 13. 6%、35%和 51. 4%。

（2）财政收支：孟加拉国的财政年度为上年的 7 月开始至本年的 6 月末为止。2018—2019 财年，孟加拉国财政收入 2. 22 万亿塔卡，支出 4. 42 万亿塔卡，赤字约 2. 2 万亿塔卡。

（3）通货膨胀：2019 年，孟加拉国平均通货膨胀率为 5. 59%，较上一年上升 0. 04%。

（4）失业率：2019 年，孟加拉国失业率为 4. 2%。

（5）外汇储备：截至2019 年6 月底，孟加拉国外汇储备为327. 16 亿美元。

（6）债务情况：近年来，孟加拉国外债规模增长较快，2019 年达 576. 09 亿美元。其中，中长期外债 476. 57 亿美元，占比为 82. 7%；短期外债 85. 29 亿美元，占比为 14. 8%。外债期限结构尚属合理。2019 年，孟加拉国国内生产总值（GDP）为2860 亿美元，政府债务占

GDP 比重为 14.9%。

孟加拉国外债以官方债务为主，具有期限长、利率低等特点。2019 年官方债务余额为 424.86 亿美元，占外债总额比例为 73.7%，其中，双边债务和多边债务分别为 135.3 亿美元和 289.56 亿美元，分别占外债总额的 23.5% 和 50.3%。世界银行为最大双边债权人，亚洲开发银行为第二大多边债权人；日本和中国是前两大双边债权国。近年来，孟加拉国外债规模逐步上升，偿债率低于国际警戒线。在历史上，孟加拉国未发生国家主权债务违约情况。

（7）举借外债的规模和限制条件：孟加拉国在 2012 年与 IMF 签署一项协议，获得 9.87 亿美元的扩展信贷安排贷款，其中，政府承诺将此贷款视为非优惠贷款，因为其中赠款比例低于 35%。IMF 设定此条件，是为了避免孟加拉国借入过多长期贷款，保持孟加拉国债务可持续性。2012 年至 2019 年 11 月 30 日期间，孟加拉国政府维持了 IMF 外部借款条件。2019 年 12 月 1 日，孟加拉国财政部经济关系局（ERD）公告表示，占赠款因素不到 25% 的贷款将被视为非优惠贷款，将此前的 35% 比例标准下调至 25%。随着孟加拉国政府放宽海外借款条件，未来孟加拉国长期贷款规模可能会扩大。目前，孟加拉国获得的大多数中长期贷款是减让性的。孟加拉国政府通常从世界银行、亚洲开发银行、伊斯兰开发银行、联合国开发计划署等贷款机构以及日本、中国和印度获得贷款。孟加拉国不是 IMF 特别提示的重点债务风险国。

（8）主权债务评级情况：截至 2019 年，国际评级机构穆迪对孟加拉国主权信用评级为 Ba3，展望为稳定；标普对孟加拉国长期主权信用评级为 BB-，短期信用评级为 B，展望为稳定；惠誉对孟加拉国信用评级为 BB-/B，展望为稳定。

（二）重点产业

（1）服装业：服装业是孟加拉国的支柱产业，约有 500 万人从事该行业，其中女性从业人员超过 80%。服装业是孟加拉国创汇额最大的产业。2018—2019 财年，孟加拉国成衣出口额 341.3 亿美元，占其出口总额的 84.2%。目前，孟加拉国是全球牛仔服装主要生产国，年产量约为 2 亿件。

（2）黄麻：孟加拉国是世界第二大黄麻生产国，年产量超过 100 万吨，其中 65% 用于国内生产消费，其余用于出口。黄麻及制品是孟加拉国第二大出口产品。2018—2019 财年，孟加拉国原麻出口额为 1.12 亿美元，黄麻产品出口额为 5.68 亿美元。孟加拉国政府规定 6 种商品必须使用黄麻包装袋，包括：水稻、大米、小麦、玉米、化肥和糖类。根据孟加拉国政府部门统计，目前，全国有 22 家国有黄麻厂、约 200 家私人黄麻厂。

（3）医药：根据孟加拉国财政部发布的最新数据，孟加拉国医药产业发展迅速，国内所需药品自给率达到 98%。全国有 267 家药厂生产 26910 种药品。目前，孟加拉国药品和药品原料已经出口到包括美国、英国等发达国家在内的 147 个国家和地区。孟加拉国出口促进局数据显示，2018—2019 财年孟加拉国药品出口 1.3 亿美元，同比增长 25.6%。2015 年 11 月，与贸易相关的知识产权委员会（TRIPS）决定对包括孟加拉国在内的最不发达国家药品专利豁免延长至 2033 年，期满后可视情况决定是否进一步延长，这一决定有利于孟加拉国医药产业的稳定发展。

（4）其他：孟加拉国工业比较落后，以劳动密集型的轻工业为主。钢铁、有色、建材、汽车、船舶等领域主要依赖进口。孟加拉国约有 4000 家小型轻工企业，年产值约 1.2 亿美元，生产近一万种产品，产品种类包括进口替代用机器备件、机器及零部件、小型工具、玩具、消费品、纸产品及自行车等。

（三）发展规划

2020年孟加拉国家经济委员会会议审议批准通过了《孟加拉国2021—2041年远景规划》。该规划基于政府治理、民主化、去中心化和能力建设四大支柱理念，涉及国家经济发展、削减贫困等多方面内容。据孟《每日星报》报道，该规划涉及汇率和出口方面的内容，指出汇率管理方面存在的问题将对国家经济增长带来损害，而避免对本国货币过高估值有利于促进本国经济强劲增长。但国际收支危机、国内外币紧缺、经常账户巨额赤字、腐败寻租等问题，经常造成对孟本国货币的过高估值。该规划同时还指出，孟需要实现出口多元化，避免过度依赖单一产品出口可能对经济带来的外部风险。

2020年12月29日，孟总理谢赫·哈西娜指出，政府将分阶段推进远景规划的发展。国家经济委员会批准了第八个五年计划（2021—2025年）。该计划的主要任务是开始实施“2041年远景”，使孟加拉国更接近实现中高收入国家地位、实现可持续发展目标的主要战略和到2031财政年度消除极端贫困的目标。同时提出恢复人类健康、就业、收入和经济活动免受新冠肺炎疫情影响的目标，以及加速国内生产总值增长、创造新的就业机会和快速减贫等优先事项。该计划还确定了在减少不平等方面的六个政策领域，分别为：全民医保、普及优质教育、幼儿发展和营养干预、向贫困家庭转移现金、农村基础设施，特别是道路和电气化，以及累进税。

根据第八个五年计划，公共投资总额目标定为123786亿塔卡。其中，80306亿塔卡来自内部，43480亿塔卡来自外部。另一方面，总额达 517766 亿塔卡的私人投资预计将来自当地和外国。

税收目标定在国内生产总值的 14% 以上。近年该比例为 9.9%。

卫生部门也将在下一个五年计划中获得更多拨款，因为新冠肺炎疫情暴露了该国卫生系统的脆弱性。政府已设定目标，5 年后将卫生部门拨款占国内生产总值的比例从近年的 0.7% 提高至 2%。

在未来五年，教育资源占国内生产总值的比例预计将从近年的 2.2% 提高至 3%。

四、国家象征和政治制度

（一）国家象征

1. 国旗

孟加拉国国旗于 1972 年 1 月 27 日正式采用，纵横比 3∶5。此旗以 1971 年孟加拉解放战争中使用的旗帜为原型，原旗帜为红色太阳照耀下的孟加拉国版图。为了飘扬时的视觉效果，红色圆形稍偏向旗杆方向，半径为旗帜长度的 1/5，圆心在旗帜 9/20 和正中水平线交界处。旗帜背景的绿色象征葱茏的草木和青春的活力；红色圆轮表示独立的红日，在浴血斗争的暗夜之后冉冉升起。见图 2-1。

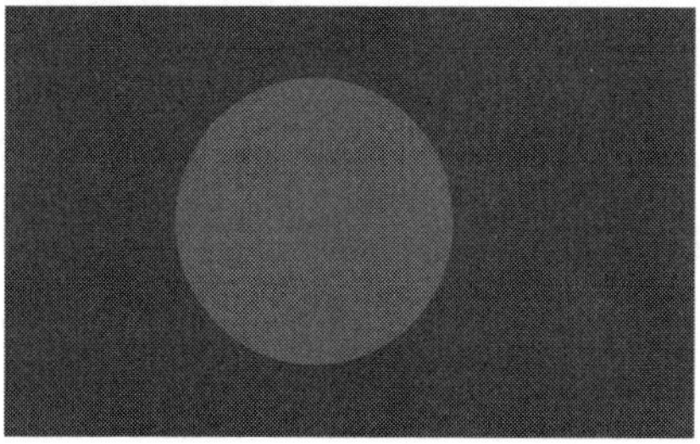

图 2-1 孟加拉国国旗

2. **国徽**

孟加拉国的国徽启用于1972年2月28日，为圆形，主图是一朵漂浮在水波面上的睡莲。水波象征来自恒河和布拉马普特拉河的流水，睡莲则是孟加拉国的国花。睡莲上方是三片连在一起的黄麻叶，黄麻为当地主要的经济作物，两旁为稻穗所装饰。黄麻两侧的四颗五角星代表建国的四原则：民族主义、社会主义、世俗主义和民主主义。见图2-2。

图2-2　孟加拉国国徽

3. **国歌**

孟加拉国国歌为《金色的孟加拉》，由印度著名诗人泰戈尔作词并谱曲。原诗的首十行在1972年孟加拉国独立时被采用为国歌。

（二）政治制度

（1）宪法：现行孟加拉共和国宪法于1972年由议会通过并生效。1982年3月军管后，宪法中止实行。1986年11月恢复执行宪法。截至2013年，孟加拉国宪法共经过16次修改。第16次宪法修正案主要内容是取消看守政府制度。

（2）议会：孟加拉国议会实行一院议会制，即国民议会。宪法规定议会行使立法权。议会有 350 名议员，包括 300 名按选区直接由选民选举产生的议员，以及 50 名由当选议员间接选举产生的女性议员（专门为女性设置的保留席位）。议员每届任期 5 年。议会设正、副议长，由议员选举产生。2018 年 12 月 30 日举行第 11 届国民议会选举，哈西娜领导的人民联盟获得压倒性胜利，获 257 个议席，民族党（艾尔沙德派）获 22 个议席，成为议会第二大党，2019 年 1 月 3 日议员们宣誓就职，1 月 30 日，上届议长希林·夏尔敏·乔杜里再次当选议长并就职。议会还设有秘书处以及专门委员会等部门。

（3）总统：总统是国家元首，由议员选举产生，每届任期 5 年。现任总统阿卜杜勒·哈米德，于 2013 年 4 月 24 日接替病逝的前总统齐鲁尔·拉赫曼，宣誓成为孟加拉国第 20 任总统。2018 年 2 月 7 日，哈米德当选为孟加拉国第 21 任总统。

（4）司法：高等法院是孟加拉国最高司法机构，有首席法官一人及法官若干人，均由总统任命。高等法院分为上诉法庭和高等法庭两部分。首席大法官和一部分指定的法官审理上诉法庭的案件，其他法官审理高等法庭的案件。达卡有高等法院和劳工上诉法院。此外，还有巡回法院，县法院，民事、刑事法院。

（三）主要党派

孟加拉国党派众多，主要有人民联盟、民族主义党、民族党、伊斯兰大会党等。上述主要党派基本情况如下：

（1）孟加拉人民联盟，原称人民穆斯林联盟，简称孟人盟。1949 年 10 月 11 日由大毛拉巴沙尼创立，1952 年改为现名。孟加拉国独立后至 1975 年为首任执政党。其宗旨是民族主义、民主、社会主义和世俗主义。1992 年 9 月该党全国理事会修改党章，放弃社会主义公有制原则，实行市场经济，引进自由竞争机制。实行不结盟的外交政策，同一切国家建立友好关系。该党于1996—2001年执政，2009年初至今连续三届执政。2019年12月21日，孟人盟召开第21届全国委员会会议，谢赫·哈西娜和奥拜杜尔·卡德尔分别连任主席和总书记。

（2）孟加拉民族主义党。1978年9月1日由前总统齐亚·拉赫曼创立。曾于1991—1996年和2001—2006年两次执政。主张维护民族独立、主权和领土完整，信奉真主、民族主义、民主，保证社会和经济的公正。基本政策是民主多元化、私营化、取消过多的行政干预和建立市场竞争经济。对外政策坚持中立、不结盟，主张同一切国家友好。现任主席为齐亚·拉赫曼遗孀卡莉达·齐亚，代理主席为其子塔里克·拉赫曼。

（3）孟加拉民族党。1986年1月1日成立，创始人为孟加拉国前总统侯赛因·穆罕默德·艾尔沙德。主张维护独立和主权，建立伊斯兰理想社会，提倡民族主义、民主和社会进步，发展经济。1997年6月底，民族党曾发生分裂，前总理卡齐等成立民族党（扎-穆派），后于1998年12月合并。1999年4月，时任交通部长曼久和原民族党副主席米赞成立民族党米曼派，民族党再次分裂。民族党主流派前主席艾尔沙德2019年7月14日病逝，现任主席为艾尔沙德胞弟古拉姆·穆罕默德·卡德尔。

（4）伊斯兰大会党。1946年成立。独立初期，该党因反对孟加拉国独立而遭禁，1979年重新开展活动。2001年10月，作为民族主义党领导的四党联盟一员参加大选，成为执政党之一。该党称，最终目标是将孟加拉国变成一个伊斯兰国家，主张废除一切非伊斯兰法律，认为外交政策应反映伊斯兰理想。主席为马蒂乌尔·拉赫曼·尼扎米。2013年8月1日，孟最高法院以非法为由取消了该党注册，禁止该党参与孟加拉国大选。

五、政府机构和行政区划

（一）政府机构

20 世纪 90 年代以来，孟加拉国主要由民族主义党和人民联盟轮流执政。

孟加拉国前宪法规定，一届政府 5 年任期结束后，把权力移交给一个中立的看守政府，看守政府在 3 个月内组织下届大选。看守政府由一名首席顾问（相当于总理）和 10 名顾问（相当于部长）组成。总统负责任命看守政府首席顾问和顾问。截至 2013 年，孟加拉国宪法共经过 16 次修改。第 16 次宪法修正案的主要内容是取消看守政府制度，允许执政的政党政府组织大选，大选须在议会解散前 90 天内举行。

总理是政府首脑，行使国家最高行政权力，由议会选举，总统任命。2018 年 12 月 30 日，孟举行第 11 届议会选举，孟人盟以压倒性优势赢得大选，哈西娜总理成功连任，任期 5 年。这是哈西娜第四次出任孟加拉国总理，也是第三次连任，她将成为孟加拉国第一位在职达 20 年的总理。

以总理为首的内阁集体向议会负责，本届政府于 2019 年 1 月 7 日在总统府宣誓就职。

孟加拉国政府由 43 个部门组成。主要经济部门包括财政部、邮电通信及信息技术部、农业部、电力能源及矿产资源部、公共管理部、铁道部、计划部、纺织黄麻部、商务部、航空旅游部、渔业与畜禽业部、公路交通与桥梁部、工业部等。

孟人民联盟政府组成：谢赫·哈西娜，总理兼国防部长，公共管理部长，电力、能源与矿产资源部长，妇女儿童事务部长；内政部长阿萨杜扎曼·汗·卡马尔，财政部长穆斯塔法·卡马尔，教育部长迪普·莫妮（女），外交部长阿布·卡拉姆·阿卜杜勒·莫门，商务部长提普·孟希，科技部长叶菲希·奥斯曼。

（二）行政区划

孟加拉国行政区划分为四级，即专区、县、乡级和村级。设置地方政府权力的区划单位仅有专区、县与乡三级，村级为自治组织。目前，孟全国共设有 8 个专区，下辖 64 个县、490 个乡级组织（称为乌帕齐拉或塔纳）。见表 2-2。

表 2-2　孟加拉国行政区划

中文名称	英文名称	孟加拉语名称	面积（平方千米）	首府
巴里萨尔专区	Barisal Division	বরিশাল বিভাগ	13225. 20	巴里萨尔市
吉大港专区	Chittagong Division	চট্টগ্রাম বিভাগ	33908. 55	吉大港市
达卡专区	Dhaka Division	ঢাকা বিভাগ	20593. 74	达卡市
库尔纳专区	Khulna Division	খুলনা বিভাগ	22284. 22	库尔纳市
迈门辛专区	Mymensingh Division	ময়মনসিংহ বিভাগ	10584. 06	迈门辛市
拉杰沙希专区	Rajshahi Division	রাজশাহী বিভাগ	18153. 08	拉杰沙希市
朗布尔专区	Rangpur Division	রংপুর বিভাগ	16184. 99	朗布尔市
锡尔赫特专区	Sylhet Division	সিলেট বিভাগ	12635. 22	锡尔赫特市

孟加拉国的主要城市如下：

1. **达卡市**

达卡，是孟加拉国首都，达卡专区首府。达卡坐落于恒河三角洲布里甘加河北岸，是孟加拉国最大的城市，也是南亚主要城市之一，其都会区有1200多万人口。达卡有着丰富的历史，被称为“清真寺之城”，其颇具民族风情的穆斯林纺织品闻名遐迩。

达卡旧称贾罕吉尔纳加尔，1608年由莫卧儿帝国孟加拉地区总督苏贝达·伊斯兰汗建立，在17世纪是世界性的穆斯林贸易中心。达卡的现代城市建设主要始于19世纪英国殖民时期，并迅速成为仅次于加尔各答的孟加拉第二大城市。1947年印巴分治后，达卡成为东巴基斯坦的行政首都，并在1972年成为独立的孟加拉国的首都。此间的20多年，达卡经历了各种混乱，包括强制推行戒严、孟加拉国宣布独立、军事镇压、战争破坏，以及自然灾害等。

达卡作为孟加拉国的政治、文化和经济中心，具有多样化的经济结构，同时也面临环境污染、交通堵塞、供应短缺等多方面的挑战。

2. **吉大港市**

吉大港是孟加拉国第二大城市以及第一大港，也是吉大港区的首府，临孟加拉湾，位于戈尔诺普利河右岸。人口5658560人，且仍然持续增长。吉大港是孟加拉国的重要交通枢纽和工业中心，工业有炼油、造船、钢铁、纺织、玻璃及食品加工等产业，其中拆船回收业格外出名，该市拆船厂区供应了本国75%的金属来源。

吉大港是孟加拉国最重要的港口，孟加拉国80%的进出口由吉大港办理。它的战略性地理位置吸引了许多投资者，许多重要的商业公司在这里设有分部或者办公室。

3. **锡尔赫特市**

锡尔赫特市为锡尔赫特专区及锡尔赫特县的首府及主要城市，位于孟加拉国东北部，于2009年3月取得孟加拉都会城市的地位。锡尔赫特位于苏尔马河谷地旁，周围则有杰因蒂亚、卡西、特里普拉等丘陵。

茶园及热带雨林为锡尔赫特地区的特色。以英国籍孟加拉人为主所投资的旅馆、购物中心及高级住宅造就了锡尔赫特商业的繁荣，使锡尔赫特成为孟加拉最富裕的城市之一。

锡尔赫特历史上曾历经不同文化影响并留有遗址。于14世纪时将伊斯兰教带入孟加拉的“圣洁者”沙阿·贾拉勒的陵墓位于城内，因而锡尔赫特也有“圣城”之称。英属印度时期，锡尔赫特被划入阿萨姆邦，历经印巴分治后，锡尔赫特属东巴基斯坦的一部分，现在则由孟加拉国管辖。

六、社会组织和公共交通

（一）社会组织

1. 工会

作为具有工会运动传统的国家，孟加拉国全国有超过6400个工会组织，其中12个为大型工会组织。孟加拉国肯德拉工会是全国性工会组织，隶属于世界工会联合会，影响力最大。孟加拉国大多数工会与政党相连，斗争性强，故常为政治所用，经常因政治原因组织大规模罢工。2018年5月1日，孟加拉国各地工会举行纪念国际劳动节活动，要求政府改善工人工作环境，增加工人工资，维护劳工合法权益。

自2012年以来，孟加拉国各政党围绕看守政府、战争罪犯审判等，组织了多起全国范围内大罢工。2014年底至2015年初，孟加拉国反对党发起了交通运输领域的多场全国性罢工和封锁活动，影响到全国 6 万辆客车的运营，日均损失达 4.8 亿塔卡（约合 3821 万元人民币），造成 96 人死亡、1400 多人受伤。2016 年底，孟加拉国阿苏利亚工业区服装工人为提高工资待遇发起罢工，造成 85 家服装厂关闭，涉及 25 万工人。

2. **非政府组织**

孟加拉国被称为全世界非政府组织和援助事业的首府，在孟加拉国非政府组织事务局注册的非政府组织有近千个，每年募集援助资金达 1 亿美元以上。孟加拉国的非政府组织扮演着市民与国家之间的缓冲器角色，在解决农村信贷难问题、减轻贫困、保障妇女权益、推动经济发展及处理结构调整项目的影响和短期效应方面作出了较大贡献。

孟加拉国农村发展委员会（BRAC）原名为“孟加拉复兴援助委员会”，由孟加拉慈善人士法佐·哈桑·阿比德于 1972 年创立。创立之初主要是为了帮助战争带来的难民和受难同胞。目前 BRAC 全世界共有 11.1 万名员工，其中在孟加拉国有 5500 人，每年年度费用 10 亿美元，其中 70% ~80% 来自自有资金，包括旗下企业、大学、医疗机构以及金融机构收入。

根据服务对象的不同需求，整个 BRAC 系统贷款可分为以下四个层次：单笔金额小于 100 美元的针对极度贫困人群的贷款、单笔金额 100 ~1000 美元的低收入妇女贷款；单笔金额 100 ~4000 美元的农业贷款；单笔金额 1000 ~4000 美元的迁徙贷款以及单笔金额 1000 ~10000 美元的中小企业贷款。其中，前两项主要由小贷公司负责，后两项则交由银行负责。

除了提供资金支持，BRAC 还为贫困群体提供“一条龙服务”，包括帮助他们建立生产资料与市场需求的连接，以及提供低收入人群所需教育和卫生医疗服务等。

例如，BRAC 特别针对特困人口推出一个两年的教育项目。每个客户在接受小额贷款之前都要接受这个教育项目。该项目中，BRAC 除了给客户提供超小额贷款外，还会提供一定的生产资料和技能培训，并帮助他们打通与市场需求方的联系。两年之后信贷员会根据客户是否每天有牛奶喝、是否可以送孩子上学、是否有稳定收入等进行评估，如果都达标，则该客户就“毕业”了，有资格获取小额贷款。

（二）公共交通

1. 公路

孟加拉国公路局公开数据显示，全国公路现有总里程为 22096 千米，其中，国家级公路 3906 千米，地区公路 4767 千米，乡村路 13423 千米。孟加拉国交通基础设施非常落后，市内通勤尚无轨道交通，道路拥挤。当地研究机构最新研究表明，首都达卡地区每年因拥堵造成的损失多达 3700 亿塔卡，相当于国家预算的 11%。

2015 年 6 月，印度、孟加拉国、不丹、尼泊尔四国签署“机动车通行协议”。根据该协议，四国乘客和客货运机动车可在四个国家境内自由穿行，实现域内互联互通。2018 年 1 月，四国达成协议，印度、孟加拉国、尼泊尔三国先行开展协议项下旅客运输互联互通合作，不丹将在随后加入。

2. 铁路

孟加拉国境内现有铁路 2955. 53 千米，运营里程 2655. 93 千米。孟加拉国铁路局划分为东区和西区，东区现有铁路 1390. 78 千米，主要使用米轨标准，仅达卡至吉大港 119. 45 千米铺设套轨，其余 124. 8 千米正在扩建套轨。西区米轨线路 531. 15 千米、宽轨线路 682. 19 千米、套轨线路280.55千米。孟加拉国首都达卡至印度加尔各答铁路开通，孟加拉国西北罗洪布尔、东北贝纳波尔也有铁路与印度连接。孟加拉国与缅甸尚无铁路连接。

2013年6月，孟加拉国计划委员会交通运输协调局与孟加拉国铁道部联合制定了《2010—2030铁路发展规划》。该规划提出，孟加拉国全境将逐步统一使用宽轨建设标准，并在首都达卡兴建城市轨道交通，以缓解中心城市交通拥堵现状。2018年，孟加拉国政府已开始建设多哈扎里—考克斯巴扎（129.58千米）、卡鲁哈利—通济帕拉（132千米）等多条铁路线。2018年2月，孟加拉国铁路局完成全国客货运铁路总体规划，将分五个阶段实施，预计到2045年末，全国铁路系统总投资将达到5.1万亿塔卡。

3. 空运

孟加拉国是国际民航组织成员，现有正在使用的机场8个，其中3个为国际机场（达卡、吉大港、锡莱特）。

孟加拉航空公司和US-Bangla等航空公司经营达卡至港口城市吉大港、旅游胜地考克斯巴扎等多条国内航线及二十几条国际航线。中国东方航空公司和南方航空公司在达卡均设有办事处，分别运营昆明、广州往返达卡的航班。此外，US-Bangla运营广州往返达卡的航班，港龙航空公司设有往返香港和达卡的航线。

点评：

新冠肺炎疫情期间，按照有关规定，各航空公司航班随疫情变化随时会有变动，请及时关注各航空公司公告；搭乘航班赴华的中、外籍乘客须在登机前72小时内获得新冠病毒核酸检测阴性证明，中国籍乘客凭驻孟使馆审核通过的绿色健康码、外籍乘客凭驻孟使馆审发的健康状况声明书方能登机，具体要求请关注驻孟使馆网站和微信公众号通知。

4. **水运**

孟加拉国境内河流众多，内河航运线总长约6000千米。孟加拉内河运输公司（BIWTC）拥有船只200余艘。孟多次发生大型船难事件，造成重大人员伤亡，建议国内来孟人员谨慎选择水路交通方式。

5. **其他境内交通**

孟市内公共交通工具主要有四种：人力三轮车（当地人称Rickshaw）、三轮摩托车、公共汽车和出租车。上述交通工具多数车况不太好。当地也有一些租车公司可提供租车服务。

七、外交关系

孟加拉国奉行独立自主、不结盟的对外政策，强调经济外交，在平衡与大国关系的同时，注重发展与伊斯兰国家的传统关系，努力改善和发展与印度的关系，并加强与中国及西方国家的联系。

孟加拉国积极参加联合国、伊斯兰会议组织、不结盟运动、英联邦等国际组织的活动，致力于推动南亚区域合作，积极参与次区域和跨区域合作。孟加拉国重视多边外交，积极参与联合国维和行动，先后向十多个冲突地区派驻了维和人员。孟加拉国在气候变化问题上表现活跃，是“气候变化最易受害国”倡议方之一。孟加拉国主张全面裁军，反对西方国家利用人权问题干涉别国内政，强调建立公正的国际经济新秩序。2009年，孟人盟主席谢赫·哈西娜政府执政后，实行不结盟外交政策，主张同一切国家建立友好关系，注重发展与中国、印度、日本及东盟国家的关系。

孟加拉国是南亚区域合作联盟（简称南盟）的发起国，多年来为推动南盟的发展做了大量工作。2005 年 11 月，南盟第 13 届峰会在达卡举行，会议通过了 53 点《达卡宣言》，各方一致同意推动南盟进行深入合作，签署了《南盟海关事务相互行政支持协定》、《关于成立南盟仲裁委员会协定》和《南盟关于避免双重征税与相互税收行政支持的有限多边协定》等 3 项协议，确定未来 10 年为“减贫 10 年”。孟加拉国是亚太贸易协定成员国，协定成员间达成以相互提供优惠关税为主要内容的优惠贸易安排。2006 年，孟加拉国成为东盟地区论坛成员。另外，孟加拉国一直大力推动孟中印缅经济走廊建设和孟印缅斯泰经合组织（BIMSTEC）等次区域合作组织进程。对于孟中印缅经济走廊建设，孟加拉国目前态度较为积极，认为该合作有望推动孟加拉国成为区域经贸交流合作枢纽。

1. **同美国的关系**

孟加拉国建国之初，由于美国在 1971 年印巴战争中支持巴基斯坦，孟美关系冷淡。1972 年美国承认孟加拉国，积极设法恢复在孟加拉国的影响。孟加拉国政府为摆脱贫困，寻求外援，积极谋求发展同美国的关系。美国是孟加拉国的主要援助国，援助额累计近 60 亿美元。美国是孟加拉国成衣出口的最大市场，也是孟加拉国油气开发的最大投资国。美国十分重视孟加拉国在反恐、气候变化等问题上的影响。2009 年 9 月，孟加拉国总理哈西娜在第 64 届联大期间与美国总统奥巴马会晤，重点讨论了气候变化、贸易等问题。2012 年 5 月，美国国务卿希拉里·克林顿访问孟加拉国，两国宣布建立“伙伴关系对话”机制。2013 年 6 月，孟加拉国拉娜大厦倒塌后，美国以孟加拉国忽视劳工安全为理由，取消了对孟加拉国普惠制待遇（GSP），美孟关系开始下滑。孟加拉国大选期间和选举结束后，美国多次对人民联盟单方面组织选举表示不满，希望政府能与民族主义党展开对话，重新举行议会选举。2016 年 8 月，美国国务卿克里访问孟加拉国，双方同意就反恐进行合作，但目前，孟美仍未就恢复 GSP 待遇等问题达成一致。2019 年 4 月，孟加拉国外长莫门访问美国，就罗兴亚问题、双边经贸问题等进行交流。

2. 同日本的关系

日本是孟加拉国最大的经济援助国和重要投资伙伴。自孟加拉国独立以来，日本已累计承诺向孟加拉国提供援助 110 亿美元，实际到位 70 亿美元。2014 年 9 月，孟加拉国总理哈西娜与日本首相安倍晋三实现互访，并就合作建设火电厂、在孟加拉国建立日本经济开发区等问题达成一致，孟日关系进一步升温。

2016 年 5 月，孟加拉国总理哈西娜应邀赴日本出席 G7 会议扩大会议，期间与日本首相举行双边会见。2016 年 6 月，孟加拉国财政部经济关系局（ERD）与日本国际协力机构（JICA）签署第 37 个官方发展援助（ODA）协议，金额 15 亿美元，利率 0.01%，还款期 40 年并有 10 年宽限期，用于贾木纳铁路桥、达卡地铁、马塔巴里燃煤电站、跨境公路网等六个项目。2016 年 7 月，达卡鼓山地区一咖啡馆发生恐怖袭击，造成 7 名 JICA 员工死亡，此后，JICA 对合作事宜保持沉默，并撤走在建项目人员。2017 年 2 月，双方重启对话机制，JICA 对其在孟加拉国既有和未来项目进行了梳理。2019 年 5 月 28 日至 31 日，哈西娜总理对日本进行访问期间，孟日签署第 40 期 ODA 协议，共计 25 亿美元。

3. 同印度的关系

孟印两国关系起伏不定，但孟加拉国重视改善和发展与印度的关系。孟加拉国在独立之初奉行亲印政策，与印度签订《友好、合作和平条约》。总体讲，孟加拉民族主义党执政期间与印度关系有所调整，侧重防止印度控制；孟人盟执政期间则重点发展与印度关系。孟印两国存在边界、水资源分配、难民遣返等历史遗留问题，争议时有发生。

2007 年 6 月，孟印恢复已中断两年的外交磋商。2010 年初，哈西娜总理执政后首访印度。2011 年 9 月，印度总理辛格首次访问孟加拉国。双方签署了《发展合作框架协议》和《关于印孟重新划定陆地边界及有关问题协议的议定书》，以及孟加拉国过境印度前往尼泊尔、保护孟加拉国生态环境、保护孟加拉虎、渔业合作、可再生能源合作、广播电视合作、孟加拉国达卡大学与印度尼赫鲁大学合作、商业研究机构合作等 8 个谅解备忘录。两国发表了长达 65 条的联合声明，对经济、贸易、水利、电力、分水、互联互通等各领域合作进行了展望，承诺推动两国关系进入新阶段。

2013 年大选期间，印度力挺孟加拉国执政党人民联盟及其组建的看守政府。孟加拉国新政府上台后，印度总理辛格和总统慕克吉在美欧各国普遍持冷淡态度的情况下，第一时间向哈西娜总理发出贺电。2014 年，莫迪政府上台后，继续与孟加拉国保持密切交往，并就陆地边界、提斯塔河分水协议等长期问题做出积极表态，意在进一步增强对孟加拉国的影响力。2015 年 6 月，印度总理莫迪访问孟加拉国，双方签署了包括领土边界和有关贸易、运输等方面的系列协议，孟印两国长达 41 年的陆地边界问题得以解决，印度承诺为孟加拉国基础设施和其他发展项目提供 20 亿美元贷款额度，孟加拉国则同意印度东北部地区过境使用孟加拉国境内吉大港和蒙格拉港。

2017 年 4 月，哈西娜总理再次对印度进行国事访问，双方共签署 24 项谅解备忘录和 11 项协定，内容涉及经贸、安全、科技、教育等多个领域。作为此次高级别访问的重要成果，印度决定为孟加拉国提供 45 亿美元优惠贷款，包含对帕亚拉、蒙格拉和吉大港三个港口开发提供融资。此外，两国签署了5项国防合作协议，其中包括印度向孟加拉国提供5亿美元的信用额度，用于从印度购买国防装备。由250人组成的孟方随行商务代表团与150名印度商界领袖签订了100亿美元的投资协议，涉及能源、物流、教育和医疗等领域。2019年10月，哈西娜总理访问印度期间，双方领导人就提斯塔河分水协议、促进互联互通、撤销反倾销税、减少边境杀害、简化签证程序、灾害管理合作等问题签署了6项双边合作文件。

4. 同巴基斯坦及南亚其他邻国的关系

孟加拉国积极发展同巴基斯坦等其他南亚国家的关系。孟加拉国独立之初与巴基斯坦关系紧张，1975年1月两国建交后，双边关系平稳发展。2008年5月，孟加拉国看守政府外交顾问伊夫特卡尔访问巴基斯坦。2009年上台的孟人盟政府由于坚持审判独立战争罪犯，两国关系有所下滑。

2011年3月，不丹国王旺楚克访问孟加拉国，双方同意就公共河流管理问题，加强孟加拉国、不丹、印度和尼泊尔合作，并讨论了孟加拉国、不丹、印度三国水电项目。

2011年4月，斯里兰卡总统拉贾帕克萨访问孟加拉国，希望与孟加拉国建立牢固的政治关系，双方还签署了5项合作谅解备忘录，涉及文化、贸易、农业、渔业及教育等。

2015年6月，印度、孟加拉国、不丹、尼泊尔4国签署“机动车通行协议”，协议生效后，4国乘客和客货运机动车可在4个国家境内自由穿行，实现域内互联互通。

2019年4月，不丹首相洛塔·策林访问孟加拉国，两国在商业、农业、旅游和人员培训等领域达成合作共识。

5. **同东南亚国家的关系**

近年来，孟加拉国政府采取以经济外交为基本内容的“东向”外交政策，进一步加强同东亚、东南亚各国的友好合作关系。2007 年 7 月，孟缅两国就修建 25 千米连接公路签署了协议。2011 年 12 月，孟加拉国总理哈西娜访问缅甸。孟缅发表联合声明，称两国关系进入了新阶段，但边界问题和罗兴亚问题仍是双边互通的最大障碍。2019 年 4 月 21 日至 23 日，哈西娜总理率团对文莱进行访问。

6. **同中国的关系**

1975 年 10 月 4 日，中国与孟加拉国正式建立外交关系。建交后，两国间友好合作关系一直健康、顺利地向前发展。双方在政治、经济、军事、文化等各个领域进行了卓有成效的合作，在一系列重大国际和地区性问题上看法基本一致，在国际事务中密切配合。两国高层领导互访频繁，孟加拉国齐亚 · 拉赫曼总统、艾尔沙德总统、卡莉达 · 齐亚总理、哈西娜总理曾多次访华；中国李先念主席、李鹏总理、钱其琛副总理兼外长、吴邦国副总理、李鹏委员长、朱镕基总理、贾庆林政协主席、温家宝总理、刘延东副总理、习近平主席先后访问孟加拉国。

2010 年 3 月 17 日至 21 日，哈西娜总理应邀来中国正式访问，期间，双方发表了《中孟联合声明》，双方决定，从战略高度出发，本着长期友好、平等互利的原则，建立和发展中孟更加紧密的全面合作伙伴关系。

2010 年 6 月，时任国家副主席习近平访问了孟加拉国。2012 年 10 月，时任中共中央政治局常委李长春访问孟加拉国，其间，李长春会见了孟加拉国总统拉赫曼、总理哈西娜以及 BNP 主席齐亚，中孟分别就经济、电力等领域合作签署了一项协议、一份备忘录和一个框架协定。

2014 年，孟加拉国新一届政府上台后，重视加强对华合作，在一系列问题上向中方发出积极信号，6 月，哈西娜总理成功访华并与李克强总理就在孟加拉国建设中国工业园区等问题达成一系列共识，中孟合作、互信关系迈上新台阶。

2015 年是中孟建交 40 周年，5 月，刘延东副总理对孟加拉国进行正式访问。6 月，孟加拉国国民议会议长乔杜里赴云南出席第三届中国–南亚博览会开幕式。9 月，习近平主席在纽约出席联大期间与哈西娜总理举行双边会见。10 月，孟加拉国议长乔杜里访华并出席在北京举行的亚洲政党丝绸之路专题会议和中孟建交 40 周年纪念活动。

2016 年 10 月，习近平主席成功访问孟加拉国，分别同哈米德总统、哈西娜总理、乔杜里议长、BNP 主席齐亚举行了会谈和会晤，双方就中孟关系及共同关心的国际和地区问题深入交换意见，达成广泛共识，双方一致同意将中孟关系提升为战略合作伙伴关系，开启了中孟传统友好关系的新篇章。

2017 年 11 月，外交部长王毅访问孟加拉国，分别同哈西娜总理、阿里外长举行会见会谈。2018 年 6 月 29 日，国家副主席王岐山在北京会见孟加拉国外长阿里，国务委员兼外交部长王毅与阿里举行会谈。2018 年 5 月 13—15 日，全国政协副主席王正伟访问孟加拉国。2018 年 10 月 25—27 日，国务委员、公安部长赵克志访问孟加拉国。2019 年 7 月 1—6 日，哈西娜总理赴华进行正式访问，期间分别同习近平主席、李克强总理、栗战书委员长举行会见会谈。会后，两国总理共同见证了中孟投资、文化旅游、水利等多项双边合作文件的签署。双方共同发表了《中孟联合声明》。2019 年 6 月 15—17 日，全国人大常委会副委员长吉炳轩访问孟加拉国。2019 年 12 月 11—13 日，中国红十字会会长陈竺访问孟加拉国。

八、民族和宗教

（一）民族

孟加拉国是一个多民族国家，主要民族为孟加拉族，约占人口总数的98%，另有查拉尔玛、山塔尔、加诺等20多个少数民族。

孟加拉族人分布于全国各地，操孟加拉语，属欧罗巴人种，一般前额较宽、眼窝较深、肤色浅黑，喜食大米、蔬菜、鱼类。他们热情好客，善于交流且喜爱音乐，大多信奉伊斯兰教。

孟加拉国的少数民族集中分布于吉大港山区、锡莱特、迈门辛、拉杰沙希等地，基本属蒙古人种，所操方言大多属藏缅语系，信奉佛教或泛灵论，在与当地人民融合的过程中亦受到伊斯兰教和印度教的影响。靠近缅甸边境的吉大港山区少数民族，主要包括恰克马族、马尔玛族、特里普拉族、穆如族、莫绒族等13个少数民族，受缅甸影响深远。恰克马人为孟加拉国重要的少数民族之一，他们喜跳的竹竿舞带有明显的东南亚风格。锡莱特毗邻印度东北部及缅甸，聚集有曼尼普尔人与特里普拉人。前者据传为18世纪60年代时任统治者辛格王不满缅甸统治，带领人民长途跋涉迁徙而来；后者一般认为由印度特里普拉邦的人民迁徙而来。靠近喜马拉雅山脉的迈门辛与苏纳姆甘杰，聚集有从喜马拉雅地区及雅鲁藏布江河谷迁徙而来的拉杰班希族人，及从西藏河谷迁徙而来的卡哈西亚人，他们时常移动房屋，带有典型的游牧民族风格。

民族政策：长期的民族冲突促使政府认真考虑少数民族的权利问题。进入21世纪，孟加拉国逐渐形成了包括《地方委员会法》在内的民族政策，确保少数民族权利与部分自主管理权，部分山区少数民族设有事务部与区议会，如吉大港山区设有吉大港事务部、区议会及县议会、吉大港发展委员会、难民康复特遣队等部门，自主管理本民族事务。中央政府给予少数民族部分自治的权利，确保少数民族参政议政、政治参与、政府任职的机会及教育权、经济发展权，给予专门拨款与专项经济发展项目。

（二）宗教

孟加拉国教派林立，是世界著名的宗教国家之一。根据孟加拉国政府 2011 年人口普查统计，孟加拉国信奉伊斯兰教的人数占总人口的 90. 39%，信奉印度教的占 8. 55%，信奉佛教的占 0. 6%，信奉基督教的占 0. 37%，万物有灵论者和无神论者等其他宗教信仰者占 0. 14%。不同教派丰富的宗教元素交织，构成了孟加拉国独特的宗教文化。伊斯兰教是孟加拉国国教，每年举行的全球圣会是孟加拉国最大、最著名的穆斯林集会。绝大多数穆斯林操孟加拉语，占穆斯林总人数的 88%，剩余一小部分穆斯林操比哈尔语和阿萨姆语。

孟加拉国独立初期，伊斯兰国家性质初现，后经宪法修正案正式确认为伊斯兰国家。尽管以伊斯兰教为国教，但孟加拉国实行政教分离的国策，以宗教信仰自由与禁止宗教歧视为基本原则，形成了包含宗教习俗、宗教基金、宗教教育、宗教婚姻等细分法则在内的全面的宗教政策体系，保障人民的宗教自由权。

九、语言和习俗

（一）语言

孟加拉语是孟加拉国的官方语言。在教育界和商界广泛使用的则是英语。有相当部分人可以看懂阿拉伯语。

（二）习俗

（1）社交礼仪：男人间见面时，一般都以握手为礼。男人与女人相见时，一般都习惯用点头示礼，男人一般不主动与女人握手。孟加拉国的佛教徒与客人相见时，习惯施合十礼，客人也应双手合十还礼，以示尊重。

（2）商务礼仪：孟加拉国商务着装较为保守，男士着深色西装，女士着纱丽和外套。见面时与男士握手问候，对女士点头致意。外国人与孟加拉人首次见面一般不互赠礼物，如受邀请可带上巧克力、甜点，避免赠送酒水。收到礼物不当面打开，用双手收赠礼物。

（3）禁忌：孟加拉国忌讳拍打他人后背，认为这是一种极不礼貌和不尊重人的表现，对不经同意就给他们拍照的做法也很反感。孟加拉国人忌讳左手传递东西或食物，认为左手肮脏。他们还认为 13 是个消极的数字。

孟加拉国的伊斯兰教徒恪守禁酒的教规，也禁食猪肉和使用猪制品，甚至忌讳谈论有关猪的话题。

（4）其他：孟加拉国民众特别喜爱荷花，习惯称荷花为“花中君子”，视荷花为“吉祥”、“平安”、“光明”和“纯洁”的象征。

（三）节假日

1. 重要节日

· 开斋节：根据伊斯兰教历推算，每年有变化；

· 宰牲节：根据伊斯兰教历推算，每年有变化；

· 烈士日：2 月 21 日；

· 独立日和国庆日：3 月 26 日；

· 孟历新年：4 月 14 日；

· 国民哀悼日：8 月 15 日；

· 国民团结日：11 月 7 日；

· 胜利日：12 月 16 日。

2. 主要节日简介

（1）开斋节。开斋节是孟加拉国重要的宗教节日，其庆祝活动已成为孟加拉国文化的一部分。每年的开斋节从伊斯兰教历的十月一日开始。开斋节当天，穆斯林返回家乡庆祝，穆斯林在田野、清真寺内祈祷，然后相互拥抱。年幼者触摸老年人的脚以施礼，老年人返送祝福（有时用小笔钱作为礼物）。祷告结束后，人们互相拜访，食用甜点及其他美食佳肴，于街头、村庄庆祝游玩，演奏音乐，开展板球、卡巴迪等娱乐活动。

（2）宰牲节。宰牲节也是孟加拉国重要的宗教节日，又称古尔邦节。其庆祝活动与开斋节相似，不同之处在于宰牲节会献牲（牛羊等家养动物）献祭。节日当天，富人宰牲献祭，并在结束后将大多数肉发给穷人。

（3）孟加拉国新年。4 月 14 日是孟加拉国新年，也是孟加拉历的第一天，是孟加拉国全体国民的欢庆节日，标志着农种季节的开始。孟加拉国新年节日风俗与中国的春节相似，人们打扫、清洁房屋，换上红印白纱、棉布制成的特色纱丽或其他漂亮的新衣服，女人还会戴茉莉花和金盏花，与亲戚、邻居互相拜访。节日前的集市上有农产品、传统手工艺品、玩具、化妆品及各种各样的美食售卖，人们赛马、斗牛、斗鸡、飞鸽和赛艇，还有歌曲和传统戏剧表演。最为隆重浩大的新年庆祝活动于达卡举行，达卡大学每年会组织名为“Mongol Shuvojatra”的游行，人们穿着艳丽，簇拥着各种人物及动物模型，组成多彩的游行队伍，欢庆新年的到来。

孟加拉国实行每周 5 天工作制，周五、周六为公休日。

十、货币与物价

（一）货币兑换

孟加拉国货币为塔卡（Taka），国际货币编号为 BDT。辅币单位派沙，1 塔卡 = 100 派沙。

目前孟加拉国国内流通的货币分为纸币和硬币两种，其中纸币面额包括 Tk. 2、Tk. 5、Tk. 10、Tk. 20、Tk. 50、Tk. 100、Tk. 500 和 Tk. 1000，硬币面额包括 1 派沙、5 派沙、10 派沙、25 派沙、50 派沙和 Tk. 1，Tk. 2，Tk. 5。具体样式见表 2–3。

表 2–3　孟加拉国货币

面额	正面	反面
1 派沙		
5 派沙	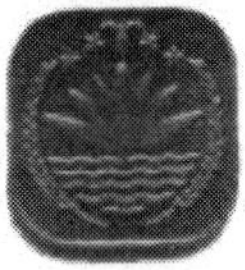	
10 派沙	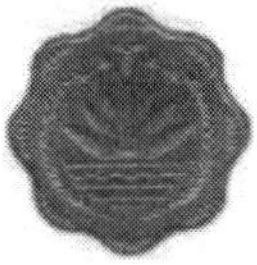	

续 表

面额	正面	反面
25 派沙		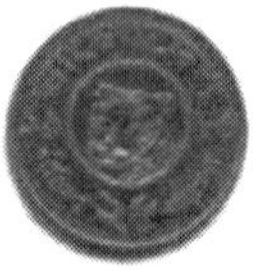
50 派沙		

Tk. 1（硬币）		

Tk. 2（硬币）		

续　表

面额	正面	反面
Tk. 5（硬币）		
Tk. 2		
Tk. 5		
Tk. 10		
Tk. 20		
Tk. 50		

续 表

面额	正面	反面
Tk. 100		
Tk. 500		
Tk. 1000		

资料来源：孟加拉国中央银行。

1994 年 3 月 24 日，孟加拉国政府宣布塔卡为经常项目下可自由兑换货币，但对资本项目仍然实行严格的外汇管制。

进入 21 世纪，塔卡对美元处于持续贬值状态，从 2000 年的 1 美元兑 50.31 塔卡下跌至 2016 年的 1 美元兑 78.4 塔卡。2013 年以后，汇率趋于稳定，基本维持在 78 塔卡左右。根据孟统计局数据，2018—2019 财年，塔卡兑美元的平均汇率为 84.03 塔卡兑换 1 美元。至 2021 年 4 月 16 日，100 塔卡兑换 1.175 美元。100 塔卡兑换 7.7 元人民币。

目前，孟加拉国央行许可各商业银行设立人民币账户，但两国尚未签署双边货币互换协议，人民币与塔卡不能直接兑换。

（二）消费水平

2018—2019 财年，孟加拉国国内消费总额为 19.06 万亿塔卡，占名义 GDP 的比重为 75%，其中公共消费占 6.3%，私人领域消费占 68.7%。

2018—2019 财年，孟加拉国人均收入为 1909 美元，比上一财年提高 158 美元，国内储蓄占 GDP 的比重为 23.9%；国民储蓄占 GDP 比重为 28.4%。

除本地产热带水果较为便宜外，总的来说，孟加拉国物价水平要高于中国，且绝大多数商品需缴纳 2% ~15% 的增值税。孟加拉国轻工业较落后，主要日用品均从国外进口，价格较贵。

2020 年第一季度，孟加拉国（以首都达卡为例）基本生活物资零售价格为：当地品质稍好的大米 150 塔卡/千克，面粉 45 塔卡/千克，土豆 30 塔卡/千克，食用油 200 塔卡/升，牛肉 1200 塔卡/千克，羊肉 800 塔卡/千克，鱼类 500 塔卡/千克，禽蛋 100 塔卡/盒（10 个）。但需特别注意，受区域、商品供求、自然灾害、节假日等因素的影响，生活物资价格水平存在较大波动。

（三）小费

在孟加拉国，小费的作用与其他一些国家有所不同，付小费不是为了酬劳别人，而是为了方便自己办事情。一般旅馆、饭店需付 15% 的小费，乘出租车不需要付小费。

十一、金融与银行

（一）外汇管理

孟加拉国有关外汇管理的法律主要是 1947 年《外汇管理法》。该法律规定，在孟加拉国注册的外国企业可以在孟加拉国银行开立外汇账户，用于进出口结算、利润汇回、外国人红利发放、技术转让费或专利费支付等。根据孟加拉国央行规定，外国机构和个人在孟加拉国金融机构可开设“可兑换”和“不可兑换”两种账户，需兑换为本地货币的外汇只能存入“可兑换账户”，且该账户不得与本人或他人的“不可兑换账户”相互支付。企业日常汇出外汇需逐笔申报，但无须缴纳特别税金。由于孟加拉国银行效率低下，部分企业面临在孟加拉国经营收入无法及时汇出的困难。外国人携带现金 5000 美元（其中美元现金不得超过 2000 美元，其他货币等值不得超过 3000 美元）以上出入境必须申报。

1. 外汇管理政策

1994 年 3 月 24 日，孟加拉国政府宣布塔卡为在经常项目下可自由兑换货币。孟加拉国公民、外国人与法人企业均可不必先征得孟加拉国央行的同意，通过法定银行或经销商进行货币的有关交易等经济活动，包括：

（1）在孟加拉国投资运营的外国公司将利润汇回投资者本国；

（2）向非孟加拉国公民发行在孟加拉国设立企业的股票；

（3）向非孟加拉国公民派发在孟加拉国设立企业的红利；

（4）非孟加拉国公民（企业）通过证券交易所购买股票和有价证券方式的证券资产投资；

（5）非孟加拉国公民将通过证券交易所进行证券资产投资所获红利汇回本国；

（6）符合投资局规定或经投资局同意，为私人投资的工业企业签署的卖方信贷和其他外国贷款合同开具信用证；

（7）为偿付上述贷款而汇出的本金和利息；

（8）符合投资局规定对外汇出的技术转让费和专利费；

（9）在投资局认证的雇用合同付出工资和奖金金额范围内，汇出存款；

（10）根据银行惯例为外国在孟加拉国企业延长定期贷款期限；

（11）按照正常的主顾关系和银行惯例延长对外国控制或运营的企业发放的运营资金贷款；

（12）通过合法经营商，外国在孟加拉国投资企业从国外主体或其他渠道获取短期外汇现款，无须支付利息。

鼓励出口的外汇政策：孟加拉国政府为鼓励出口所采取的外汇政策包括：

（1）出口商的年外汇留存率被重新确定为 FOB 价所得的 40%；

（2）进口成分比例大的出口商品（如沥青、成衣、电子产品），外汇留存率为 FOB 价所得的 7.5%，服务业的外汇留存率为 5%；

（3）出口商可将外汇额度储存在有外汇经营权的孟加拉国银行开立的账户里。可开立的外汇账户有美元、英镑、马克、日元。存在账户里的外汇可作商业用途，如出国商业考察、参加交易会和研讨会、进口原材料、机械和零件等。也可用作在其他国家设立办事处。

2. 经常项目外汇管理政策

（1）货物贸易。

出口方面，一般情况下，出口货款须在装船后四个月内汇回。若超时未足额收汇，由授权经销商向孟加拉银行报告相关情况。对出口设定强制结汇比例，相应外汇须出售给授权经销商，出口收入留存率分 15%、75%、80% 和 100% 四档。

进口方面，采用负面清单管理，进口商须在商务部登记，进口付汇一般需开立信用证，并由授权经销商签发信用证授权表。信用证授权表不适用于从以色列进口和以色列船只运输的货物。进口有配额管理要求。超限额的进口预付货款，需出具预付货款保函。

（2）服务贸易、收益和经常转移。

国际贸易项下运费支出一般不受限制，但对技术服务、计算机及信息服务、佣金、利润、广告费等交易存在真实性审核要求，境外培训、咨询、出口企业佣金、期刊费用存在指导性限额管理。

对服务贸易收入设置强制结汇比例，服务贸易收入留存率为60%。超出等值1万美元额度的医疗费用支出需要孟加拉银行批准，并提交证明文件。

对外提供的小额服务收款的限额为等值500美元。信息技术或软件类公司每年服务贸易项下汇款的额度为等值2.5万美元，可通过国际信用卡进行汇款。产业政策范围内的服务业行业可以将上一年销售总额的1%用于培训和咨询服务的汇款。

3. 资本和金融项目外汇管理政策

（1）直接投资。

居民不得汇款用于在外国购买房产。非居民境内房地产销售收入汇回，须经孟加拉银行批准。当非居民向居民投资者转让股权，并进行投资清算时，以公司股权的资产净值作为计算汇回收入的基础。外国投资建设经济区、出口加工区需取得经济区管理局或出口加工区管理局的许可。

在电力、矿产资源和电信领域的投资，须获得政府有关主管部门的同意。

（2）资本和货币市场工具。

允许非居民在境内从事证券交易所交易股票、债券及共同基金等交易。不允许非居民购买境内货币市场工具，不允许非居民在境内发行股票、债券以及货币市场工具，不允许居民在境外交易和发行股票、债券以及货币市场工具。

（3）衍生品及其他工具。

经孟加拉银行批准，授权经销商可通过交易所交易商品期货、期权及场外衍生品，对冲客户交易风险。不允许非居民在境内交易和发行衍生品和其他工具，不允许居民在境外发行衍生品和其他工具。

（4）信贷和担保。

授权经销商可直接向居民发放期限180天的工业原料进口商业贷款，以及期限不超过360天的资本设备进口商业贷款。进口商可通过授权经销商从境外获得期限不超过1年的买方信贷。

企业超过360天的借款或进口延期付款须经投资局批准，出口延期收款超过120天须经孟加拉银行批准。经常项目下，银行可为居民向非居民付款提供担保或保证。借款人根据投资局批准的外债合同签发担保，无须孟加拉银行批准。但居民从境外收到担保或保证时，需要全面披露基础交易。

4. 个人外汇管理政策

一般情况下，居民个人需在1个月内向授权经销商出售所有收到的外汇。

（1）个人经常项目。

对部分个人经常项目支出实施额度管理，需提交证明材料获取标准额度。孟加拉国居民到南亚区域合作联盟地区和缅甸等地旅行，指导性限额为每人每年等值5000美元，其他国家为每人每年等值7000美元。对于政府批准的服务合同，外国人可以自由汇出净薪酬的75%。

除孟加拉国公民境外工资收入外，居民需就境外汇入款进行申报。一般情况下，超出等值5000美元的外币旅游支票或现钞出入境需要申报，携带本币现钞出境不可超过 5000 塔卡。根据与印度签署的谅解备忘录，个人在两国之间的边贸区交易商品每天不得超过等值 100 美元。个人可以在货币兑换机构兑换最高 1000 美元的旅游费用。

（2）个人资本项目。

居民与非居民之间的贷款业务是不允许的。移民财产境外转移不允许超过标准限额。移民汇入超过等值 5000 美元需申报，需遵守海关税收和商务部入境资格的规定。

非居民继承资产的收益和销售收入一般不能在境外转让，需在孟加拉银行授权下在境内使用。继承须向孟加拉银行报告，境外财产继承的净货币收入须汇回。

5. 金融机构外汇业务管理政策

（1）银行业。

即期外汇市场有 1001 家商业银行获得孟加拉银行授予的外汇交易许可，可以与商业银行和非银行客户进行外汇交易。孟加拉国同业外汇市场较为活跃，有 57 家商业银行可以参与现货和远期外汇交易。远期外汇市场上商业银行与非银行客户的货币兑换和远期外汇交易必须经批准，掉期交易由孟加拉银行规定的核心风险管理指南确定。

孟加拉银行不参与外汇衍生品市场。授权银行可从境外分行和代理行获得不超过 7 天的短期和透支贷款。未经孟加拉银行批准，银行不允许向非居民提供贷款。

发放国内外汇贷款和购买以外币计价的境内证券须经孟加拉银行批准。本外币存款账户的准备金要求和流动资产要求一致。购买以外币计价的境内发行证券须经孟加拉银行批准。授权银行外汇头寸限额为其资本的 20%。

（2）货币兑换机构。

有234家货币兑换机构被授予许可证可以从游客处购买外汇，并允许向单个居民兑换最高1000美元的旅行费用。货币兑换机构不允许直接与孟加拉银行交易，也不允许在境外开立账户，但允许在境内开立外币账户。

（3）基金业。

孟加拉国养老基金公司未经孟加拉银行批准不得进行境外投资，居民投资公司和集体投资资金一般不得投资境外。

（二）银行

（1）中央银行。孟加拉国国家银行是其中央银行，在孟加拉国金融体系中处于核心地位，是政府进行宏观经济调控的重要机构。其主要职能是负责控制货币发行与储备；制订并实施货币政策，管理货币及信用系统以稳定货币价值；管理外汇储备、监督银行及非银行金融机构；鼓励和发展国家生产性资源以维护国家利益等。

（2）主要商业银行。商业银行是孟加拉国金融体系的主体。商业银行产权体制分为政府所有、私人所有和外资三种形式。六大国有商业银行分别为：阿格拉尼银行、加纳塔银行、鲁帕利银行、索纳利银行、孟加拉国发展银行和孟加拉国小型工商业银行。私人商业银行有40家，主要有：StandardBank、Mutual Trust、Bank Asia、EBL、BCBL、Prime Bank Ltd.等，其中32家为传统商业银行，8家为伊斯兰商业银行。

（3）外资银行。孟加拉国现有9家外国商业银行：美国运通银行有限公司、花旗银行、斯里兰卡商业银行有限公司、哈比卜银行有限公司、巴基斯坦国民银行、渣打银行、印度国家银行、汇丰银行及朝兴银行。

（4）政府专业银行。孟加拉国有 2 家专业银行，分别为：科里什银行和 Rajshahi Krishi Unnayan 银行，主要为农业和工业发展提供资金支持。

（5）金融机构：孟加拉国现有 33 家金融机构，受央行监管，其主要资金来源为定期存款（至少 3 个月）、银行及其他金融机构信贷、债券、证券等。

（6）中资银行：迄今，尚无中资银行机构在孟加拉国设立分支机构。

（7）银行开立账户的要求和程序：外国企业选择当地银行开户，须从该银行领取申请表，并提供公司注册登记证、董事会关于开户及授权代表的决议、贸易许可证、行业协会会员证等证明材料。具体要求可向开户行咨询。

（三）信用卡

十多年前，渣打银行最先在孟加拉国推广使用万事达信用卡。目前孟加拉国几乎所有私人银行及国有银行都使用信用卡。孟加拉国大型超市、商场、酒店包括中餐馆，也基本都可以使用信用卡刷卡消费。银行发行的信用卡主要有维萨卡、万事达卡、国际金卡及本地金卡等。信用卡金卡用户月收入一般要求在 5.5 万塔卡（约合 700 美元）以上。

中国各银行代理发行的美元账户维萨卡和万事达卡可以在孟加拉国主要商场和高档酒店使用。

目前，银联国际已经与多家孟加拉国银行开展合作，孟加拉国 70% 的 ATM 设备以及所有 POS 机商户已经可以受理银联卡。银联国际与孟加拉国互信银行、东方银行合作在孟加拉国发行了银联卡。

（四）保险

孟加拉国保险发展及管理局公开数据显示，孟加拉国现有30家寿险公司（含一家外资寿险公司），45家非寿险公司，以及两家国有保险公司：Sadharan Bima Corporation（非寿险）和Jiban Bima Corporation（寿险）。

（五）融资

债务融资。外国投资者可以通过其在孟加拉国的子公司从本地银行和非银行金融机构获得债务融资。这包括流动资金贷款和各种融资信贷安排，包括现金信贷、抵押透支、各类的定期贷款和活期贷款、以中央银行出口发展基金为抵押的贷款、融资租赁和分期付款。

银团贷款和其他结构性融资在孟加拉国也是可以采用的。在孟加拉国注册的公司还可以采用信用证、承兑付款票据和银行担保等不提供资金的信贷安排。

孟加拉国贷款平均利率为14%～20%，其中，大中型企业商业融资成本为12.5%～17.5%，小型企业则为19%或者更高。外国投资企业在孟加拉国融资与当地企业享受同等待遇。需要融资的企业可向孟加拉国国有、私营或外资银行提出融资申请，银行接到申请后将派员到企业参观，了解企业财务状况、市场前景及企业的实际融资需求。随后，银行将对贷款企业进行资格预审，重点考察企业的现金抵押、资产抵押及其他公司或个人担保等情况，对授信额度及贷款风险进行综合评估。一般而言，没有抵押或者担保的企业，很难得到贷款。

在孟加拉国中资企业一般不选择在孟加拉国银行贷款，主要原因在于其贷款利率过高、贷款手续过于烦琐等。

来自外国的私人借款。私营部门的工业企业可以从普遍认可的贷款人获得贷款/信贷，包括国际银行、国际资本市场，国际金融公司、世界银行、亚洲开发银行、石油输出国组织特别基金等多边金融机构，以及出口信贷机构和设备供应商。

向外国股权持有者借款进行过桥融资也是可以采用的。贷款范围涵盖金融贷款、银行贷款、买方信贷、从机构和个人获得的卖方信贷以及海外资本市场的债券发行等商业贷款。该等贷款可以被用于为了新项目投资进口资本机械，或者工业领域现有生产单位的设备更新或规模扩大，但不能用于营运资金目的或投资资本市场。

外国借款需要通过孟加拉国投资发展局的事先批准，这个过程还需要通过中央银行监察委员会的审批。拟使用的贷款利率与国际市场上有关货币相应期限的现行贷款利率相比必须具有竞争优势。通常情况下，有关利率应当在该期限内以有关货币计价的现行政府国债利率的基础上，加上合理适度的国家风险溢价。

股权融资。投资者还可以考虑在孟加拉国资本市场进行股权融资，孟加拉国有两个股票交易所。投资者必须遵守孟加拉国的证券法，并取得孟加拉国证券交易委员会的事先批准。

债权融资。孟加拉国的公司债券市场仍然处于起步阶段，目前公开发行的债券很少。

点评：

除了在孟加拉国融资外，“走出去”企业还可以通过如下途径开展融资。

（1）在中国境内融资。在境内融资一般采用信贷融资、债券融资、股权融资等三大类方式。

（2）在国际市场融资。如可以向亚洲基础设施投资银行、欧洲复兴开发银行、国际金融公司（IFC）等金融机构融资。

（3）“一带一路”多双边合作基金。为推进“一带一路”建设、企业“走出去”和国际产能合作，中国发起设立了多支多双边合作基金，如丝路基金、中国-东盟投资合作基金、中国-中东欧投资合作基金、中国-欧亚经济合作基金、中非发展基金、中非产能合作基金、中拉合作基金等。

多双边合作基金以股权类投资为主，可在不增加企业债务负担的情况下，为项目建设提供长期、可靠的资金支持，契合大型项目建设周期长、资金需求量大的特点，是对信贷融资、债券融资等融资方式的有益补充。中国企业可根据项目特点及所在地区，多与对应的多双边合作基金进行对接，争取获得融资支持。

十二、通信与电力

（一）电话

孟加拉国国际电话区号为00880，国内拨往孟加拉国的电话可写作“00880-地区号-当地电话号码”或“00880-当地手机号码”。

孟加拉国移动通信发展迅猛，五大运营商竞争激烈。截至2019年1月，孟加拉国移动电话用户已达1.58亿户。移动话费价格低廉，国内电话一般为0.03～0.15元人民币/分钟不等，拨打中国国际电话大约每分钟人民币0.5元。孟加拉国已逐步普及3G。2018年2月，孟加拉国通信管理委员会向Grameenphone，Banglalink，Robi和Teletalk等4家公司颁发4G牌照，标志着孟加拉国正式进入4G时代。

（二）网络

近年来，孟加拉国政府高度重视信息通信技术发展，积极推动

“数字孟加拉”战略同中国“数字丝绸之路”倡议对接。该国政府希望能在2021年实现“数字孟加拉”的愿景，通过信息通信技术基础设施建设和相关行业发展，带动孟加拉国社会经济增长。

早在2008年，孟加拉国政府就意识到信息技术的应用将带来巨大社会经济效益，并提出了“数字孟加拉”战略。2010年开始，孟加拉国政府实施了三期政府基础网络建设。截至2019年5月，孟加拉国国家数字联通项目骨干网络在中企帮助下基本建成，成为孟加拉国“数字孟加拉”战略与中国“数字丝绸之路”倡议对接的经典案例。

基础网络三期项目是对现有信息与通信技术基础网络的扩容和延伸，目的是提升该国市、县、乡三级行政区域的网络。该项目是“数字孟加拉”战略的基础设施载体，将直接带动孟通信、信息科技、政务及教育等领域的革新，促进孟经济社会发展。三期项目将高速网络延伸至2600多个乡，覆盖孟加拉国62%的地域和人口，将“信息高速公路”从首都铺至全国各地，惠及约1亿孟加拉国民众。近年来，孟加拉国信息通信技术行业的年平均增长率一直保持在20%～30%，每年拉动GDP增长1%。

（三）邮政

孟加拉国邮局负责提供孟加拉国邮政服务，它是孟加拉国邮电部的一个附属部门，总部位于达卡。

孟加拉国邮局主要服务是邮寄信件，明信片，包裹，新闻纸，期刊和书以及包裹。一般交货时间为2～3天，具体取决于目的地的距离和通信情况。

（四）电力

目前，孟加拉国全国尚有5%的人口未实现电力覆盖，工农业生产对于电力的需求十分强劲，电力是孟加拉国政府重点发展的行业。孟加拉国财政部最新发布的数据显示，孟加拉国电力装机总容量为18079MW，2017—2018 财年发电量为 62678 百万千瓦时，比上一财年增加约 9.4%。2018—2019 财年（截至 2019 年 1 月）发电量为 41125 百万千瓦时。电力系统输变电损耗从 2005—2006 财年的 21.3% 下降至 9.6%。目前，孟加拉国在建电力项目共 56 个，装机总容量为 14134MW。

2017 年 11 月，孟加拉国第一座核电站由俄罗斯国有核电公司 Rosatom 在孟加拉国卢普尔开工建设，造价 126.5 亿美元，预计第 1 和第 2 组电站分别将于 2023 年和 2024 年投入商业运营。

孟加拉国为保持年均不低于 6% 的经济增长速度，并且实现 2021 年全国民众都能获得电力供应的目标，正在努力增加电力供应和扩大电力输送网络。孟加拉国政府积极出台政策，通过 PPP、RPP、IPP 等方式推动电力行业发展，以实现到 2021 年装机总容量达 24000MW 以及到 2030 年装机总容量达 40000MW 的目标。

2017 年 7 月，孟加拉国保护石油天然气、矿产资源及能源电力委员会制定了 2017—2041 年电力能源系统总体规划，该规划分为短期（至 2021 年）、中期（至 2031 年）和长期（至 2041 年）规划，旨在优先发展可再生能源，以替代燃煤发电。同时，在核能利用方面，孟加拉国总理哈西娜提出在孟加拉国南部建设第二座核电站，目前，项目负责单位孟加拉国原子能委员会已经选定 11 个备用选址开展论证。

十三、医疗与安全

（一）医疗

孟加拉国国立和私立医院共计 1683 家，床位 51044 个，注册医生 44632 人。国立医院费用较低，但医疗条件较差，只能治疗一般常见病。私立医院条件较好，但费用很高。孟加拉国没有公费医疗，仅部分保险公司从事医疗保险业务。孟加拉国无强制购买医疗保险的规定。

孟加拉国主要传染病有登革热、疟疾、霍乱、伤寒等，其中以登革热最为常见。

（1）登革热：该国终年有疫情发生，所有城市都有病例报道，以冬季最为严重。

（2）霍乱：建议在没有医疗设施、卫生条件不良的地方居住或工作 3 个月以上的人接种霍乱疫苗。

（3）甲型肝炎：旅行者都应接种甲型肝炎疫苗或注射免疫球蛋白。对计划长期居住或频繁到危险地区进行短期访问的人应选择主动免疫。

（4）乙型肝炎：建议卫生保健工作者、直接与常住居民有血接触或者与常住居民有性接触者、在当地停留 6 个月以上者接种乙型肝炎疫苗。

（5）伤寒：在当地停留 3 周以上或进入小城市、村庄和农村地区的人应进行伤寒预防接种。

其他需注意的疾病还有狂犬病、脑炎等。

2020 年，新冠肺炎全球蔓延。自 3 月 8 日孟发现首个确诊病例以来，确诊病例快速增加，7 月 18 日累计确诊病例已超 20 万，死亡逾 2500 人。在孟中国公民请务必加强自我防范，严格遵守孟政府防疫政策与措施，尽量减少不必要的外出，外出应戴口罩、保持社交距离、勤洗手。

（二）安全

孟加拉国总体治安环境尚可，但包括针对外国人的各类刑事案件时有发生。经济与和平研究所（IEP）最新发布的全球和平指数（GPI）报告显示，2019 年孟加拉国在 163 个国家（地区）中安全风险排名第 101 位，较上一年度下降 8 位。联合国毒品和犯罪问题办事处（UNODC）统计数据显示，2017 年孟加拉国共发生谋杀案件 3549 起，每 10 万人比率为 2. 2。

1. 恐怖袭击

近年来，恐怖袭击事件增多，恐怖分子在体育场、电影院、清真寺、商场和公园等公共场所制造小型炸弹爆炸事件，造成无辜百姓伤亡，安全形势面临诸多变数。2015 年以来，宗教保守主义和激进主义在孟加拉国有所抬头，有针对性的极端暴力事件呈上升趋势，受害者包括世俗人士、无神论者、宗教少数派别信徒及在孟加拉国工作的外国人。2016 年 7 月 1 日，首都达卡一家餐厅发生恐怖袭击，武装分子杀害了包括 9 名意大利人、7 名日本人在内的 20 名人质。7 月 7 日，吉绍雷甘杰地区一开斋节礼拜活动现场再次发生爆炸和枪战，造成 4 人死亡，十余人受伤。

2019 年，孟加拉国境内暴恐势力有所抬头，针对执法力量等硬目标发动数起零星暴恐袭击，造成多名警察和无辜民众受伤，其活动意愿和能力较前有所增强。孟加拉国政府继续对恐怖主义和极端主义采取“零容忍”政策，继续对暴恐势力维持高压严打态势，年内共开展80余次专项反恐行动，击毙和抓捕暴恐分子260多人，有效维护了孟加拉国社会总体安全稳定。

2. **社会动荡**

孟加拉国总体社会保持稳定，近年来未发生大规模社会动荡。上一次较大规模的社会动荡出现在2014年底至2015年初，孟加拉国在野党民族主义党（BNP）以反对政府合法性、要求提前举行大选为由，发动全国性罢工和封锁活动。2015年1月5日至4月4日，孟加拉国全国共有96人在冲突中死亡，1400多人受伤。2018年底，孟加拉国举行议会选举，大选日当天全国发生多起暴力事件导致近20人死亡。大选后，孟加拉国新一届政府致力于打击恐怖主义和极端主义，国家安全形势有望得到好转。

2019年1月，孟人盟开启第三个连续执政任期。新一届政府执政能力显著增强，反对党掀起大规模反政府活动的可能性不大。但印度于2019年底通过新版公民身份修正法案，引发孟加拉国国内穆斯林强烈关注和不满。孟加拉国国内发生多次大规模游行示威，抗议印度歧视穆斯林，表达对印度境内穆斯林民众的声援和支持。此外，超过100万罗兴亚人长期滞留孟加拉国境内，由此引发的社会安全隐患值得高度关注。

Chapter 3
第三章

前往孟加拉国手续办理及相关须知

一、海关出入境管理制度

1. 签证入境

根据中孟1989年签订的互免签证协议，持外交、公务及公务普通护照的中国公民可免签证进入孟加拉国。持普通护照的中国公民赴孟前，可提前在国内申请孟签证，也可在达卡国际机场申请落地签证（仅限旅游和商务类，需向移民官提供邀请函、往返机票、酒店预订单等）。落地签一般可停留15～30天，一般不可延期，不得从事有报酬的经营活动。

香港、澳门特区护照持有人不享受落地签待遇，须在赴孟前办妥签证。

入境时需填写入境登记卡，持有效护照和签证（因私普通护照）经移民局查验后放行。一般情况下，孟移民局官员查验速度较慢，需耐心等待。赴孟人员要当场检查入境章情况，一旦有误立刻同移民局交涉，以免出境时受阻。经移民局查验后，孟海关可能对行李进行检查，如无问题，则可通关。

2. 海关防疫

进境旅客行李物品一般不应超过20千克（最多两箱），用作商业用途的物品要征税。限制进出境物品包括象牙及象牙制品、列入世界野生动物保护对象的动物及其骨骸等国际通行限制物品。孟禁止进口物品包括有碍人畜健康的带有危险性病菌、害虫及其他有害生物的动、植物及其产品等。旅客带出、带入现金超过5000美元（或其他等额外币）以上者需主动申报。更多孟海关检疫信息可参考孟海关官网http：//www.bangladeshcustoms.gov.bd中的“旅客信息”（Travelers

Info）栏目。

3. **居留入籍**

（1）根据孟加拉国相关规定，外国公民入境后应在签证或入境许可到期前离境或办理居留许可延期手续。违反规定者会被处以罚款，具体情况如下：

①非法滞留不超过 15 天者，按每天 200 塔卡的标准缴付罚款；超过 15 天但不超过 29 天者，超过 15 天的部分按每天 500 塔卡的标准缴付罚款（以上两种情形可在出境口岸如国际机场办理）；超过 29 天者，处罚标准由移民局另行裁定（需去移民局办理）。

②需变更签证种类但未及时办理，超过 15 天者按每天 1000 塔卡的标准缴付罚款。

（2）根据孟有关规定，1972 年 5 月 25 日之前出生在孟加拉国，或其父或祖父在此之前在孟加拉国居住的人具有孟加拉国籍。出生在孟加拉国且父亲或母亲为孟加拉国公民的人具有孟加拉国籍。

外国人在下列情况下可申请加入孟加拉国籍：

①外国人与孟公民结婚，且在孟连续居住两年以上；

②在孟连续居住 5 年以上者；

③在孟投资 50 万美元以上者。

二、孟加拉国签证的办理

（一）孟加拉国签证类型

孟加拉国具体签证类型及相关要求如表 3-1 所示。

表 3-1 孟加拉国签证的类型及要求

序号	签证类型	适用对象	来访目的	签证办理及延期相关要求
1	A	国家元首、政府首脑、正副部长、议员、地区市议会成员、市长和其他同级别官员及其随行配偶和家庭成员	公务	签证机关将依据照会、外交惯例和礼宾规定，为其颁发适合其要求的签证。
2	A-1	政府、半官方、自治机构官员、政府代表团成员及其随行配偶和家庭成员	公务	1. 签证机关将依据照会并在检查相关文件后，为其颁发适合其要求的签证； 2. 如需延期，移民局可在收到相关部委（接待单位）推荐信后，按其要求延长签证停留期。
3	A-2	联合国及其下属机构、国际及地区组织及其办事处的官员和雇员	工作/任公职	1. 签证机关将依据相关组织推荐信和国际公约规定，为其颁发多次入境签证，签证有效期为其任职年限，但最长不超过 5 年； 2. 如需延期，移民局可依据相关部委、部门或组织推荐信和国际公约规定，延长其签证期限，无须向特警登记及办理安全证明。
4	FA-2	A-2 类签证对象的配偶和家庭成员	随行或探亲	1. 签证机关将在核实配偶关系或家庭成员关系的证明文件后，为其办理与 A-2 类签证对象有效期相同的签证； 2. 护照与移民局可依据相关组织推荐，延长多次入境签证期限。

续 表

序号	签证类型	适用对象	来访目的	签证办理及延期相关要求
5	A-3	参与孟加拉国政府与相关发展合作组织双边、多边协议框架下工程项目的专家、顾问、官员、雇员、工人	工作	1. 孟加拉国驻外使团将依据相关部委、经济关系局或政府机构推荐信，为其办理多次入境签证，有效期为工作年限，但最长不超过5年； 2. 如需延期，护照与移民局可依据相关部委、经济关系局或政府机构推荐信、安全证明，以及孟加拉国政府与发展合作组织协议条款，延长多次入境签证期限。
6	FA-3	A-3类签证对象的配偶和家庭成员	随行、探亲、团聚	1. 孟加拉国驻外使团将依据相关部委、部门或机构推荐，为其办理与A-3类签证对象有效期相同的签证； 2. 如需延期，移民局可依据相关部委、部门或机构推荐信、孟加拉国政府与发展合作组织协议条款以及特警出具的无犯罪证明，延长签证期限。
7	B	商人、商业代表	经商	1. 签证机关将依据申请者本国承认的商业协会开具的证明或孟加拉国接待方的推荐，在考察其商业资格和诚意后，为有意开拓孟加拉国投资潜力和商业机会的申请者办理有效期最长为6个月的签证； 2. 如需延期，移民局可依据本地接待方的推荐信和警方开具的安全证明，最长可延长签证期限至3年，并予以满足其要求的入境次数，但每次停留不得超过6个月。如有多次访孟支持文件且其行为符合相关商业法规，则最长可延长签证期限至5年。

续 表

序号	签证类型	适用对象	来访目的	签证办理及延期相关要求
8	C	机组、海员及其他涉及国际航线的交通服务人员	乘务	1. 签证机关将依据雇主推荐为其办理多次入境签证，有效期最长为3年，海员每次停留不得超过1个月，其他人员每次停留不得超过7天； 2. 如需延期，移民局可依据雇主推荐和个人需要，将签证期限再延长3年，停留期限同上。
9	D	大使、外交官、领事官员和其他同级别官员、其配偶和家眷	工作	1. 签证机关将依据外交礼节和照会为其办理必要的签证； 2. 如需延期，外交部、移民局可按其要求延长多次签证期限。
10	ND	A，A－2与D类签证对象的私人助理人员，非外交人员及其配偶和家眷	随行、探亲、团聚	1. 签证机关将在检查说明来访目的的文件/照会后，依据适用的外交礼节，为其办理必要的签证； 2. 如需延期，相关使团须通过外交部向移民局递交申请，该局可按其要求延长多次签证期限。
11	DA	A，A－2与D类签证对象的国内助理人员	随行、探亲、团聚	1. 签证机关将在检查相关文件/照会后，依据适用的外交礼节，为其办理必要的签证； 2. 如需延期，相关使团须通过外交部向移民局递交申请，该局可按其要求延长多次签证期限。

续 表

序号	签证类型	适用对象	来访目的	签证办理及延期相关要求
12	E	1. 由政府、半官方、自治机构、工程项目和其他同级组织雇用的专家、顾问、雇员、个人 2. 由地方、外国，政府、非政府、联络小组，工业、商业机构和其他同级组织雇用的雇员、任命的个人 3. 由地方、外国，政府、非政府承包商或类似组织雇用的雇员、个人	工作、服务	1. 签证机关将在考察雇用机构诚意，检查相关部委、投资局或出口加工区管理局开具的证明任职有效的文件后，为其办理有效期最长为 3 个月的多次入境签证。对于 E 类签证，如有相关部委、投资局或出口加工区管理局的证明，则无须内政部许可； 2. 如需延期，移民局可依据雇主推荐信、相关机构工作许可及安全证明，将多次签证期限延长至工作许可期限；如因第二任期需要延期，文件符合要求的情况下可将有效期延长至工作年限，但最长不超过 3 年； 3. 同一职位从业 3 年以上人员如有已经相关机构延期的工作许可，则签证延期无须内政部许可。工作许可延期时出口加工区管理局、投资局或非政府组织事务局将考察其继续从事该项工作的适合程度、职业技能、安全许可、所得税证明等。
13	FE	E 类签证对象的配偶和家庭成员	随行、探亲、团聚	1. 签证机关将在核实配偶关系或家庭成员关系的证明文件后，为其办理与 E 类签证对象有效期相同的签证； 2. 移民局可依据相关雇主推荐以及特警出具的无犯罪证明，延长多次入境签证期限。

续 表

序号	签证类型	适用对象	来访目的	签证办理及延期相关要求
14	EI	设备、软件及其他类似行业的供给、安装、维护、监督及检查的相关人员	供给、安装、维护、监督、检查	1. 签证机关将在审核投资局、出口加工区管理局或相关部委、部门、组织推荐信、地方赞助商邀请函、赞助/进口机构诚意以及进口方和供货方合同后，为其办理具有最长 3 个月有效期及相应入境次数的签证； 2. 移民局可依据与设备提供公司的合同、地方赞助商推荐和警方许可，延长签证期限，最长 1 个月。要超过该期限，如有工作许可，则签证期限可延长至工作许可期限。
15	J	记者、媒体代表，外国杂志社、报社、电台、电视台、新闻机构、卫星媒体的自由记者	职务	1. 签证机关在外交部外宣司不持异议的情况下，为其办理有效期最长 1 个月的签证； 2. 如受雇于新闻机构、卫星媒体、报刊等，相关孟加拉国使馆、使团可在核实任命书和外交部外宣司推荐后，为其办理有效期最长 3 个月，每月可入境 3 次的签证； 3. 护照与移民局可依据外交部外宣司推荐、投资局许可及内政部安全证明，将签证期限延长至工作许可期限，但最长不超过 3 年。

续 表

序号	签证类型	适用对象	来访目的	签证办理及延期相关要求
16	FJ	J 类签证对象的配偶和家庭成员	随行、探亲、团聚	1. 签证机关将在核实配偶关系或家庭成员关系的证明文件后，为其办理与 J 类签证对象有效期相同的签证； 2. 移民局可依据相关组织推荐以及特警出具的无犯罪证明，延长多次入境签证期限。
17	M	传教士、宗教教学人员	服务	1. 签证机关可依据宗教事务部的许可及相关宗教团体、机构的推荐或雇用信，为其办理有效期最长 6 个月的多次入境签证； 2. 移民局可依据宗教事务部的许可、相关宗教团体、机构的推荐以及相关部门的安全许可，每次延长多次签证期限 1 年，不需要工作许可。
18	FM	M 类签证对象的配偶和家庭成员	随行、探亲、团聚	1. 签证机关将在核实配偶关系或家庭成员关系的证明文件后，办理与 M 类签证对象有效期相同的签证； 2. 护照与移民局可依据相关组织推荐以及特警出具的无犯罪证明，延长多次入境签证期限。
19	N	注册的非政府组织任命的个人	雇佣、提供服务	1. 签证机关可在核实在非政府组织工作的证明文件、任命书以及非政府组织事务局的证明后，为其办理有效期最长 3 个月的多次入境签证； 2. 护照与移民局可在收到非政府组织事务局工作许可及安全许可后，延长多次入境签证期限。

续 表

序号	签证类型	适用对象	来访目的	签证办理及延期相关要求
20	FN	N 类签证对象的配偶和家庭成员	随行、探亲	1. 签证机关将在核实配偶关系或家庭成员关系的证明文件后，为其办理与 N 类签证对象有效期相同的签证； 2. 移民局可依据相关组织推荐以及特警出具的无犯罪证明，延长多次入境签证期限。
21	P	体育赛事组织者、运动员、教练、文艺团体成员、演员和其他同类人员	职务、工作	1. 签证机关将依据相关组织推荐及相关部委许可，为其办理有效期最长 6 个月的多次入境签证； 2. 移民局可依据工作许可及安全证明，将多次签证期限延长至工作许可期限，但最长不超过 5 年。
22	FP	P 类签证对象的配偶和家庭成员	随行、探亲	1. 签证机关将在检查配偶关系或家庭成员关系的证明文件后，为其办理与 P 类签证对象有效期相同的签证； 2. 移民局可依据相关组织推荐以及特警出具的无犯罪证明，延长多次入境签证期限。
23	PI	已经运营或将要建立的私营合资或外资公司、商业组织的外国投资者	投资后运营的公司或商业组织	1. 签证机关将依据投资局、出口加工区管理局开具的投资者身份证明，为其办理有效期最长 1 年的多次入境签证； 2. 移民局可依据相关企业推荐、投资局、出口加工区管理局开具的投资仍在继续的证明以及安全证明，延长多次入境签证期限，最长 5 年。如申请者受雇于自己的企业，则需要工作许可； 3. 移民局可依据安全许可、投资局、出口加工区管理局开具的申请者在孟重工业至少有 500 万美元投资或在孟工商业有长期投资的证明，为外国人提供免签待遇。

续 表

序号	签证类型	适用对象	来访目的	签证办理及延期相关要求
24	FPI	PI 类签证对象的配偶和家庭成员	随行、探亲	1. 签证机关将在核实配偶关系或家庭成员关系的证明文件后，为其办理与 PI 类签证对象有效期相同的签证； 2. 移民局可依据相关组织推荐以及特警出具的无犯罪证明，延长多次入境签证期限。
25	R	政府批准的机构、研究所的研究、训练、实习人员	研究、训练、实习	1. 签证机关将依据相关机构推荐及相关部委许可，为其办理有效期最长 3 个月的多次入境签证； 2. 移民局可依据相关机构、部委推荐及安全许可，将多次签证期限延长至项目期限，但最长不超过 3 年。
26	FR	R 类签证对象的配偶和家庭成员	随行、探亲	1. 签证机关将在核实配偶关系或家庭成员关系的证明文件后，为其办理与 R 类签证对象有效期相同的签证； 2. 移民局可依据相关组织推荐以及特警出具的无犯罪证明，延长多次入境签证期限。
27	S	在或有意在政府批准的教育机构学习、研究的学生、研究人员	学习、研究	1. 签证机关可在核实政府批准的教育机构的录取或即将录取证明、赞助证明及银行担保后，为其办理有效期最长 1 年的多次入境签证； 2. 移民局可依据相关机构、赞助方推荐、申请者所在机构开具的不在驻在国工作的证明及安全许可，延长多次入境签证期限。

续 表

序号	签证类型	适用对象	来访目的	签证办理及延期相关要求
28	FS	S 类签证对象的配偶和家庭成员	随行、探亲	1. 签证机关将在核实配偶关系或家庭成员关系的证明文件后，为其办理与 S 类签证对象有效期相同的签证； 2. 移民局可依据相关机构推荐以及特警出具的无犯罪证明，延长多次入境签证期限。
29	T	1. 来自与孟加拉国有外交关系的国家的任何人； 2. 私人组织的研讨会、培训班、考察旅行者	旅游、探亲、宗教、研讨、考察、旅行	1. 签证机关可为其办理有效期最长 2 个月的签证； 2. 移民局可依据警方出具的无犯罪证明，将签证期限再延长 1 个月。
30	TI	Tablig Jamat 组织成员	宗教	1. 签证机关可在核实 Tablig Markaz（总部）、申请者所在国 Tablig Jamat 推荐后，为其办理有效期最长 130 天的单次入境签证； 2. 护照与移民局可依据 Tablig Markaz/Tablig Jamat 推荐以及警方报告，延长单次入境签证期限，最长 150 天。
31	TF	1. 孟加拉国公民的外籍配偶及他们的子女； 2. 外籍孟加拉国人及其配偶和子女	来访、停留	1. 签证机关可依据孟加拉国公民书面递交的孟加拉国籍证明及结婚证书，为其配偶和子女办理有效期最长 1 年的多次入境签证； 2. 护照与移民局可依据特警出具的无犯罪证明，延长多次签证期限，最长 5 年。

续 表

序号	签证类型	适用对象	来访目的	签证办理及延期相关要求
32	TR	过境者	过境	根据关于在第三国工作的推荐信及确认的机票，可为其办理多次旅行过境签证，有效期为其工作年限，但最长不超过5年，每次停留不超过72小时。
33	W	基于工作、休假、发展、志愿项目及此类双边、多边协议的来访者及其配偶和子女	协议	签证机关可依据协议规定，为其办理多次入境签证，有效期为合同期。如果协议中没有提及期限，将根据合同条款及申请者国家的有权机构的推荐办理有效期1年的多次入境签证。移民局可依据相关机构的推荐及安全许可，按其要求延长多次入境签证期限。

（二）孟加拉国各类签证办理资料

1. **商务签证**（B-Visa）

·孟加拉国任何当地公司或公认的孟加拉国商业组织发出的邀请函、赞助函或有关国家任何公认的工商会的推荐信。

·中国公司或组织的派单。

·签证申请表，由申请人填写并签字。

·签证费。

·近期白色背景护照规格照片两张。

·有效期在6个月以上的护照复印件。

2. **工作签证**（E-Visa）

·孟加拉国有关部委、BOI、BEPZA证明任职有效的相关文件。

· 孟加拉国的任命书。

· 中国公司或组织的派单（如适用）。

· 签证申请表，由申请人填写并签字。

· 签证费。

· 近期白色背景护照规格照片两张。

· 有效期在6个月以上的护照复印件。

3. **旅游签证**（T-Visa）

· 孟加拉国的邀请函。

· 派遣函。

· 签证申请表，由申请人填写并签字。

· 签证费。

· 近期白色背景护照规格照片两张。

· 有效期在6个月以上的护照复印件。

4. **学生签证**（S-Visa）

· 孟加拉国任何知名教育机构的推荐信或要约信。

· 保荐信和银行担保证书。

· 中国教育机构的发函。

· 签证申请表，由申请人填写并签字。

· 签证费。

· 近期白色背景护照规格照片两张。

· 有效期在6个月以上的护照复印件。

5. **研究签证**（R-Visa）

· 孟加拉国有关部门/机构的推荐信。

· 孟加拉国有关部门的录取通知书。

· 中国有关机构的发函。

· 签证申请表，由申请人填写并签字。

· 签证费。

· 近期白色背景护照规格照片两张。

· 有效期在 6 个月以上的护照复印件。

6. **记者签证（J-Visa）**

· 孟加拉国有关部门或权威媒体/派遣机构出具的说明访问目的的推荐信。

· 签证申请表，由申请人填写并签字。

· 签证费。

· 近期白色背景护照规格照片两张。

· 有效期在 6 个月以上的护照复印件。

7. **外商投资签证（PI-Visa）**

· 孟加拉国投资委员会（BOI）或出口加工区管理局（BEPZA）开具的投资者身份证明。

· 签证申请表，由申请人填写并签字。

· 签证费。

· 近期白色背景护照规格照片两张。

· 有效期在 6 个月以上的护照复印件。

（三）孟加拉国签证办理程序及费用

孟加拉国签证办理可由申请人直接前往孟加拉国驻华大使馆递交签证申请，也可以通过邮政服务递交申请并获取签证。

1. **直接办理**

申请人在工作日 9：00—12：00 期间向孟加拉国驻华大使馆接待室提交签证申请以及其他证明文件，大使馆接受申请并处理后，有关官员将在工作日 16：30—17：00 向申请人签发签证。

2. 通过邮政服务

申请人可以通过邮政服务寄送签证申请、签证费收据以及其他相关文件，建议选择顺丰快递或者 EMS。大使馆在收到相关申请后会对签证申请进行处理，并在完成签注后将签证寄送给申请人。

申请人可以在线填写并提交签证申请，提交之后，需打印完整的申请表格，并通过大使馆缴纳签证费用。在线签证申请链接：http：//visa. gov. bd。

孟加拉人民共和国驻华大使馆

办公地址：北京市光华路 42 号

电话：65322521 65323706

网址：www. bdembassybeijing. org

签证费用如表 3-2 所示：

表 3-2　孟加拉国签证费用

签证类型	普通签证（人民币）	加急签证（人民币）
单次入境签证	200	300
两次入境签证	250	350
多次入境签证	585	585

一般普通签证在大使馆收到申请的第四天会进行办理和递送，加急签证在收到申请后的第二天会进行办理和递送。

更多签证相关信息可通过孟驻华大使馆网站查询。

三、赴孟加拉国前的注意事项

（一）注意事项

孟加拉国签证申请人在获得签证后，出行前，需要注意以下问题：

（1）严格遵守孟出入境法律法规。孟法律规定，赴孟人员可携带不超过200根香烟（或50根雪茄，或半磅烟草），不超半品脱的香水（约280毫升）。非穆斯林旅客如赴孟旅游，可携带不超过2瓶酒精饮料；如以其他目的入境，只可携带1瓶。个人携带现金如超5000美元（或其他等值货币），需向海关申报。

（2）近年来，不法分子大量向孟走私输入恰特草（也称阿拉伯茶、也门茶）。该物品被世界多国列为兴奋剂或受管制药物。因其制成品同我国传统茶叶相似，孟海关加大了对茶叶等物品的检查力度。同时根据国际惯例，烟酒、动植物制品、政治书籍、麻醉精神类药物、贵重金属、货币等属限制或禁止入境物品，赴孟中国公民需特别留意。

（3）出入境期间如遇海关官员、移民官员盘问调查，请积极配合，避免与其发生争执乃至推搡、阻挠执法，切勿使用手机、相机摄录其执法活动，否则将构成违法。

（4）妥善保管个人财物和证件。过安检、出机场前请仔细检查随身携带的贵重物品和证件，如有丢失，请及时报警。

（5）孟加拉国电压：220V，频率：50Hz，电源插头多为英式三方腿插头，与国内电器插头不匹配，建议携带电源转换插头。

（二）孟加拉国紧急求助电话

中资企业及公民在孟加拉国如遇突发状况，或遇有语言不通等特殊情况，应尽快通过各种联系方式与中国使馆领事部门取得联系，告知所遇困难及地理信息，以便尽快解决。

在中资企业间、华人内部发生的纠纷，应尽量内部协商解决，避免矛盾扩大，如需通过法律途径解决纠纷，可通过国内有关单位进行。

如遇恐怖袭击、绑架、抢劫等恶性治安事件，请及时报警，并与中国驻孟加拉国大使馆和工作单位取得联系。

· 孟加拉国报警（紧急求助）电话：999

· 警察总部电话：02-9561967，9560661

· 达卡市警察局热线：100，9619999

· 火警：199

· 消防总部：9555555，9556666

· 外交部全球领事保护与服务应急呼叫中心电话：+86-10-12308或+86-10-59913991

· 驻孟加拉国使馆领事保护与协助电话：0088-01713090563

· 当地 24 小时急救电话：8122041，9132073

· 达卡市较大的医院：

达卡 Evercare 医院（原阿波罗医院）Evercare hospital Dhaka

地址：Plot 81，Block-E，Bashundhara R/A

电话：0088-02-8431661-5

预约：0088-02-55037242；

热线电话：10678

急救：01714090000

联合医院 United Hospital Limited

地址：Plot 15，Road 71，Gulshan，Dhaka-1212

电话：0088-02-8836444，0088-02-8836000

预约：9852466

热线电话：10666

急救电话：0088-01914001234

· 机场问询：8914870，8914350，8914771

Chapter 4

第四章

孟加拉国有关法律规定

一、孟加拉国法律体系简介

孟加拉国是英联邦成员，该国法律制度源于英国和印度的法律。自 1971 年独立以来，孟加拉国议会通过的法律已成为立法的主要形式，而法官在宪法等领域发挥重要作用。与其他普通法国家不同，孟加拉国最高法院不仅有权解释议会制定的法律，而且可以宣布它们无效。孟加拉国法典包含自 1836 年以来所有法律的汇编。绝大多数孟加拉国法律为英文，但 1987 年以后施行的大多数法律都是以孟加拉语发布的。有关家庭的法律则与宗教法律交织在一起。

孟加拉国最高法院分为上诉法庭和高等法庭，是该国的最高法院，其他法院和法庭从属于它。首席大法官及法官若干人均由总统任命。首席大法官和一部分指定的法官审理上诉法庭的案件，其他法官审理高等法庭的案件。首都达卡有高等法院和劳工上诉法院。上诉庭有权审理和裁定高等法院分庭的判决，法令、命令或判决的上诉。它有规则制定权，以规范每个部门及其下属的任何法院的实践和程序。孟加拉国的下级法院可分为两大类，即：民事法院和刑事法院。此外还有一些其他特殊法庭，如劳动法庭，少年法庭，行政法庭等。

点评：

孟加拉国薄弱而效率低下的法律体系以及法律法规执行不力，是影响外国直接投资的主要障碍。孟加拉国当地法律以英国普通法体系为基础，但大多数不符合国际标准。

二、在孟加拉国投资注册企业需要办理的手续

（一）设立企业的形式

在孟加拉国，外国投资者可设立的企业形式，包括公司代表处或

办事处、外商独资企业、合资企业、分公司或子公司、股份有限公司等。

全资子公司。外国投资者可以根据1994年《公司法》设立全资子公司，从而完全进入孟加拉国市场。该等公司可以是私人有限公司或者公共有限公司形式。除了极少数例外情况，几乎所有行业中外国投资者都可以享有100%股权。不过，孟加拉国还没有允许设立“一人公司”。股东或其代表以及董事（包括被提名董事）都可以是外国人。除了愿意聘用需要工作许可证的外籍人士的公司必须投资至少5万美元之外，孟加拉国没有最低投资要求。

合资公司。外国公司可以与本地投资者或者其他外国公司或者其孟加拉国子公司一起设立合资公司。建议投资者在合资公司设立之前先与合作伙伴签署合资协议，就与业务相关的所有复杂细节进行约定。合资公司的公司章程应按照合资协议起草。

股份收购。外国投资者也可以通过收购孟加拉国现有公司的股份进行投资。可以签署股份购买协议处理收购的各个方面。根据股份购买协议，交割时交易完成，股份转让生效。

如果外国投资者没有收购公司所有的股份，它可以向现有股东（也是根据股份购买协议）收购目标公司现有股份的一部分，或者为发行新股支付股份保证金的形式向目标公司注入资金。在这两种情况下，股东都应当签署股东协议，目标公司章程可以根据股东协议进行修改。

特殊目的实体。在许多情况下，外国投资者可能希望与本地投资者或已经拥有现有项目的公司成立合资公司。外国投资者可能只想投资于某一特定项目，而不是成为其他现有或未来项目、其资产或责任的股东。在这种情况下，一个合适的结构方案是成立特殊目的实体或项目公司，这是为了有关具体项目新成立的一个公司。

分公司或办事处。在取得孟加拉国投资发展局的批准后，外国公司还可以作为外国实体通过分公司或办事处在孟加拉国设立有限公司。不同于子公司，分公司或办事处可以从事的活动相对有限。一般情况下，除非获得孟加拉国投资发展局的特殊豁免，否则不允许通过分公司或办事处从孟加拉国进行任何形式的资金汇出，这也符合中央银行的规定。分公司或办事处被要求汇入至少5万美元作为设立费用。

分公司通常代表母公司并从事货物进出口、提供专业或咨询服务等特定活动。不过，分公司一般不允许从事生产活动。办事处则主要作为母公司的联络和沟通渠道，不能在孟加拉国从事任何创收活动。

（二）注册企业的受理机构

孟加拉国股份公司注册处负责新成立外资公司或办理已在国外成立的外资公司在孟加拉国注册等手续。

联系方式（总部）

地址：TCB Bhaban（6th Floor），1 Kawran Bazar，Dhaka – 1215.

电话：PABX no. +88 02 55013776

传真：+88 02 8189402

邮箱：rjsc@ roc. gov. bd

网址：http：//www. roc. gov. bd/

（三）注册企业的主要程序

1. 申请合资或独资企业

投资企业向孟加拉国投资发展局或出口加工区管理局提出注册申请，提交材料包括申请表（可到网站下载）、原公司注册证书、备忘录（MOA）和公司章程（AOA）、土地购买或租赁证明、公司负责人姓名、永久住址、职位及国籍、公司所需机械数量及价格、汇款证明等。注册完成后，再申请水、电、气的接入及办理税号、刻公章和申请工作许可等。

2. **申请股份有限公司**

在孟加拉国设立投资企业，须先提供股东名册（注明每位股东持股比例）、负责人姓名、投资金额、股东会议记录及公司3个备选名称，然后前往孟加拉国股份公司注册处预审公司名称并办理名称登记。名称登记完成后，企业提交申请表、经孟加拉国驻中国使馆认证的公司章程、备忘录、注册证书等证明文件、公司主管名录、公司注册详细地址等到股份公司注册处办理注册登记。

3. **设立分公司、子公司或代表处、办事处**

向孟加拉国投资发展局申请注册登记，须提交由母公司法人代表签名及盖章的申请表、备忘录和公司章程、公司注册证书、公司法人代表姓名及国籍、公司董事会决议、上一年度审计决算、分公司或代表处机构设置及项目计划等。所有材料须经孟加拉国驻中国使馆认证。

三、孟加拉国对外国投资的市场准入

（一）投资主管部门

孟加拉国投资管理部门较多，分工很细。外国投资者和当地投资者一样，需要根据投资的区域、规模、行业和股比，选择相应的投资管理机构。

孟加拉国出口加工区管理局（BEPZA）：负责注册、管理出口加工区内的所有项目。

孟加拉国经济区管理局（BEZA）：负责注册、管理经济区内的所有项目。2019 年 10 月，BEZA 启用一站式服务中心。

孟加拉国小作坊工业公司（BSCIC）：负责注册投资 3000 万塔卡以下的工业项目和注册投资 4500 万塔卡以下的老项目改造，更换设备或扩大规模。

金融机构和商业银行，包括发展基金（DFI）和国有商业银行（NCB）：负责审批注册它们资助的工业项目。

孟加拉国计划委员会：负责审批孟加拉国公共部门与内外资私营部门合资的公共部门项目（孟加拉国公共部门股比占 50% 以上）。

孟加拉国投资发展局（BIDA）：负责审批上述项目以外的其他项目。2019 年 2 月，BIDA 开通一站式投资服务窗口。

（二）投资相关的法规

外国投资相关的法规主要有：1980 年《出口加工区法案》、1980 年《外国私人投资（保护和促进）法案》、1989 年《投资委员会法案》、1996 年《私营出口加工区法案》、2010 年《经济园区法案》和 2015 年《公私合营法案》。

（三）投资行业的规定

孟加拉国关于外商投资领域的政策非常开放，只有武器、军火、军用设施和机械，核能，造币和森林保护区内的森林种植及机械化开采等四个行业为保留领域，不允许外国企业投资。其他所有行业都属于孟加拉国政府鼓励投资的领域。不过，孟加拉国政府对外商在银行、保险及其他金融机构行业的投资，还采取一定的限制措施。

1. 禁止的领域

根据 2010 年《国家工业政策法令》，禁止投资的领域包括：枪、弹药及国防机械设备；在森林保护区内的森林种植及机械化开采；核能源生产；有价证券（钞票）的印刷和铸造。

2. **限制的领域**

出于环境保护、公众健康，以及国家利益的考虑，孟加拉国政府可根据实际情况，确定某些领域为限制领域。目前，限制领域包括：深海捕鱼；银行/金融机构私营业务；保险公司私营业务；私营领域电力生产、供应和传输；天然气、油、煤、矿产的勘探、开采和供应；大规模项目（如高速公路、单轨铁路、经济区、内陆集装箱装卸站/货运站）；原油精炼；以天然气和其他矿产为原料的中大型工业；通信服务；卫星频道；客运/货运；海滨船运；海港/深海港；VOIP/IP 电话等。

3. **鼓励的领域**

除了上述禁止投资的领域，外国公司或个人均可在国民经济各领域进行投资。在互利的基础上，投资方式可以选择独资或合资。孟加拉国政府鼓励外国投资的领域包括：基础农业和农产品加工业；人力资源出口业；造船业；可再生能源业；旅游业；基础化工业；成衣业；草药；黄麻及黄麻制品；皮革及制品；医院和医疗；轻工业；塑胶业；家具业；手工制品；节能产品；冷冻渔业；茶业；家纺；制陶业；珠宝业；玩具业；集装箱服务；仓储业；创新和进口替代品业；化妆品业等。

（四）投资方式的规定

孟加拉国法律对资本形态和股权比例无限制，外国投资者可以拥有 100% 股权。出资可采取现汇、设备、技术等多种方式，对以二手设备出资无特殊规定。外国投资建设经济区、出口加工区，须取得相关主管部门的许可。

在孟加拉国并购上市公司，须由并购企业提出计划，与当地法院一起讨论，并购方案须75%有投票权的股东投票通过方为有效。

为规范银行或金融机构并购重组的办理流程，孟加拉国央行制定了银行或金融机构并购重组指导意见。

（五）BOT、PPP 模式

2012 年 8 月，孟加拉国政府颁布 PPP 法，为 PPP 项目的实施提供了明确且透明的法规和程序框架，并且在总理府办公室下设成立了专门的 PPP 局，负责全国 PPP 项目投资人的选择和管理。孟加拉国政府允许外国投资者通过 BOT、PPP 等方式，参与孟加拉国基础设施建设，并对外国投资者给予国民待遇。

BOT、PPP 项目可以涉及任何社会或经济基础设施，例如港口、机场、公路、铁路和桥梁；能源领域的电站、输电线路；民生领域的经济特区、公共建筑、会议中心、体育设施、商业地产、住宅、教育建筑、医院、供水、污水处理等多个领域，具体特许经营年限由 PPP 局、项目涉及的具体政府部门和投资人根据本项目资金回收期等具体情况共同商定，无特定的固定期限。

在孟加拉国 PPP 市场上，主要是当地实力较强的财团参与 BOT、PPP 项目，项目主要涉及电力、道路、学校等基础设施。

目前，孟加拉国 PPP 局已与日本、新加坡、韩国、阿联酋的有关部门签署政府间 PPP 合作谅解备忘录。在孟加拉国从事 PPP 合作的外国企业主要来自中国、日本、韩国、新加坡等国。

中资企业此前已积极利用 PPP 模式（含 BOT、BOOT、PFI、BOO、BLT、DBFO 等多种模式），参与孟加拉国基础设施建设。其中，帕亚拉燃煤电站项目由中机公司和孟加拉国国有的西北电力公司联合投资建设，项目模式为BOO，目前正在建设中；博杜阿卡利1320MW燃煤电站项目是北方国际合作股份公司与孟加拉国乡村电力公司联合投资的电力PPP项目，双方各占股50%，项目已于2019年8月开工；中国经济工业园项目由中国港湾与孟加拉国经济区管理局联合投建，项目合作模式为PPP，处于开工前准备阶段；2018年12月，四川路桥联营体中标的达卡绕城公路项目正式签约，该项目是孟加拉国首个公路类PPP项目，已于2019年12月开工。

四、孟加拉国对外国投资的优惠

（一）优惠政策框架

孟加拉国政府对外国投资提供一系列税收减免政策，对部分行业投资企业的产品出口给予一定的现金补助。

优惠政策：孟加拉国政府通过工业政策、进出口政策、出口加工区管理局条例等多种渠道，制定了一系列税收减免优惠政策。具体包括：

（1）享受减免税期。特定地域、行业投资享受5～7年的所得税减免，基础设施投资可享受最高10年的所得税减免。

（2）新设立企业建厂和机器成本可享受快速折旧法，替代减免税期。

（3）根据双边税务条约，避免双重征税。

（4）进口资本设备关税优惠（出口导向性企业为1%，其他企业为3%）。

（5）出口导向型企业，进口原材料关税优惠。

（6）提供保税仓库便利。

（7）对特定产品出口提供5% ~20%不等的现金鼓励和出口补贴。

（8）享受出口促进基金、出口信贷担保，出口导向型企业产品的20%可在本国销售。

（9）特许权使用费、技术转让费和技术服务费收入可汇出。

（10）投资额超过7.5万美元，可申请永久居留；超过50万美元，可入籍。

外资鼓励政策主要包括：

（1）在投资准入方面，赴孟加拉国投资只需到孟加拉国投资发展局办理登记注册即可，无须事先批准。在孟加拉国出口加工区内进行的投资，受孟加拉国出口加工区管理局管辖；在孟加拉国经济区内进行的投资，受孟加拉国经济区管理局管辖；在电力、矿产资源和电信领域的投资，则须获得孟加拉国政府有关主管部门的同意。

（2）对出口加工区、经济区及特定行业的外国投资者实施税收减免。

（3）对外国投资主体实施国民待遇。

（4）保证外国投资不被无偿国有化和征收。

（5）保证投资本金、利润和红利可汇回本国。

（二）行业鼓励政策

孟加拉国鼓励以出口为导向的企业赴孟加拉国投资，以拉动本国经济并扩大就业。为鼓励投资并刺激出口，孟加拉国政府对部分行业实行现金补贴，2019/2020财年具体补贴比例如表4-1所示。

表 4-1　2019—2020 财年孟加拉国政府对部分行业现金补贴比例

出口商品品类	补贴比例（%）
服装（出口至新兴市场）额外补贴	1
服装（出口至欧元区）	2
纺织、服装成衣（需是中小企业）	4
信息通信产品（出口至新市场）	4
经济区内企业出口用合成纤维和织物制成的鞋包至新兴市场获得额外补贴	4
冻鱼（根据内含冰重量比例不同）	2～5
虾（根据内含冰重量比例不同）	7～10
黄麻麻线、麻纱	7～10
家电、厨电、医药、医疗器具、光伏模块、摩托车、化学制品、剃须刀及刀片、陶瓷制品、帽子、螃蟹、泥鳗、镀锌板、船、塑料制品、PET 产品、纸	10
粗麻布，麻袋布和地毯底布	12
信息通信产品、皮革制品，家具，蓄电池，合成纤维和织物制的鞋和袋	15
黄麻制品、木炭、农产品（含土豆和种子）、清真肉	20

资料来源：中国驻孟加拉国大使馆经济商务处整理。

孟加拉国对于绝大多数行业投资无限制，给予外国投资国民待遇。部分政府鼓励的行业存在激励政策，例如能源领域，投资建设独立电站（IPP 电站）享有投产后 15 年内免征所得税的待遇。鼓励政策主要存在于经济区和出口加工区等特殊经济区域。

（三）特殊经济区相关规定

1. 出口加工区

为了通过工业化促进经济的快速发展，孟加拉国政府实施了旨在吸引外资的开放政策，并依据 1980 年《出口加工区管理法》和 1996 年《孟加拉国私人出口加工区管理法》等法律设立了出口加工区。根据相关法律规定，孟加拉国出口加工区管理局是促进和吸引外商在孟加拉国出口加工区投资并提供相应便利的政府官方机构，出口加工区是为投资者提供适宜的投资环境和方便的服务手续的特殊区域。目前，孟加拉国有 8 个出口加工区，其中最大的是吉大港出口加工区和达卡出口加工区。

（1）优惠措施和条件。

①基础设施方面。

· 土地和厂房可以租用；

· 区内可提供水、电、天然气；

· 可提供仓储服务；

· 可提供银行、快递、邮政、清关代理、船运代理、多式联运服务等；区内有海关、警局、内部保安、消防、公共交通、医疗等机构和服务；拥有餐饮、健身、娱乐、学校、运动、电子邮件、内线电话、内部电站、商务中心、钓鱼俱乐部、投资者俱乐部等设施。

②财税方面。

· 减免税期为 5 ~ 10 年，其中 2012 年 1 月 1 日前设立的企业享受 10 年减免；此后投资的企业，在蒙格拉、依苏尔迪、乌特他出口加工区享受前三年减免 100%，第 4 ~ 第 6 年减免 50%，第 5 年减免 25%；在吉大港、达卡、库米拉、阿当吉和卡纳普利出口加工区享受前两年减免 100%，第 3、第 4 年减免 50%，第 5 年减免 25%。

· 免税进口机器、办公设备和组件等；

· 免税进口建筑材料；

· 原料和产品进出口免税；

· 根据双边协定避免双重征税；

· 免征利息税；

·可享受普惠制待遇；

·被批准的机器和厂房可允许加速折旧；

·专利费、技术费和咨询费可汇出境；

·进入欧盟和加拿大、挪威、澳大利亚等国，可享受免关税、免配额待遇。

③非财税方面。

·所有外国投资均受法律保护，外国投资额度没有限制，允许外资100%控股，允许撤回包括资本收入在内的投资；

·享受最惠国待遇；

·可开立非居民外币存款账户；

·可享受便利措施；

·由孟加拉国出口加工区管理局签发工作许可；

·出口加工区是安全和受保护区域；

·可享受离岸金融服务；

·可以跟单承兑方式进口；

·允许从国内市场进口商品；

·可将10%的产品销售到国内市场；

·加工区内的所有海关手续在各工厂门口办完；

·处理程序得以简化；

·允许分包给加工区内外的出口导向型企业；

·允许在境内把企业从一个加工区迁至另一个加工区；

·符合条件时可获得常住居民权利或公民权利；

·享受单一窗口同天服务和简化程序。

（2）可投资的主要行业领域。

孟加拉国鼓励以下行业到出口加工区投资：纺织、农产品加工、化工、电气设备和电器元件、电子产品、软件、光学产品、成衣及配件、机织和针织品、工程产品、皮革制品、鞋类、玩具、医疗和生物仪器、药品、塑料模制品、开拓黄麻新用途的工业、切割/打磨宝石和半宝石、家庭用具和设备、帽类、珠宝、钟表仪器、科学测量仪器、飞行器仪器、实验室仪器、印刷和复印设备及其附属品、个人用具和设备、乐器等。

（3）申请程序。

①从出口加工区管理局处购买项目计划书，费用为 3000 塔卡；

②一并提交申请书和项目计划书中要求提交的文件；

③如需租地，应交一年的租金作为保证金，如需租标准厂房，应交 4 个月的租金作为保证金。

（4）孟加拉国出口加工区简介（见表 4-2）。

表 4-2　孟加拉国出口加工区

序号	出口加工区	相关信息	联系方式
1	吉大港出口加工区	·位置：南哈里沙哈尔，距吉大港港口 3.10 千米，距市商业中心 5.50 千米，距吉大港国际机场 11.3 千米； ·面积：453 英亩（183.37 公顷），共 502 块工业用地，每块地面积 2000 平方米，价格 2.2 美元/平方米·年； ·标准厂房面积：65809 平方米，价格 2.75 美元/平方米·月； ·仓库面积：2667.79 平方米，价格 2.75 美元/平方米·月； ·供水：由吉大港 WASA 提供，水储量 7.26 百万升/天，价格 24.74 塔卡/立方米； ·供气：由 Bakhrabad 天然气公司提供，价格 6.45 塔卡/立方米； ·供电：11 千伏三相电，价格 6.11 塔卡/千瓦时。	电话： 00880-31-741446，740919 传真： 00880-31-740031 邮箱： epz@ ctg-bd. net

续 表

序号	出口加工区	相关信息	联系方式
2	达卡 出口加工区	·位置：沙瓦，距达卡市中心 35 千米，距沙加娜国际机场 25 千米； ·面积：361 英亩，共 442 块工业用地，每块地面积 2000 平方米，价格 2.2 美元/平方米·年； ·标准厂房面积：108850 平方米，价格 2.75 美元/平方米·月； ·仓库空间面积：2356 平方米，价格 2.75 美元/平方米·月； ·供水：由自给供水系统提供，价格 24.74 塔卡/立方米； ·供气：由 Titas 天然气公司提供，价格 6.45 塔卡/立方米； ·供电：11 千伏三相电，价格 8.06 塔卡/千瓦时。	电话： 00880-2-7789002，7788822 传真： 00880-2-7789003 邮箱： gm_ depz@ yahoo. com
3	蒙格拉 出口加工区	·位置：蒙格拉港口区，距解索里机场、达卡和吉大港分别为 105 千米、397 千米和 664 千米； ·面积：460 英亩（186.21 公顷），共 124 块工业用地，每块地面积 2000 平方米，价格 1.25 美元/平方米·年； ·标准厂房空间面积：9000 平方米，价格 1.6 美元/平方米·月； ·供水：由公众健康工程研究室和自给供水网络提供，价格 24.74 塔卡/立方米； ·供气：暂无供应； ·供电：11 千伏三相电，价格 7.5 塔卡/千瓦时。	电话： 00880-4662-75199 传真： 00880-4662-75198 邮箱： gmmepz@ gmail. com

续 表

序号	出口加工区	相关信息	联系方式
4	库米拉 出口加工区	·位置：库米拉旧机场地区，距吉大港港口 167 千米，距达卡市 97 千米； ·面积：267.46 英亩（108.28 公顷），共 213 块工业用地，每块地面积 2000 平方米，价格 2.2 美元/平方米·年； ·标准厂房面积：29450 平方米，价格 2.75 美元/平方米·月； ·供水：由自给供水系统提供，价格 25.79 塔卡/立方米； ·供气：由 Bakhrabad 天然气公司提供，价格 6.45 塔卡/立方米； ·供电：11 千伏三相电，价格 8.06 塔卡/千瓦时。	电话： 00880-81-77055 传真： 00880-81-77056 邮箱： gm.comepz@yahoo.com
5	依苏尔迪 出口加工区	·位置：巴克斯，巴布纳，距孟加拉国加班都大桥 130 千米，距依苏尔迪机场 15 千米，距达卡 220 千米，距吉大港港口 484 千米； ·面积：308.77 英亩（124.99 公顷），共 158 块工业用地，每块地面积 2000 平方米，价格 1.25 美元/平方米·年； ·标准厂房面积：18000 平方米，价格 1.6 美元/平方米·月； ·供水：由自给供水系统提供，价格 24.74 塔卡/立方米； ·供气：由 Paschimanchal 天然气公司提供，价格 5.86 塔卡/立方米； ·供电：11 千伏三相电，价格 8.06 塔卡/千瓦时。	电话： 00880-731-59002/59009 传真： 00880-731-59008 邮箱： gmiepz@yahoo.com

续 表

序号	出口加工区	相关信息	联系方式
6	乌特他 出口加工区	·位置：距赛德普耳机场 18 千米，达卡 401 千米，距吉大港港口 640 千米； ·面积：211.99 英亩（93.2 公顷），共 202 块工业用地，每块地面积 2000 平方米，价格 1.25 美元/平方米·年； ·标准厂房面积：12400 平方米，价格 1.6 美元/平方米·月； ·供水：由自给供水系统提供，价格 24.74 塔卡/立方米； ·供气：暂无； ·供电：11 千伏三相电，价格 7.32 塔卡/千瓦时。	电话：00880 - 551 - 61307/61119 传真： 00880-551-61468 邮箱： gm_ uepz@ yahoo. com
7	阿当吉 出口加工区	·位置：距达卡 15 千米，距沙加那国际机场 40 千米，距吉大港港口 255 千米； ·面积：293 英亩（118.62 公顷），共 307 块工业用地（计划中），每块地面积 2000 平方米，价格 2.2 美元/平方米·年； ·标准厂房面积：42737 平方米，价格 2.75 美元/平方米·月； ·供水：由自给供水系统提供，价格 25.74 塔卡/立方米； ·供气：由 Titasl 天然气公司提供，价格 5.86 塔卡/立方米； ·供电：11 千伏三相电，价格 8.05 塔卡/千瓦时。	电话： 00880-2-7692938，7691207 传真： 00880-2-7692939 邮箱： gmaepz@ gmail. co

续 表

序号	出口加工区	相关信息	联系方式
8	卡纳普利出口加工区	·位置：帕藤珈北部，距吉大港港口6千米，距吉大港商业中心10千米，距吉大港国际机场9千米； ·面积：222.42英亩，共254块工业用地（计划中），每块地面积2000平方米，价格2.2美元/平方米·年； ·标准厂房面积：19686平方米，价格2.75美元/平方米·月； ·供水：由WASA和自给供水系统提供，价格24.74塔卡/立方米； ·供气：由Bakhrabad天然气公司提供，价格6.44塔卡/立方米； ·供电：11千伏三相电，价格10.26塔卡/千瓦时（高峰），7.29塔卡/千瓦时（非高峰）。	电话：00880-31-2501470/2501469 传真：00880-31-2501460 邮箱：gm_karnaphuli@yahoo.com

（5）中国企业入驻出口加工区情况。

目前，约有100家中国企业（含港资、台资）入驻孟加拉国8个出口加工区，投资额7.7亿美元，雇佣当地员工8.86万人。其中，中国大陆企业31家，投资总额1.8亿美元，雇用当地员工2.67万人。

点评：

孟加拉国政府对出口加工区内的投资者会给予更为优惠的待遇。但是，加工区内的土地只能租赁，区内企业的产品要实现90%出口。所以希望自己买地建厂或产品本地化销售的企业均不适合在加工区内投资。

首都达卡是全国的政治、经济和文化中心，是全国最大的城市，也是富人聚居最多的地区，适合那些以高端客户为服务对象的企业，但达卡远离海港，不太适合那些有大量原材料及成品配送需求的企业。吉大港是孟加拉国第二大城市，也是全国唯一的海港城市，这里货物配送相对便利，但人口相对较少，且远离国家政治经济文化中心。因此，孟加拉国不同地区特点迥异，企业应根据自身核心需要合理选择。

2. 经济区

孟加拉国议会于2010年7月批准了《孟加拉国经济区法案》。根据该法案，孟加拉国新建以下4种类型的经济区：公私合营经济区、私营经济区、政府拥有的经济区和特殊经济区。

孟加拉国政府希望在15年内新建100个经济区，创造1000万个就业机会和400亿美元的出口额。

2014年，中孟两国就在吉大港地区建立工业园区签署了谅解备忘录，目前，相关项目正在积极落实。此外，孟加拉国已与韩国合作，在吉大港建设了一个韩国经济区，并正与日本和印度积极协商合作建设经济区有关问题。其中，孟加拉国与韩国建成的工业园2017年出口为2亿美元，2018年1—4月已经出口1亿美元，园区内现有9家新工厂投入运营，计划在2021年达到36家，直接就业人数从目前的2万人增加到4万人，其中90%以上为本地员工。

五、孟加拉国对外贸易的相关规定

（一）贸易主管部门

孟加拉国商务部主管本国大流通行业（含内贸和外贸）。其主要职能包括：制定进口政策；出口促进及制定出口政策；调节价格；修订公司法、合伙企业法等；协调管理国内商业和保险业；制定关税政策；商品管理及国营贸易；负责世界贸易组织和国际贸易组织事务；联系国际组织等。商务部下设办公厅、对外贸易协定局、出口局、进口和国内贸易局、世贸组织局、纺织局、计划局等部门，并负责管理出口促进局、海关税则委员会、茶叶局、股份公司注册局等机构、科研院所及贸易公司。

（二）贸易法规体系

孟加拉国贸易相关的主要法律有：1950 年《进出口法案》、2006 年《国家出口奖励政策》、1981 年《进口商、出口商、采购商（注册）令》、进出口政策（2006—2009 年）、进出口政策（2009—2012 年）和进口政策（2012—2015 年）等。

（三）贸易管理的相关规定

为进一步加速贸易自由化进程，孟加拉国政府于 20 世纪 90 年代进行了一些卓有成效的改革，包括削减关税、减少进出口限制、将多元化汇率系统改革为单一体制等。

1. 进口管理

孟加拉国实行贸易自由化政策，但有许多一般商品仍被列入禁止或限制进口商品清单。其中，禁止进口的商品包括：恐怖、淫秽或有破坏性的文学作品（任何形式），任何与孟加拉国宗教信仰不同的书、报纸、期刊、图片、影片及音视频存储介质，二手办公设备、复印机、电报机、电话、传真机等，所有种类的废弃物，猪肉及其制品等。孟加拉国一般情况下要求以不可撤销信用证进行国际贸易结算，进口贸易也不得采用 CIF 贸易方式。

2. **出口管理**

孟加拉国绝大部分商品可自由出口。限制出口的产品包括：尿素、音视频娱乐节目、天然气附属产品、化学武器（控制）法案中列明的部门化工产品等。禁止出口的产品包括：除天然气附属产品外的其他石化产品、黄麻种、小麦、武器、放射性物质、考古、人体器官及血液，除冷冻虾以外的其他虾类产品、野生动物等。此外，为鼓励出口，孟加拉国政府还特别为纺织品、冷冻鱼、黄麻、皮革、船舶、农产品加工品等产品制定了特殊政策。

3. **进出口商品检验检疫**

孟加拉国自 2000 年 2 月 15 日开始实施进口商品“船前检验制度”（PSI），对输往孟加拉国的货物在装船前实施货值评估及散装状态检验（CKD 或 SKD 检验）。PSI 属强制性进口管理规范，除非另有规定，该制度适用于世界各国和地区所有向孟加拉国输入的货物。PSI 制度旨在防止进口商低报发票金额或错报 H. S. 编码，但它也给孟加拉国进口贸易造成了一些问题，如 PSI 公司签发清洁报告不及时导致进口商无法及时报关，PSI 公司高估货物价值导致进口商多付关税等。

4. **海关管理规章制度**

孟加拉国海关隶属于国家税务局。海关管理依据的主要法规为 1969 年《海关法》。孟加拉国进口关税税率基本在 0 ~ 25% 区间。绝大部分进口商品关税为 3%、5%、12% 或 25%。孟加拉国关税税率每财年会进行调整，部分产品调整幅度较大，出口商需予以关注。

六、孟加拉国关于用地的法律规定

（一）土地法律体系

孟加拉国的土地法律制度很大程度上依赖于英国和巴基斯坦殖民时期制定的旧法律。从历史来看，最早可以追溯到将土地作为产品分配给各部族的氏族社会时期。目前，孟加拉国负责土地管理和开发的政府机构为土地部（Ministry of Land），针对土地问题出台了包括《开发用地税率调整法》等在内的12项法律、包括《土地使用国家政策》在内的9项政策等，较为重要的包括：1875年《调查法》、1885年《孟加拉国租赁法》、1882年《财产转让法》、1935年《调查和解决手册》、1949年《非农业租赁法》、1950年《国家征收和租赁法》、1976年《土地开发税法》、1982年《不动产购置和申请条例》、1984年《土地改革条例》、1989年《土地改革委员会条例》、1989年《土地上诉委员会条例》、1990年《土地管理手册》等。其中，1950年《国家征收和租赁法》是关于在孟加拉国租赁土地事项的法律，目前土地租赁权利人为土地的所有者。

（二）土地管理机关

孟加拉国负责土地经营、管理、开发的政府部门为土地部，其目标为：通过改进和高效利用土地促进经济发展、减少贫穷。其职责包括：土地管理、监督土地使用；征收、征用土地；进行土地调查、绘制土地地图、进行土地登记；划分并修复土地边界线；制定土地政策、实施土地改革。土地部设部长、副部长和秘书长等行政职位，下设土地诉讼委员会、土地改革委员会、土地登记和测量总局、土地上诉委员会等。

（三）外资企业获得土地的规定

孟加拉国不允许外国人以私人身份买卖孟加拉国土地，但在孟加拉国投资合法注册的公司可以购买土地。除经特殊批准外，原则上国有土地交易仅限于使用权的买卖，其最高使用年限（租期）为 99 年；注册的林地等不得出售。

（四）外资企业参与当地农业投资合作的规定

孟加拉国允许外国投资人在本国设立的公司购买私人拥有的农业耕地，但对国有农业耕地仅能通过承包方式获得经营权，其最长经营期限为 99 年。外国投资者获得国有农业耕地承包经营权后不得改变土地性质和经营用途，未经批准不得擅自将经营权转让给第三人。

（五）外资企业参与当地林业投资合作的规定

孟加拉国主要林地均为国有，外国投资者仅能通过承包方式获得林地的经营权。林地经营权期限主要由承包区域决定，不同区域的承包经营时限差异较大。投资者获得林地承包权后，未经孟加拉国林业部批准不得砍伐所承包林地内森林树木。孟加拉国禁止投资者在森林保护区内投资森林种植及机械化开采活动。

七、孟加拉国关于劳动就业的法律规定

（一）劳动法律制度

孟加拉国第一部劳动法是 1881 年英国殖民时期颁布的，存续至今已逾一个世纪，在该法案中，英国政府介绍了若干与劳动法律相关的问题，如工作时间、童工、生育津贴、工会、工资等。随后，1881 年

《工厂法》、1923 年《工人赔偿法》、1926 年《工会法》、1929 年《贸易争端法》、1936 年《工资法》、1939 年《生育津贴法》、1928 年《童工法》相继出台，构成了这一时期劳动法律制度的体系。1947 年印度次大陆分裂之后，在巴基斯坦政府的领导下，几乎所有的法律都在略微修改之后继续使用。1971 年独立之后，孟加拉国政府保留了以前的法律，同时也制定了更多法律来应对工人阶级和国家情况的变化和需要。

2006 年，孟加拉国通过了《孟加拉国劳工法》，该法于 2013 年进行了修订。BLL 是当时较为全面的劳动法律，巩固和更新了 25 个单独的劳动行为，涉及服务与就业条件、青年就业、生育津贴、健康状况、卫生、安全、福利、工作时间、休假、工资、损害赔偿工会和劳资关系纠纷、劳动法院、对码头工人的就业和安全进行监管、公积金、学徒制、罚款和程序、行政与检查等。2015 年出台了《孟加拉国劳工条例》，该条例建立在 BLL 的基础上，涵盖了许多共同标准，如就业条件、职业健康、安全问题、国际机构、监管机构、国际利益相关者、商会、区域机构等。

在国际劳工组织的核心公约方面，孟加拉国是国际劳动组织（ILO）成员国，已经加入了以下公约：ILC 29（强迫劳动）、ILC 87（结社自由和保护组织权）、ILC 98（组织权和集体谈判权）、ILC 100（同等报酬）、ILC 105（废除强迫劳动）、ILC 111（就业和职业歧视）以及 ILC 182（消除最恶劣形式的童工）。

（二）劳动法的核心内容

孟加拉国在其国家基本大法《孟加拉国宪法》中对劳动就业做出了相关的规定，除了宪法之外，孟加拉国现在有 44 部与劳动法有关的法律法规，其中最重要的是2006年《孟加拉国劳工法》和2013年《孟加拉国劳工法修正案》，由于2013年的修正案只是对2006年劳工法部分条文的修改，所以2006年的劳工法在未被修正的范围内仍然得以适用。该法对劳动者雇用、劳动报酬、工作时间、工作场所条件、工会设立、劳动者管理、工伤事故赔偿、最低工资限额、产假期间待遇、劳动者分红等内容做了详细规定。

1. 就业标准

劳动者被定义为被直接或者通过承包商、代理人雇用而在机构或行业从事技术性或非技术性、物理的或脑力的、业务拓展或文书写作工作的人。劳动者包括六种类型：学徒，即在企业被支付津贴进行培训的工人；巴蒂，即临时受雇于工厂的监狱服刑人员；休闲工，即临时雇用的工人；临时工，即在工作机构要求在有限时间内完成工作的工人；替补工，即临时雇佣机构填补缺位职位的工人；永久工，替补工如果完满地完成了试用期任务则成为永久工。劳动法强制要求企业与劳动者签订预约信件和服务书，并要求雇主和工人签名。在集体裁员、解雇雇员、不当行为等情况下，雇主应该向雇员支付一定的赔偿。

工人的退休年龄规定为57岁，工作时间设定为一天不超过8小时，一周不超过48小时，每周休至少一天。加班时间每天不超过2小时，加班工资是平时工作工资的两倍。工人有休息、休假（包括节假日、年假、病假）的权利，工人有参与公司利润分成的权利。雇员的最低年龄为16岁，不允许任何14岁以下的儿童从事任何工作，但是已经满12岁的儿童允许从事对其健康、教育和发展无害的工作。工厂应该建立最低工资委员会，根据生活成本、生产成本、生产力、产品价格、业务能力等情况确定最低工资率。男女工人同工同酬，其工作具有相同的性质和价值，禁止强迫劳动。雇员和雇主的合同形式一般为书面合同，但也可以达成口头协议。私营和国营企业均要求遵循国际劳动组织公约确定的用工原则。

2. 职业安全与健康

每150名工作人员应当配备一个急救箱和一名受过训练的人员。雇主应当采取适当措施，保护工人免受火灾等危险造成的损害。每个企业应该保持卫生清洁，保护员工免受物探等滋扰。工作间不应当过于拥挤，不应对工人的健康造成伤害。每个企业都应该提供纯净的饮用水、充足的光线和空气，为男女工人分开设置厕所。

3. 福利和社会保障

根据法律规定，在工作单位工作6个月以上的工人应该每30天获得一次酬金。超过100名工人的工厂应该设立内部食堂，超过200名工人的工厂应当办理集体保险。工人通过书面申请，可以参与基金和职工福利基金。不得以任何形式歧视妇女，没有经过妇女同意，禁止要求妇女在早上6点之前和晚上10点之后工作，禁止要求妇女处理运行危险的机器，禁止要求妇女在水下或地下工作。

4. 劳资关系与社会对话

如果用人单位或劳工代表认为将发生劳工纠纷，双方应以书面函件形式向对方表明立场。在收到函件的15日内，一方应安排会议争取就争议问题与对方达成协议。如果双方达成协议，则应签署书面备忘录并将该备忘录提交政府负责劳动事务的劳工和调解部负责人。如果在收到函件的15日内未安排会议或双方未能在一个月内达成一致，则应向调解官提出书面报告要求其进行调解。如果通过调解达成了协议，调解官则应向政府提交工作报告。如果调解未果，调解官则应建议双方将争议提交仲裁。如果双方3日内不同意仲裁，调解官将发出调解未果的声明。在调解官发出调解未果声明的15日内，提起争议的一方可以组织罢工或歇业。如果属提供基础服务的行业，如供电、供气、急救服务、机场或港口，则政府有权发出禁止罢工或歇业的禁令。

在任何机构工作的每一名工人有权自愿加入工会。工会有权制定自己的章程、选举工人代表。工会有权加入任何国际组织和工会联合会。工会还被允许在任何机构担任集体谈判代理，如果发生劳动纠纷，工会可以代表工人与企业进行集体谈判、参与调解和仲裁。雇主在工会组织罢工期间不得招募新员工。

5. **执行**

政府应当任命劳工处处长及劳工局局长、劳工联合主任，以及其他监督劳动工作场所活动所需要的劳工主管。政府应当任命检查人员，这些人员有权进入和检查任何工作场所，以确保企业遵守劳动法律规定的情形。政府有权建立必要的劳工法庭，由一名主席和分别代表雇主和工人的两名成员组成。

（三）外国人在当地工作的规定

外国人在孟加拉国工作必须先申请工作许可证，要获得工作许可必须符合下列要求：申请人必须是孟加拉国政府承认的国家的公民，且年龄超过 18 周岁；雇用外国人的企业必须在孟加拉国合法注册，雇用工种必须是孟加拉国不具备该类技术人员的工种；外国雇员总数不能超过公司雇员总数的 5%；孟加拉国内务部证明该外国人在孟加拉国无犯罪记录。

在出口加工区、经济区内企业工作的外国人，可以向出口加工区管理局（BEPZA）、经济区管理局（BEZA）申请办理。出口加工区之外的企业或分公司、代表处向投资发展局（BIDA）申请办理。工作许可首次有效期为两年，此后视情况延期。

申请资料：雇用企业在孟加拉国注册证书、公司董事会雇用外国人决议（仅有限责任公司须提供）、公司备忘录及章程（仅有限责任公司须提供）、申请表4份、护照照片4张（需在背面签名并经公司负责人背书）、护照复印件等。

点评：

孟加拉国本土劳动力失业率较高，对外籍劳务需求极少。因此，不是特殊工种的外籍劳工很难获得当地政府的就业许可。

八、孟加拉国关于企业税收的规定

（一）孟加拉国税收体系和监管机构

1. 税收法律体系

孟加拉国的税收体系以所得税和增值税为核心。现行孟加拉国的税种包括增值税、关税、消费税以及所得税。

主要税收法律法规包括1969年《海关法》、1984年《所得税法案》、2019年《财政法案》、2012年《新增值税和附加关税法》（2019年7月1日起生效）、2003年《旅行税法案》。

2. 税务系统机构设置

财政部下辖的孟加拉国国家税务局（以下简称“NBR”或“国家税务局”）是孟加拉国的最高税收管理机构。孟加拉国国家税务局根据总统令76号于1972年成立，是孟加拉国财政部分支机构“内部资源部门”的下属分支管理机构。负责税收法律法规的编制和复核，就双边税收协定（安排）与海外政府机构进行协商以及参与内阁经济财政制度及税收管理的审议。

国家税务局下辖海关、增值税部门及所得税部门三个主要征收部门。所得税部门主要负责征收所得税及旅行税。海关部门负责征收进口关税及补充关税。此外，海关部门还负责代征进口预提所得税。增值税部门负责征收增值税和消费税。

（二）主要税赋和税率

1. 企业所得税

（1）纳税人。

孟加拉国企业所得税纳税人分为居民企业和非居民企业。

居民企业：孟加拉国居民企业是指按照孟加拉国现行法规注册或成立的，在纳税年度内其实际控制和管理活动均在孟加拉国境内进行的企业，包括公司、协会、家族企业、信托、基金、地方主管机构、企业等。

根据2019年《财政法案》，居民企业已扩大到以下情形：

①在纳税年度内其管理和运营活动均在孟加拉国境内进行的信托、基金或实体；

②地方当局和其他机构判定的居民企业。

居民企业应就其来源于孟加拉国境内、境外所得缴纳企业所得税；且境外产生的亏损可用于抵扣境内所得收入。若孟加拉国居民就其取得的境外收入通过官方途径汇入境内，可免征企业所得税。此外，居民企业出口经营所得可减按50%缴纳企业所得税。

非居民企业：孟加拉国非居民企业是指孟加拉国居民企业以外的企业，仅对其取得的来源于孟加拉国的收入在孟加拉国缴纳所得税。构成常设机构的非居民企业取得的所得适用与居民企业相同的企业所得税政策。

非居民企业在孟加拉国境内取得的所得主要指直接或间接来源于

孟加拉国常设机构的所得。“常设机构”一语是指企业全部或部分营业活动是通过该固定营业场所进行的，包括：

①管理场所、分支机构、代理机构、办公室、仓库、工厂、车间、农场；

②矿场、油井或气井、采石场或者其他开采自然资源的场所；

③建筑工地、建筑、装配或安装工程，或者与其有关的监督管理活动。

非居民企业应纳税所得额与居民企业相同。除此之外，以下所得也应在孟加拉国缴纳企业所得税：

①来源于常设机构的所得；

②取得转让位于孟加拉国财产的所得；

③取得来源于包括无形资产在内的资产、权利的所得；

④取得来源于在孟加拉国使用无形资产的所得；

⑤通过互联网向孟加拉国的消费者出售商品或服务的所得等。

(2) 税率。

孟加拉国的企业所得税适用税率如表 4-3 所示。

表 4-3　孟加拉国的企业所得税税率

企业类型	所得税税率（%）
除下述列明的特殊行业外，其余行业	
(1) 上市公司	25
(2) 非上市公司（包括以营利为目的的法人团体）	32.5
特殊行业：	
(1) 商业银行	37.5
(2) 除商业银行以外的金融机构，如其他银行、保险机构	

续 表

企业类型	所得税税率（%）
①上市公司	37.5
②非上市公司	40
（3）烟草公司	45
（4）社会合作社（非农产业及家庭手工业）	15
（5）移动电话运营商	
①上市移动电话运营商	40
②非上市移动电话运营商	45
（6）服装制造商	
①持有环保认证的	10
②未持有环保认证的	12

2. 个人所得税

（1）纳税人。

居民纳税人：孟加拉国居民纳税人包括孟加拉国公民以及外籍孟加拉国居民。满足以下任何一条要求的均视为外籍孟加拉国居民：

①在某一日历年度的7月1日到次年6月30日期间，在孟加拉国工作超过183天的外籍员工；

②在孟加拉国连续工作超过90天，且在此前四年内在孟加拉国工作时间总计超过365天的外籍员工。

孟加拉国居民纳税人从孟加拉国境内和境外取得的所得，需依照孟加拉国个人所得税法规定缴纳个人所得税。在年度内获得以下收入的纳税人应缴纳个人所得税：

①工资，劳动报酬，奖金及类似劳动收入；

②债券利息及红利收入；

③农业收入；

④营业收入（指未成立法人而依靠自己的专业知识独立从事服务、生产、买卖的所得）；

⑤资产销售收入；

⑥其他收入。

非居民纳税人：非居民纳税人是指不属于孟加拉国居民纳税人定义范围内的个人。根据中孟税收协定，若中国籍员工在有关会计年度中在孟加拉国停留的时间连续或累计不超过 183 天，则不构成孟加拉国的税收居民，为非居民纳税人。

非居民纳税人从孟加拉国境内取得的所得包括资本利得，需依照孟加拉国个人所得税税法规定缴纳个人所得税。

（2）税率。

居民纳税人：根据孟加拉国个人所得税法的规定，孟加拉国个人所得税适用税率为 0～25% 的超额累进税率（工资薪金等所得）。详见表 4-4。

表 4-4 孟加拉国的个人所得税税率

居民纳税人（塔卡）	税率（%）
1～300000	0
300001～400000	5
400001～700000	10
700001～1100000	15
1100001–1600000	20
1600000 以上	25

非居民纳税人：非居民纳税人根据所得类型适用不同个人所得税税率。非居民纳税人不得税前抵扣，不享受个人津贴及福利。

①工资薪金所得。非居民个人取得的来源于孟加拉国境内的工资薪金所得，应按照30%的税率缴纳个人所得税。但是，国家税务局可根据实际情况调低适用税率。

②股息。孟加拉国企业在宣告股息分配时，居民企业应作为扣缴义务人为非居民个人股东按30%的税率代扣代缴个人所得税。

③特许权使用费。若孟加拉国居民纳税人或非居民纳税人就其在孟加拉国的经营活动向非居民个人支付特许权使用费时，应按20%的税率代扣代缴税金。

另外，根据2019年《财政法案》，在判断支付的费用是否属于权利、财产或信息的特许权使用费时，下列因素并不是必要条件：

A. 支付人享有、控制该等权利、财产及信息；

B. 支付人直接使用该等权利、财产及信息；

C. 权利、财产及信息的所在地为孟加拉国。

④利息。非居民个人应就其取得的利息按20%的税率缴纳税金。非居民个人取得的来源于以下贷款或公积金的利息收入，可享受免税的优惠政策：

A. 国债或地方政府贷款；

B. 孟加拉国本地工业贷款；

C. 已获批的非居民个人外汇账户公积金。

上述可享受免税待遇的利息应是按照孟加拉国批准的利息率计算的所得。

非居民个人取得的来源于储蓄存款以及定期存款的利息，应按

20%的税率扣缴税金。

⑤资本利得。

非居民个人转让任何位于孟加拉国的财产、资产、权利或其他资产（包括无形财产）取得的收入，应视为来源于孟加拉国的收入，且转让该资产取得的利得均应缴纳资本利得税，包括转让人持有的任何种类的财产，不论是否与其经营业务或职业有关，但个人消费或自用的服饰、珠宝、家具、固定装置、设备和车辆除外。

资产转让以转让价格和公开市场价格高者作为资产转让收入。资产转让收入扣除因转让资产发生的相关费用和资产账面净值之后的余额作为资本利得。

非居民纳税人的资本利得税按如下情形计算缴纳：

A. 自购入资产之日起5年内处置资产的，资本利得税按资本利得乘以适用税率缴纳；

B. 自购入资产之日起5年后处置资产的，资本利得税按资本利得乘以适用税率或者资本利得税的15%，两者取其低者。

支付人向非居民付款时有义务按15%的税率代扣代缴税款，这应视为最低税款，不得退还、抵销或调整。

无论财产转让协议是否在孟加拉国境内签署，非居民个人的应就其转让孟加拉国财产取得的资本利得在孟加拉国缴纳个人所得税。若股票转让收入在非居民个人所属国不属于免税收入，那么该非居民个人应就其转让孟加拉国居民上市企业股票取得的资本利得在孟加拉国缴纳个人所得税。但是非居民个人可以事先向孟加拉国国家税务局申请就转让孟加拉国居民上市企业股票所取得的资本利得享受税收协定待遇。非居民纳税人转让政府证券免征资本利得税。

转让公司股份取得的资本利得，需要向有关当局提供转让股份资本利得的完税证明后方才生效。

3. **增值税**

孟加拉国增值税以销售商品，提供服务以及进口货物为征税范围。

（1）纳税人。

孟加拉国增值税纳税人分为法定认定和自愿登记两种。如果纳税人年销售额或提供服务金额超过3000万塔卡，或即使没有超过3000万塔卡，但从事进出口贸易及服务的，均需进行增值税纳税登记。如果纳税人的年销售额或提供服务金额没有超过3000万塔卡，且未从事进口贸易业务，增值税纳税登记属于自愿行为。进出口商以及属于附加关税应税范围的扣缴企业和供应商被强制要求进行增值税纳税登记。

若联营企业为同一母公司所拥有，可共享同一增值税纳税登记信息以便对会计账目及记录进行集中保管。此外，若企业的经营业务包括在两个及以上不同的地方制造或提供增值税应税货物及服务、经营进口或出口业务，则亦可共享同一增值税纳税登记信息。

若企业注册地址、业务模式或法人代表（股东除外）等发生变更，需先缴清所有递延增值税，补缴关税、消费税等税金，并在变更完成后的14日内向当地主管税务机关提交300塔卡的非司法文书的申报费。

（2）税率。

根据2012年《新增值税和附加关税法》，孟加拉国的标准增值税税率为15%，对特定的商品和服务分别适用5%、7.5%和10%的税率。年营业额在500万塔卡至3000万塔卡的，征收4%的增值税；年营业额在500万塔卡以下的小型贸易企业免征增值税。考虑到产品性质的敏感性，销售药品和汽油的增值税税率分别固定在2.4%和2%。

包括进口商在内的本地贸易商对在孟加拉国销售的所有商品征收

5%的增值税，无论销售的商品是否适用减免税率。

部分情况可以使用简易征收，包括：

①施工合同适用5.5%；

②进口货物再销售适用5%。

但是，对于适用简易征收的增值税不能进行进项税额抵扣。部分奢侈品税率存在区间范围，按照不同种类，税率从10%到500%不等。

4. **关税**

孟加拉国海关隶属于国家税务局。海关管理相关的主要法律制度为1969年《海关法》。向孟加拉国进口货物的纳税人，需在进口环节缴纳关税。孟加拉国正式发布了孟加拉国海关网站，致力于提供“一站式”信息服务，为纳税人提供进、出口相关的所有服务及信息。

孟加拉国进口关税税率基本在0~25%（见表4-5）。绝大部分进口商品关税为3%、5%、12%或25%。主要商品进口关税见表4-6。

表4-5 孟加拉国关税税率表

进口产品类别	税率（%）
资本机械类产品	3
基础原材料	7
半成品	12
成品	25
安全设备	15

表 4-6　孟加拉国主要商品进口关税税率表

商品名称	税率（%）
鲜活动物、烟酒饮料、木材及木质工艺品、珠宝及贵金属、武器弹药、古董	5～25
蔬菜、食用油、化工产品、纸张、矿产、纺织品、交通工具、医疗器械	0～25
橡胶、橡胶产品、皮革及制品、陶瓷及玻璃器皿、机械及配件	3～25
皮鞋、人造花、假发	25
大米	25
自行车零部件	25
移动电池充电器、UPS/JPS、稳压器	15
用于医药制造的原材料	5
黄金 · 未锻造 · 半成品 · 金条	2000 塔卡/11.664 克
制冷剂、铜管、电容器、连接器、终端和电气设备	5
用于家禽饲料的豆油饼和面粉、亚麻纤维和亚麻丝束	0
玉米淀粉	20
木薯淀粉	20
脂肪含量不超过 1.5% 的粉末、颗粒或其他固体形式的牛奶和奶油，但经已办理增值税纳税登记的牛奶及奶制品制造企业加工的牛奶和奶油的零售包装重达 2.5 千克的产品除外	10
已办理增值税纳税登记的食品加工公司进口的散装食品烹饪混合干性配料	15
已办理增值税纳税登记的塑料管制造企业进口的可折叠的多层挤压塑料叠层管	25
智能手机	25

续 表

商品名称	税率（%）
抗癌药物原料	0
黏合漆、防火漆	5
防火涂料、避雷器	5
黄铜线、铜板	1
氨黏合剂（饲料级）、肝保护剂、肾保护剂、呼吸保护剂	0
疫苗稳定剂（硫代硫酸盐）	0
晶体管、晶体二极管	1
散装天然蜂蜜	25
2.5 千克以下的罐装洋葱或散装洋葱	5
蛋白质浓缩物和纹理蛋白质物质	25
硫酸二钠	15
色淀及以色淀为基本成分的制品	15
可注射形式的喷墨笔芯	25
水泥、砂浆或混凝土的预制添加剂	10
铝合金丝（最大尺寸≤7mm）	15
避雷器	10
照明控制的自动传感器开关	10
挖土机	5
持有进口许可证的石油加工或调和企业批量进口的基础石油	5
已办理增值税纳税登记的光缆制造公司进口的减管胶	15
已办理增值税纳税登记制造商进口的石蜡	15
线性烷基苯磺酸（LABSA）	10
砂浆、混凝土	5
农用手动喷雾器	1
与切割机配套使用的切割台	1

资料来源：孟加拉国海关。

5. 印花税

孟加拉国对于订立部分文书征收印花税，包括债务声明、债券、租赁协议及股权转让协议等。印花税法案对于各类书据的纳税人做出了规定：大多数情况下起草、制作或执行书据的一方为纳税人。定约双方也可自行约定税款承担方。

印花税通常按照定额或者根据合同金额，按照法规规定的印花税税率征收印花税。从 2014 年起孟加拉国印花税适用税率为 0.07% ~ 4%。在特定情况下纳税人可免于缴纳印花税。

依据 1980 年《孟加拉国出口加工区授权法案》，从 2012 年 1 月 1 日起，在孟加拉国出口加工地区新建运营工业的企业，土地转让所产生的印花税可减半征收。

依据 2010 年《孟加拉国经济区法案》在孟加拉国设立的货物制造或提供服务的企业，租赁土地、厂房的企业，可减免 50% 的印花税及登记费。

6. 消费税

孟加拉国仅对提供银行服务及航空运输服务征收消费税。具体的应税服务类型及适用税费见表 4-7。

表 4-7　消费税应税服务类型及适用税费

<table>
<tr><th>序号</th><th>服务编码</th><th colspan="2">服务类型</th><th>税费</th></tr>
<tr><td rowspan="6">1</td><td rowspan="6">E032.00</td><td rowspan="6">提供银行服务，根据储蓄卡或信用卡余额</td><td>不超过 10 万塔卡</td><td>免税</td></tr>
<tr><td>超过 10 万塔卡但不超过 50 万塔卡</td><td>150 塔卡/年</td></tr>
<tr><td>超过 50 万塔卡但不超过 100 万塔卡</td><td>500 塔卡/年</td></tr>
<tr><td>超过 100 万塔卡但不超过 1000 万塔卡</td><td>2500 塔卡/年</td></tr>
<tr><td>超过 1000 万塔卡但不超过 5000 万塔卡</td><td>12000 塔卡/年</td></tr>
<tr><td>超过 5000 万塔卡</td><td>2.5 万塔卡/年</td></tr>
</table>

续 表

<table>
<tr><th>序号</th><th>服务编码</th><th colspan="3">服务类型</th><th>税费</th></tr>
<tr><td rowspan="5">2</td><td rowspan="5">E033.00</td><td rowspan="5">提供航空运输服务</td><td colspan="2">国内单程航线（同个目的地中间经停视为一个航线）</td><td>500 塔卡/座次</td></tr>
<tr><td rowspan="3">国际单程航线（同个目的地中间经停视为一个航线）</td><td>目的地为南亚区域合作联盟内的国家（地区）</td><td>500 塔卡/座次</td></tr>
<tr><td>目的地为亚洲其他国家（地区）</td><td>2000 塔卡/座次</td></tr>
<tr><td>目的地为欧洲国家、美国以及其他国家（地区）</td><td>3000 塔卡/座次</td></tr>
<tr><td colspan="2">外籍外交舱位，并且在办理值机时出示有效外交护照</td><td>免税</td></tr>
</table>

7. 旅行税

根据 2003 年《旅行税法案》的规定，根据交通方式及出境目的地的不同，按照不同的征收标准向出境旅客征收旅行税。旅行税通常在购票时缴纳或在机场办理登机手续时以现金支付（仅限于航空出行），具体征收标准见表 4-8。

表 4-8 旅行税征收标准

<table>
<tr><th>交通方式</th><th>出境目的地</th><th>征收标准（塔卡/人）</th></tr>
<tr><td>陆路</td><td>所有国家（地区）</td><td>500</td></tr>
<tr><td>水路</td><td>所有国家（地区）</td><td>600</td></tr>
<tr><td rowspan="3">航空</td><td>美洲、欧洲、非洲、澳大利亚、新西兰及远东地区</td><td>2500</td></tr>
<tr><td>南亚区域合作联盟国家（地区）</td><td>800</td></tr>
<tr><td>中东地区或其他国家（地区）</td><td>1800</td></tr>
</table>

但是，满足以下任一条件的出境旅客可享受旅行税免税：

（1）2 岁以下的幼儿；

（2）癌症患者；

（3）盲人；

（4）需用担架搬运的患者；

（5）飞机乘务员；

（6）在孟加拉国任职的外交官及其家属；

（7）在孟加拉国任职的美国官员及其家属；

（8）以朝圣为出境目的者；

（9）在孟加拉国转机的旅行者（不持有孟加拉国旅行签证且在孟加拉国停留不超过 72 小时）；

（10）通过获取免费票或工业折扣票的形式出行，且在轮船等运输工具上工作的孟加拉国国籍工作人员。

（三）报税的相关手续

在孟加拉国投资经营的纳税人应拥有独立的纳税人识别号。纳税人应通过指定的国家税务局官网创建相应的注册名及密码；然后按照网站内规定的注册步骤或程序完成纳税人识别号的申请；申请成功后，该系统将自动产生相对应的独立的纳税人识别号。

1. 纳税期限

孟加拉国的纳税年度为每年的 7 月 1 日至次年的 6 月 30 日。

若外国公司在孟加拉国设有分公司或办事处，在孟加拉国的分公司或办事处可向税务机关申请适用不同的纳税年度，使其与境外母公司的纳税年度保持一致。

2. 申报要求

（1）企业所得税：根据 2019 年《财政法案》，相关申报期限要求如下：

① 除公司以外的纳税人：需在取得所得的次年 11 月 30 日之前完成所得税纳税申报。

② 若纳税人为公司：如果纳税人取得所得的收入期间为 1 月 1 日至 12 月 31 日，应在次年的 9 月 15 日之前完成所得税申报；如果纳税人取得所得的收入期间为 4 月 1 日至次年 3 月 31 日，应在次年的 10 月 15 日之前完成所得税申报。

③ 若纳税申报截止日是公共假日，则在次日完成所得税纳税申报。

④ 应税收入纳税申报的截止日经由税务理事会批注，最多可延长 2 个月，若取得税务联合理事会的批复，则最多可延长 4 个月。

⑤ 每年 4 月 30 日前纳税人应向税务机关提交员工的个人所得税申报信息。

⑥ 申报企业所得税时，纳税人需根据 1994 年《公司法》第 189 条的要求附送一份由会计师签字及公司董事会签署的利润表及资产负债表。纳税人还需妥善保存相关账簿以备检查。

⑦ 提供机动车、空间、住宿或其他资产的共享经济活动参与者需持有电子纳税人识别号并提交企业所得税纳税申报表。

（2）增值税。

① 企业应在每月 15 日之前申报缴纳增值税。

② 扣缴的增值税应在代扣后 15 天内存入银行。

③ 增值税实行电子税务登记、申报、缴税和退款。

④ 增值税纳税人在暂停增值税缴纳前，应提前 48 小时通知主管税务机关。主管税务机关应在接到通知后清点储存的原材料和制成品及服务。纳税人应在重新开始纳税前一天通知主管税务机关。

（3）个人所得税。

① 纳税人应在纳税年度的次年 9 月 30 日前申报个人所得税。

② 员工需在每年的 4 月 15 日之前向雇主提供个人所得税申报信息。

③ 共享汽车的个体供应商应申报缴纳个人所得税。

④ 总收入超过 400 万塔卡的纳税人需提交资产负债表和费用报表。

⑤ 总收入超过 40 万塔卡的纳税人需提交与生活方式有关的费用报表。

⑥ 以下人员应提交个人所得税纳税申报表：A. 通过提供机动车辆、空间、住所或其他资产参与共享经济活动的人；B. 持牌武器的所有人；C. 被要求持有电子纳税人识别号的人员，为出售土地或获取信用卡取得电子纳税识别号但没有应纳税所得额的纳税人除外。

⑦ 以下人员需获取电子纳税人识别号：A. 通过提供机动车辆、空间、住所或任何其他资产参与共享经济活动的人；B. 持牌武器的所有人；C. 参加地方机构选举的人。

3. **税款缴纳**

（1）企业所得税。

① 总收入超过 40 万塔卡的纳税人应以其上一年度评定的应税收入或本年度预缴税款时的预估收入为基础预缴企业所得税。预计收入额将会超过 60 万塔卡的新成立企业也应预缴企业所得税。纳税人应在纳税年度的 9 月 15 日、12 月 15 日、3 月 15 日和 6 月 15 日前分四次等额预缴税款；并在财年结束后的 6 个月之内，进行年度纳税申报。

② 已抵扣税款或缴纳税款的纳税人均应向税务机关提交规定格式的申报表。

③ 如果错误地多抵扣或少缴税款，应按多抵扣或少缴的部分税款计缴最低纳税额。

（2）个人所得税。

① 总收入超过 40 万塔卡的纳税人应以其上一年度评定的应税收入或本年度预缴税款时的预估收入为基础预缴个人所得税。预计收入额将超过 60 万塔卡的新增个人所得税纳税人也应预缴个人所得税。纳税人应在纳税年度的 9 月 15 日、12 月 15 日、3 月 15 日和 6 月 15 日前预缴税款。

② 对于汽车排量不超过 1.5 升的私家车车主，预缴税额为 2.5 万塔卡。

（四）中孟税收协定及相互协商程序

1. 中孟税收协定

税收协定是指两个或两个以上的主权国家（地区），为了协调相互之间的税收管辖关系和处理有关税务问题，通过谈判缔结的书面协议。两国间的税收协定具有国际法性质，在适用国际法优先原则的国家，税收协定的法律地位高于国内法。

中孟于 1996 年 9 月 12 日在北京签订《中华人民共和国政府和孟加拉人民共和国政府关于对所得避免双重征税和防止偷漏税的协定》，该协定于 1997 年 4 月 10 日生效。协定原文链接地址如下：http://www.chinatax.gov.cn/n810341/n810770/c1153645/content.html。

2. 中孟税收协定相互协商程序

相互协商程序，是指缔约国税务主管当局之间根据税收协定有关条款规定，通过协商共同处理涉及税收协定解释和适用问题的过程。为正确适用税收协定，避免双重征税，中孟税收协定约定了相互协商程序。相互协商程序的主要目的在于确保税收协定正确和有效适用，切实避免双重征税，消除缔约双方对税收协定的解释或适用产生的分歧。

中国与孟加拉国相互协商程序的主要法律依据为两国签署的税收协定及其他相关法律法规。2013 年中国国家税务总局制定了《税收协定相互协商程序实施办法》，规范中国与税收协定缔约国对方税务主管当局涉及税收协定的相互协商工作。

点评：

由于中国与孟加拉国存在语言、社会经济背景和政策环境等方面的巨大差异，中国企业在孟加拉国投资、参与商业贸易的过程中，极有可能遇到专业的税务问题。为了帮助中国企业更好地进行税务筹划，完善企业税务风险的内部控制与应对机制，企业有必要借助国际性专业税务机构的专业性服务，与当地税务机关展开充分的交流，以化解经济活动中不必要的税务风险，降低税务成本。

税收不仅是一国重要的财政收入，也是企业日常生产经营过程中的一大笔开支，关系着企业的利润分配、规模扩大和未来的发展趋势。孟加拉国的税收制度和相关法律法规体系与我国存在较大的差异，企业投资孟加拉国，一方面面临对相关税收环境不熟悉的问题，另一方面，也面临当地税收环境不完善带来的风险，使企业自身在投资中处于“双不利”的境地。

九、孟加拉国关于环境保护的法律规定

（一）环保管理部门

孟加拉国主管环境保护的部门是环境局，该局隶属于环境和林业部，总部在达卡，并在达卡、吉大港、库尔那、巴里萨尔、西莱特、博格拉 6 个地区设有分局。环境局的主要职责包括：负责解释和修改环保法规，为各行业及相关部门提供环境方面的数据，贯彻执行国家环保法律法规并对执行情况进行跟踪检测，对企业环保设施进行评估并发放合格证书。

（二）主要环保法律法规

孟加拉国的环境法律制度最早可以追溯到英国殖民时期的法律制度，自 1971 年脱离巴基斯坦实现独立以来，孟加拉国高度重视环境保护问题，这体现在与环境相关的立法方面。《宪法》第 15 条要求政府应当保护环境、生物多样性、湿地、森林和野生动物。之后先是通过了 1977 年《环境污染控制条例》，该条例于 1995 年被《孟加拉国环境保护法》取代。20 世纪 90 年代，与空气、水、土壤、粮食有关的环境污染问题日益严重，体现为无计划的工业发展、滥用杀虫剂和化肥等化学制品、城市固体废物管理不当、地下水不正确使用等，导致森林被大量砍伐、土壤退化现象严重、生物多样性遭到破坏、生态系统丧失、人口过剩、资源养分退化。为此，孟加拉国制定并通过了 1992 年《国家环境政策》，对林业、渔业、农业、城市化、人口、科技等诸多方面的环境问题进行管理。为落实相关政策，政府相继颁布了 1995 年《孟加拉国环境保护法案》、1997 年《环境保护条例》、2000

年《环境法院法案》及 2004 年《消耗臭氧层物质控制法案》等，目前有 200 多部法律涉及环境问题。法案详细内容可登录孟加拉国环境局网站查询。

（三）环保法律法规基本要点

由于地理、自然环境以及人口众多等因素，孟加拉国是受环境影响较大的国家之一，对环境保护较为重视。孟加拉国环境保护法律、法规比较健全，特别是对设立工业企业以及实施项目工程的规定较为详细，按照行业，对企业对环境的影响等进行分类监管，核发不同级别的环评证书。对于调查取证、处罚、申诉的程序作了较为详细的规定。但由于人为因素，法律执行效率不高。

1. 1970 年《水污染管制条例》

孟加拉国控制、预防和减少水污染的立法还要追溯到东巴基斯坦时代的 1970 年《水污染管制条例》，该条例要求任何个人、商业或者工业企业应该采取加强预防、控制和减轻任何具有现有或潜在污染危险的措施，并允许国家工作人员检查土地和建筑物。不遵守上述规定的，可能会面临罚金和被监禁的处罚。该条例提供了一些与水污染管理相关的词语定义，其基本原则已经被后来的环境立法所取代。

2. 1977 年《环境污染管制条例》

1977 年《环境污染管制条例》取代了 1970 年的条例，并扩大了对“污染”的定义，重新设立了环境污染管制局。国家工作人员检查土地和建筑物的权利得到一定限制，但允许他们“检查和测试废物、空气、水域、土壤、植物”等。

3. 1992 年《国家环境政策》

该政策旨在提供有利于保护环境和可持续发展的环境管理，政策目标包括：通过保护、维护生态平衡和整体发展改善环境；甄别和规范污染和环境退化活动；确保环境的可持续发展；确保可持续和无害地使用所有自然资源；积极响应与环保相关的国际倡议。

4. 1995 年《国家环境管理计划》

制定了国家环境管理的基本框架，该计划试图更好地管理稀缺资源、降低资源退化的速度和程度、改善自然环境、保护动物栖息地和生物多样性、促进可持续发展、改善人类生活质量指标。国家环境管理的基本框架有赖于政府机构、非政府机构和更为广泛的民间机构的共同努力。

5. 2000 年《环境法院法案》

2000 年《环境法院法案》通过设立环境法庭审理与环境污染有关的行为法案。该法案规定，政府应当在每一个地区设立一个或者多个环境法院，并任命一名联邦法官为环境法院法官，具体任命由最高法院确定。还应当设置特别治安法庭，由治安法官组成，对违反环境法的行为进行处罚。环境法院有权行使该法案和其他环境法规定的任何权力，包括管辖权，对相关负责人员罚款、搜查、进入工作场所的权力，以及调查、审判等程序性权力。

6. 《环境影响评估指南》

该指南对重大的水资源部门，包括防洪堤防、公路桥梁等“红色”类别工业单位设置了环境评估的指南和干预措施。理论上说，这些要求针对的是拟建、重建和扩建的工程项目。

（四）环保相关处罚规定

任何经济主体都有责任消除对环境的有害影响，如企业违反环境保护法律，孟加拉国环保法院可根据情况判处最高 5 年刑期和（或）

处以1470美元以下罚金；任何工业企业或工程未获得环境清洁证书擅自开工的，可以判处3年以下有期徒刑或者处罚金不超过30万塔卡，或者判处有期徒刑并处罚金。

（五）环保评估的相关规定

根据孟加拉国1997年《环境保护条例》，所有工业项目和工程必须获得环境局核发的环境清洁证书。该证书按照不同行业、不同选址以及对环境的影响，分为绿色、橙A、橙B和红色4种，证书对企业环保条件的要求从绿色到红色逐步严格，申请不同颜色的证书需要填写的表格以及提交的材料均不相同。

孟加拉国环境局对申领绿色证书15日内予以答复，橙A证书30天内予以答复，橙B和红色证书60天内予以答复，是否颁发证书均书面告知。绿色证书有效期为3年，其他为1年，各企业须于证书到期前30天申请延期。证书收费按照投资金额或工程总额的不同，从最低的1500塔卡到最高的10万塔卡不等。不同企业需申领证书的类别、申领证书需提交的材料以及其他相关规定请参见《环境保护条例》。

2014年底，为强化执行《孟加拉国环境法（修订）》，孟加拉国总理府办公室决定对今后所有在孟加拉国开展的投资项目实施强制环境评估与检测制度。相关投资项目在被批准前必须进行环境影响评估（EIA）和初期环境检测（IEE），以确定相关项目对环境的影响程度。

相关制度还要求业主在投资过程中切实落实环境管理计划有关要求。

[案例4-1]

孟加拉国的哈扎里巴约有200家皮革厂，生产的皮革主要供给欧美国家企业生产鞋子和其他商品，皮革厂中不乏外国在当地投资的企业，出于廉价劳动力和宽松的环境执行标准的考虑进入该国皮革市场。哈扎里巴的人均收入水平非常低，由于贫困，约有2.5万当地人口靠晒制皮革、在皮革厂中工作维持生计，他们每月的收入仅有30英镑（约合人民币300元）。由于皮革厂是劳动密集型的严重污染产业，每天都会向河流（主要是布里加甘河，是达卡的主要河流）、湖泊和海洋中倾倒超过2.2万立方升的有毒废物，其中包括致癌物质。一个大的皮革厂每天平均产生125千克灰尘，其中含有铬等导致头痛咳嗽和支气管炎的物质。多数皮革厂工人的工作环境十分恶劣，虽然他们处于皮革生产的不同阶段，但是都直接接触有害化学品和危险废物。废水所产生的酸性排放物可能造成严重的呼吸系统疾病；吸入有毒硫酸可能对肺产生腐蚀作用。当地民众希望皮革厂能搬迁到其他地方，还给他们一个远离污染的健康生活环境。政府环保部门虽然承认皮革厂的相关行为违反了环境法，但是未采取任何强制行动。

点评：

近年来，孟加拉国很多地方环境变差，当地居民意见很大，媒体也在不断曝光。针对此问题，孟加拉国政府已逐渐提高对环境保护工作的重视程度。目前环保部门和地方政府正通过完善有关法律法规、支持环保企业发展、迁移重污染企业、加大对违规排放企业处罚力度等多种方式，努力改善本国生态环境。在政府部门组织的环保检查执法过程中，包括个别中国企业在内的污染项目被强行关停，企业被处以高额罚款，相关负责人员被扣押。因此，企业应高度重视环保合规审查工作，依法获取环保部门颁发的正式批准文件，切勿在未经许可的情况下擅自开工。

十、孟加拉国反对商业贿赂和腐败的法律规定

（一）孟加拉国反腐败法律和体制框架

截至目前，孟加拉国预防惩治腐败的相关法律规定包括：2004 年《反对腐败委员会法》、2002 年《洗钱法》、1979 年《孟加拉国政府公务员行为规定》、1958 年《刑法修正案》、1947 年《预防腐败法》及 1984 年《所得税条例》部分章节和《刑法典》部分章节。上述法律主要对孟加拉国政府官员的腐败行为做出了界定，并赋予反腐败委员会等机构调查、逮捕等职权，以预防和惩治腐败行为。

反腐败委员会是通过执法打击腐败的专门机构。该委员会由三名专员组成。反腐专员只由总统任命，具有独立性。除非有正当理由并符合且适用与撤销最高法院法官职务的程序相类似的程序，否则不得撤销任何专员的职务。

在反腐败领域发挥关键作用的另一个机构是孟加拉银行，该银行还设有本国的金融情报机构。

孟公共行政部负责实施国家公职人员行为特别规则，旨在不仅处理贿赂问题，而且也处理贪污问题。反腐败委员会、内阁和公共行政部收集有关腐败相关案件的统计信息。孟加拉国银行则负责收集有关洗钱相关案件的统计信息。

点评：

反腐败委员会有权调查和起诉与腐败有关的犯罪。委员会可接受匿名投诉，还可检查媒体关于与腐败潜在相关事项的报道并加以审议。如果反腐败委员会确定值得开展某项调查，就会根据自己的规则，将相关案卷转至警方。然后，将就是否应把该事项

交给特别法官提出报告。反腐败委员会通过100多名调查员开展工作。

(二)反对商业贿赂或官员腐败行为的法规要点

1. 贿赂罪

根据1860年《刑法典》，孟加拉国的法律制度通过适用“教唆”行为将行贿涵盖在内。《刑法典》还对处罚下列行为作了规定：选举期间施加不当影响力或冒充他人；在所犯罪行为死罪的情况下提议给予礼品或财产以使犯罪人免于处罚；以及教唆他人犯罪。《刑法典》明确了贿赂、公务员候选人和选举权的定义作了规定。不过，对于“公务员”的定义，并没有通过列举属于这一范畴的各种类型官员来加以论述。虽然1947年《预防腐败法》中对公务员的概念作了诠释，但仍不清楚的是这一概念在多大程度上包括议员。

关于受贿，《刑法典》规定，惩处“收受、获取、或同意收受、或企图获取任何使人满足之物或贵重物品”的公务员。虽然省略了“索取”一词，但确认“企图获取”被视为涵盖“索取”。根据《刑法典》第165节，该项犯罪必须涵盖收受或获取了“任何贵重物品”的情形，但这引起了对于这一表述是否也涵盖未提议给予任何礼品或其他有形物品的情形的疑虑。

孟加拉国未将外国公职人员和国际公共组织官员的贿赂定为刑事犯罪。将被动的影响力交易定为犯罪，但尚未将主动的此类交易定为犯罪。孟加拉国政府表示，有意将私营部门内的贿赂定为犯罪。

2. 贪污及滥用职权

《刑法典》通过适用“挪用”和“转换”行为将犯罪人为“自己使用”而实施的贪污定为犯罪。此外，这种犯罪的适用范围仅限于“动产”。

一般而言，私营部门内的侵吞财产罪被视为“非法违背信任”而得到充分定罪，依据的是具体假设违背了（承运人、办事员、银行人员、商人和代理人）的信任。

滥用职权罪通过适用“非法不当行为”罪在1947年《预防腐败法》中基本得到涵盖。

关于资产非法增加，2004年《反腐败委员会法》将占有超过已知收入来源的“动产或不动产”定为犯罪。对于公务员或其任何扶养人占有与已知收入来源不相称的财产，如果给不出任何合理解释，则属于非法不当行为。该人有责任证明其财产是通过合法手段获得的。

3. **审批和制裁**

在大多数案件中，对与贿赂、影响力交易、贪污、挪用或以其他方式侵犯财产有关的犯罪负有责任的犯罪人可判处至多三年监禁和（或）罚金。就公务员而言，监禁期可延长至终身监禁或至多十年监禁。就洗钱而言，罚金数额应为洗钱金额的两倍。就所有其他腐败案件而言，对犯罪人的罚金数额不应低于非法所得金额。这些惩罚不影响开启或继续进行任何针对公务员的纪律程序。

一般而言，与腐败有关的犯罪是可以假释的。尽管如此，属于《反腐败委员会法》规定的犯罪应由一名特别法官审判，因此，应被视为不可假释，但例外情形除外。《防止洗钱法》规定的犯罪不可假释。作为一个原则事项，被判犯有腐败相关罪行的个人不可在整个刑期服满以前得到释放。只有上诉法院才可准予中间/临时假释。

公务员可因其被指控涉足任何犯罪而被暂时停职，一旦启动刑事诉讼，该公职人员的职务即告自动中止。此外，对于被判犯有任何可受到超过特定最低限度处罚的罪行的公务员，将在判决之日后予以开除。对于被判犯有涉及道德败坏行为的罪行并且被判两年和（或）两年以上监禁的人员，《宪法》还规定其在被释放后五年内无资格参加议会选举。

此外，1872 年《合同法》规定，一项协议，如果其一个或多个标的是非法的即告无效。腐败是非法的，因而此类合同无效。

任何受害人均可通过提起民事诉讼，就任何损害要求得到赔偿。腐败行为受害人也不例外，他们也可在刑事诉讼中获得赔偿。

十一、孟加拉国对保护知识产权的规定

（一）当地有关知识产权保护的法律法规

在国内法层面，孟加拉国目前制定并颁布的主要法律法规包括：2000 年《著作权法》（2005 年修订）、2006 年《著作权条例》、1911 年《专利与设计权法》、1933 年《专利与设计权条例》、2009 年《商标法》、2015 年《商标权条例》、2013 年《商品地理标志法》和 2015 年《商品地理标志条例》。

在国际法层面，随着世界范围内对知识产权保护的日益重视，孟加拉国也加入了一系列的国际协议和国际公约。孟加拉国目前已经是《保护文学和艺术作品伯尔尼公约》、《保护工业产权巴黎公约》、《保护非物质文化遗产公约》、《世界文化和自然遗产保护公约》和《与贸易有关的知识产权协定》（TRIPS 协定）等公约或条约的缔约国。

（二）知识产权法律法规基本要点

孟加拉国根据传统的知识产权分类标准，将其划分为版权和工业产权两大类。而在行政主管部门的权责划分上，孟加拉国同样遵循着这一标准，即分别在文化事务部和工业部下设版权办公室（Copyright Office）和专利、设计与商标办公室（Department of Patents，Designs and Trademarks），对版权和专利、设计与商标进行区别管理，以发挥

各部门的职能，实现不同的知识产权保护目的。此外，孟加拉国还在专利、设计与商标办公室下设立了一个地理标志小组，并根据2013年《商品地理标志法》拥有地理标志相关事项的主管职权。

1. **著作权**

在著作权方面，孟加拉国现行的法律法规是2000年《著作权法》（2005年修订）和2006年《著作权条例》。对于在孟加拉国投资更为重要的是，在产品设计中也存在对著作权的保护。根据1911年《专利与设计权法》，产品设计中的著作权实行登记生效原则，即在设计注册成功后，申请人就该项设计享有自申请之日起5年内的著作权。保护期届满后可申请续展，每次续展的保护期时效为5年。当著作权过了保护时效时，该项设计即进入公众可审查、检索的领域，任何人可以在支付相应费用的情况下使用该项设计的复制件。

2. **商标权**

在商标法方面，孟加拉国现行的法律法规是2009年《商标法》和2015年《商标条例》。孟加拉国的商标注册遵循独特性、合法性和非冲突性原则，对于使用颜色的商标存在限制性规定，即该颜色的使用必须使商标具有独创性才可准予注册。而对于构成商品的化学材料名称，孟加拉国则禁止其作为商标进行注册。在孟加拉国，商标申请注册不以使用为前提，无论是正在使用还是将要使用的商标，或即使申请人自身无使用该商标的意图，但有意在规定时间内将该商标转让给一个即将设立的公司，该商标都可以申请注册。

申请注册商标需提交经企业负责人签名盖章的申请书，列明申请人姓名、国籍、地址、企业类型、使用商标所生产的产品或服务名称以及商标使用的范围。商标注册部门一般在3个月内予以回复。商标一经注册成功，即享有自申请之日起7年内的保护期，到期后经申请每次可续展10年，续展的费用应当在到期之日前提交，但不可早于到期之日前6个月。商标审核后将会在商标期刊上公告，任何人在公告之日起三个月内均有权提出异议。若当事人双方对该异议的处理结果仍不满意，均可向最高法院就该事项提起上诉。

3. **专利权**

在专利法方面，孟加拉国现行的法律法规是英国殖民时期制定的1991年《专利与设计权法》、1933年《专利与设计权条例》，它们一直沿用至今。虽然1971年孟加拉国独立之后对原有的法律进行了全面的修改和颁布，但专利法一直处于被忽视的状态，原有的专利法也形同虚设。孟加拉国专利法的主要规定如下：

（1）专利注册登记可以由一人或多人联合申请，且不论申请人是否为孟加拉国的居民。对于专利的第一创造者而言，若其不在专利的申请人之列，则申请人在提交专利申请时还需提交第一创造者的授权书或法定代表书，且申请书中必须申明其姓名与该特殊情况；

（2）专利的保护期为16年，从第4年开始，权利人需要每年向专利、设计与商标办公室申请延期续展；

（3）一般来说，专利登记员应在18个月内完成对该专利的审查和注册，若逾期未完成，则视为驳回该项专利申请。登记员接受申请之后，将向申请人发出通知并将该专利申请进行公告，任何第三方均可在公告之日起4个月内向主管部门提出异议，登记员将于4个月期限结束之日对申请人和异议人进行听证并做出裁决，对于这一裁决当事人可向相关部门提起复议。若在公告期间不存在任何异议，则权利人自申请之日起获得在孟加拉国全国范围内制造、买卖和使用或授权他人进行上述行为的排他性权利。

专利申请提交材料包括申请人姓名、国籍、住址、两套说明书、图纸、授权函及在第三国获得的专利证书复印件等。

点评：

孟加拉国作为一个农业大国，政府对于知识产权的关注度较低。目前著作权和商标权在孟加拉国内可获得一定的保护，但于专利权而言，由于当地对于其规制甚少，因此前往孟加拉国投资、经营的企业应当重点关注和采取措施加以保护。此外，中国企业也应当与孟加拉国的版权办公室和专利、设计和商标办公室保持畅通的信息交流，了解当地最新的法律与政策动态，同时注意防范因法律形式化而带来的法律风险。

（三）知识产权侵权的相关处罚规定

孟加拉国知识产权侵权现象较多，知识产权保护执法较弱，这与孟加拉国全社会对知识产权侵权损害认识不足、孟加拉国整体法律环境宽松，以及公共管理能力不强等密切相关。

根据孟加拉国相关知识产权保护的法律规定，侵犯知识产权的行为将被处以 4 年以下拘役及一定数额的罚金。

十二、孟加拉国对外国公司承包当地工程的规定

（一）许可制度

外国公司承揽孟加拉国政府国际工程采购项目无须经过特别许可，须遵守 2003 年《政府采购条例》和 2006 年《政府采购法》。工程建设与工程验收以相关招标及合同文件规定指标为准。对于承包商资质，均会在招标文件中列明。投标时，包含对投标人的技术资格审查。

孟加拉国不限制外国自然人承揽由外国投资及私人投资的工程

承包项目，但根据 2003 年《政府采购条例》和 2006 年《政府采购法》规定，孟加拉国各级政府采购的工程项目投标人不得为自然人，外国自然人仅能以个人名义参与相关政府采购工程项下的相关咨询工作。

（二）禁止领域

孟加拉国无明确禁止外国公司承包的工程领域。在招标公告中，会列明允许投标公司的国别要求和资质要求。本地招标不允许外国公司参与。

（三）招标方式

孟加拉国政府采购招标主要分本地招标和国际招标，方式包括公开招标、限制性招标、直接采购、两步骤招标（技术标、商务标两步骤）四种。除非出于国家安全或国防考虑而采用其他方法，孟加拉国政府采购项目均须首选公开招标。

十三、孟加拉国对中国企业投资合作的保护政策

（一）双边投资保护协定

1996 年 9 月 12 日，中国与孟加拉国签署了《中华人民共和国政府和孟加拉人民共和国政府关于鼓励和相互保护投资协定》。

（二）避免双重征税协定

1996 年 9 月 12 日，中国与孟加拉国签署了《关于对所得避免双重征税和防止偷漏税的协定》。

（三）其他协定及发布的声明

中国与孟加拉国还签署了多个政府间经济技术合作协定。详见表 4–9。

表 4-9　中国与孟加拉国签署的政府间经济技术合作协定

签署时间	协　　定
2003 年 12 月	《中孟两国政府经济技术合作协定》《中孟文化合作协定 2004—2006 年执行计划》
2005 年	《中华人民共和国农业部与孟加拉人民共和国政府农业部农业合作谅解备忘录》
2010 年 3 月	《中华人民共和国政府和孟加拉人民共和国政府经济技术合作协定》《中华人民共和国政府和孟加拉人民共和国政府关于提供优惠贷款的框架协议》
2014 年 6 月	《中孟关于深化更加紧密的全面合作伙伴关系的联合声明》《中孟两国政府关于中国政府向孟加拉国政府提供无偿援助的经济技术合作协定》

十四、在孟加拉国解决纠纷的主要途径及适用法律

孟加拉国当地商业纠纷案件多依靠诉讼或仲裁方式解决，其中诉讼方式程序比较费时，个别案件审理过程可延续一至两年的时间。商业纠纷的具体解决方式和法律依据可通过合同双方协议的约定来明确。

对在孟加拉国投资的我国企业而言，在发生纠纷之后选择适当的司法救济方式至关重要。通常而言，一旦发生纠纷，应当先和纠纷的对方进行协商，这是首要的选择，也是成本较小的选择，力求在协商的进程中化解矛盾。在协商无法解决问题的情况下，我国企业应依照合同的约定寻求当地的司法救济或者国际组织的相关救济。

1. 诉讼

孟加拉国实行司法独立，经济纠纷可以到地方法院提起诉讼。孟

加拉国的法院系统分为三级，分别是县级法院、高等法院和最高法院（又称上诉法院）。孟加拉国全国划分为65个县，每个县有县法院法官，在其管辖权下有县助理法官，包括助理开庭法官，他们一般审理刑事案件。最低一级的助理法官审理一审民事案件，可以独立做出判决。在刑事方面，有4个城市，如达卡等，这些地方设置治安法官，他们审理涉及公民人身权和债务的案件。

最高法院是最高审理机构，它分为两部分：一是高等法院法官，他们审理刑事、民事上诉案件；二是上诉法院，审理不服高等法院判决的上诉案件。上诉法院不仅审查适用法律是否恰当，也审查有关事实问题。

涉及妇女和少年的案件由专门法院审理，涉及劳资纠纷、政府公务员犯罪（如贪污、受贿等）的案件也由专门法院审理。此外，还设有专门法院审理税务、海关案件等。

当事人有权上诉两次，不服县法院判决的案件可到上诉法院上诉，最后一次可到最高法院。在刑事案件中，当事人没钱请律师时，由政府指定律师。法院没有调查取证的职能，当事人负责把证据提交法庭由法官审查。

2. **仲裁**

仲裁通常指由双方当事人协议将争议提交第三方机构，由该机构对争议进行评判并做出裁决的一种解决方式。孟加拉国对涉及仲裁相关事项的规定主要体现在1940年《仲裁法案》中。

申请或提交仲裁的基本前提是，当事人之间签署了仲裁协议。根据1940年《仲裁法案》，仲裁协议不需要公证或注册，但应当采用书面形式。当事人可以在仲裁协议中明确约定具体的仲裁员，也可以在后续程序中由仲裁机构指定仲裁员。

通常涉及民事相关的事项都可以提交仲裁机构进行裁决，但是也存在一些例外规定，比如涉及婚姻的相关纠纷。

仲裁过程中，仲裁机构应当遵守当事人在仲裁协议中所援引或诉诸的规则。如果缺乏特定的或具体的法律规则，那么可以由仲裁员确定所要运用的程序和规则。仲裁过程应有序进行，保证当事人各方公平听审的权利。

3. 调解

调解也是诉讼外解决纠纷的一种常见和重要的渠道。根据具体的形态不同，调解又可以进一步分为几种。常见的是争议当事人之间自行调解，比如我国在孟加拉国的企业与当地的企业之间发生纠纷，两个企业之间可以自行协商解决，不仅成本低而且高效便捷。

除了当事人之间自行调解之外，还可以通过权威的第三方协助进行调解，比如，请求孟加拉国工商联合会居中进行调解。该联合会成立于 1973 年，总部设在首都达卡，作为孟加拉国全国性的工商界代表机构，孟加拉国工商联合会在提供咨询、保护私营企业利益等方面发挥着重要作用。

此外，发生纠纷之后也可以向当地政府寻求帮助。在孟加拉国投资，取得当地政府的支持和帮助尤为重要。很多时候，当地政府，特别是当地的警察部门能协调处理大量的纠纷和矛盾。中国企业可以和当地政府相关部门保持密切的联系，发生纠纷时可以请求他们给予必要的帮助和指导。

点评：

孟加拉国执法效率低下，司法腐败严重，投资者权益很难得到保障。

Chapter 5
第五章

工程项目投建营全生命周期中的合规要求

作为企业风险管理重要组成部分的项目合规管理，首先要识别合规义务，即合哪些规。企业应以适合其规模、复杂性、结构和运行的方式记录其合规义务。合规义务的来源包括合规要求和合规承诺。

（1）合规要求指企业必须遵守的外部各项法律法规、监管规定。

①境内经营：境内工程建设相关的法律、法规、部门规章。

②境外经营：强调所在国的法律法规、国际条约、规则等。强调对外承包工程相关的投标管理、合同管理、项目履约、劳工权利保护、环境保护、连带风险管理、债务管理、捐赠与赞助，以及反腐败、反贿赂等方面的要求。

（2）合规承诺指企业自愿遵守的指引、合约、协议、内部章程、规定等。

按内容划分，合规义务又可以分为以下四类：

①法律、法规、规章、政策；

②行业协会等自律性组织的规范、标准、惯例等；

③公司章程及企业内部规章制度；

④诚实守信的职业道德。

我们按工程项目投建营全生命周期，梳理了生命周期各个阶段的合规要求。

一、第一阶段：项目前期论证

（一）中国境内相关法案、政策和规则

中资企业开展境外投资活动前，应当完成中国境内的核准、备案程序，避免出现境外工作完成后因境内合规问题导致投资失败的风险。

1. 中国境内相关政策法规

中资企业境外投资需要遵守的国内相关政策法规主要包括国家发展改革委、商务部、国家外汇管理局、国务院国资委等部门制定的相关政策法规等，具体内容见表5-1。

表5-1　中资企业境外投资需要遵守的部门规章

序号	部门规章	发文机构	发布时间
1	《境外投资管理办法》	商务部	2014年
2	《企业境外投资管理办法》	国家发展改革委	2017年
3	《境内机构境外直接投资外汇管理规定》	国家外汇管理局	2009年
4	《关于境内居民通过特殊目的公司境外投融资及返程投资外汇管理有关问题的通知》	国家外汇管理局	2014年
5	《关于进一步改进和调整资本项目外汇管理政策的通知》	国家外汇管理局	2014年
6	《关于进一步简化和改进直接投资外汇管理政策的通知》	国家外汇管理局	2015年
7	《关于进一步推进外汇管理改革完善真实合规性审核的通知》	国家外汇管理局	2017年
8	《中央企业境外投资监督管理办法》	国务院国资委	2017年
9	《关于进一步引导和规范境外投资方向的指导意见》	国家发展改革委、商务部、人民银行、外交部	2017年
10	《境外投资敏感行业目录（2018）》	国家发展改革委	2018年
11	《对外投资备案（核准）报告暂行办法》	商务部、人民银行、国资委、银监会、证监会、保监会、国家外汇管理局	2018年

续 表

序号	部门规章	发文机构	发布时间
12	《关于做好国内企业在境外投资开办企业（金融企业除外）核准初审取消后相关工作的通知》	商务部办公厅	2018 年
13	《对外投资备案（核准）报告实施规程》	商务部办公厅	2019 年

2. 境内核准/备案流程及主要规定

（1）国家发展改革委相关规定。

对敏感类项目实行核准管理，对非敏感类项目实行备案管理。具体见表 5–2。

表 5–2　国家发展改革委相关规定

项目分类	境内企业直接开展投资	境内企业通过其控制的境外企业开展投资	具体内容
敏感类项目	核准（国家发展改革委）	核准（国家发展改革委）	· 实行核准管理的，投资主体向核准机关提交项目申请报告并附具有关文件，项目申请报告应当包括以下内容：投资主体情况；项目情况，包括项目名称、投资目的地、主要内容和规模、中方投资额等；项目对我国国家利益和国家安全的影响分析；投资主体关于项目真实性的声明。 · 核准机关应当在收到项目申请报告之日起 5 个工作日内一次性告知投资主体需要补

续　表

项目分类	境内企业直接开展投资	境内企业通过其控制的境外企业开展投资	具体内容
敏感类项目	核准（国家发展改革委）	核准（国家发展改革委）	正的内容。核准机关应当在受理项目申请报告后20个工作日内做出是否予以核准的决定。项目情况复杂或需要征求有关单位意见的，经核准机关负责人批准，可以延长核准时限，但延长的核准时限不得超过10个工作日，并应当将延长时限的理由告知投资主体。符合核准条件的项目，核准机关应当予以核准，并向投资主体出具书面核准文件。
非敏感类项目	央企、大额：备案（国家发展改革委） 央企、非大额：备案（国家发展改革委）	央企、大额：报告（国家发展改革委） 央企、非大额：无须履行手续	·实行备案管理的，投资主体通过网络系统向备案机关提交项目申请报告并附具有关文件。项目备案表或附件不齐全、项目备案表或附件不符合法定形式、项目不属于备案管理范围、项目不属于备案机关管理权限的，备案机关应当在收到项目备案表之日起5个工作日内一次性告知投资主体。备案机关在受理项目备案表之日起7个工作日内向投资主体出具备案通知书。 ·投资主体通过其控制的境外企业开展大额非敏感类项目的，投资主体应当在项目实施前通过网络系统提交大额非敏感类项目情况报告表，将有关信息告知国家发展改革委。投资主体提交的大额非敏感类项目情况报告表内容不完整的，国家发展改革委应当在收到之日起5个工作日内一次性告知投资主体需要补正的内容。
	非央企、大额：备案（国家发展改革委） 非央企、非大额：备案（省级发展改革委）	非央企、大额：报告（国家发展改革委） 非央企、非大额：无须履行手续	

表中的“敏感类项目”是指涉及敏感国家和地区的项目和涉及敏感行业的项目。

“敏感国家和地区”是指与我国未建交的国家和地区；发生战争、内乱的国家和地区；根据我国缔结或参加的国际条约、协定等，需要限制企业对其投资的国家和地区；其他敏感国家和地区。

“敏感行业”是指由国家发展改革委发布的敏感行业目录（2018年1月31日发布）明确的，例如武器装备的研制生产维修、跨境水资源开发利用、新闻传媒、房地产业，根据我国法律法规和有关调控政策需要限制企业境外投资的行业等。

“大额”是指中方投资额3亿美元及以上。

（2）商务部相关规定。

2018年1月25日，商务部、人民银行、国务院国资委、银监会、证监会、保监会、国家外汇管理局共同发布了《对外投资备案（核准）报告暂行办法》(商合发〔2018〕24号)》，规定由商务部牵头对外投资备案（核准）报告信息统一汇总，各部门定期将备案（核准）信息和报告信息通报商务部，实行“备案为主、核准为辅”的管理方式。

2018年8月和2019年7月，商务部分别出台《关于做好国内企业在境外投资开办企业（金融企业除外）核准初审取消后相关工作的通知》《对外投资备案（核准）报告实施规程》，明确了相关工作细则。

企业境外投资涉及敏感国家和地区、敏感行业的，实行核准管理。企业其他情形的境外投资，实行备案管理。实行核准管理的国家主要是与中华人民共和国未建交的国家、受联合国制裁的国家。必要时，商务部可另行公布其他实行核准管理的国家和地区的名单。实行核准管理的行业主要是涉及中华人民共和国限制出口的产品和技术的行业、影响一国（地区）以上利益的行业。

（3）国家外汇管理局相关规定。

银行按照国家外汇管理局《直接投资外汇业务操作指引》直接审核办理境外直接投资项下外汇登记，国家外汇管理局及其分支机构通过银行对直接投资外汇登记实施间接监管。详见表 5-3。

表 5-3 国家外汇管理局相关规定

银行直接办理的事项	境外直接投资前期费用登记	（1）境内机构（含境内企业、银行及非银行金融机构，下同）汇出境外的前期费用，累计汇出额原则上不超过 300 万美元且不超过中方投资总额的 15%。 （2）境内机构汇出境外的前期费用，应列入其境外直接投资总额。 （3）银行通过资本项目信息系统为境内机构办理前期费用登记手续后，境内机构凭《业务登记凭证》直接到银行办理后续资金购付汇手续。 申请材料： （1）境外直接投资外汇登记业务申请表》。 （2）营业执照（尚未办理“五证合一”的企业，还需提供组织机构代码证）。 （3）境外投资资金来源证明、资金使用计划和董事会决议（或合伙人决议）、合同或其他真实性证明材料。 注意： 境内机构为其境外分支、代表机构等非独立核算机构购买境外办公用房的，需提交以下材料： ①《境外直接投资外汇登记业务申请表》。 ②境外设立分支、代表机构等非独立核算机构的批准或备案文件或注册证明文件。 ③境外购买办公用房合同或协议。 ④其他真实性证明材料。

续 表

银行直接办理的事项	境内机构境外直接投资资金汇出	银行要求的审核材料主要有： (1)《境外直接投资外汇登记业务申请表》。 (2) 营业执照或注册登记证明及组织机构代码证(多个境内机构共同实施一项境外直接投资的，应提交各境内机构的营业执照或注册登记证明及组织机构代码证)。 (3) 非金融企业境外投资提供商务主管部门颁发的《企业境外投资证书》；金融机构境外投资提供相关金融主管部门对该项投资的批准文件或无异议函。 (4) 境外投资资金来源证明、资金使用计划和董事会决议（或合伙人决议)、合同或其他真实性证明材料。 (5) 外国投资者以境外股权并购境内公司导致境内公司或其股东持有境外公司股权的，另需提供加注的外商投资企业批准证书和加注的外商投资企业营业执照 (6) 其他真实性证明材料。

点评：

企业开展对外投资之前，应针对具体投资项目向各部门确认具体流程及要求。同时，国家对于境外投资行业的政策可能随时变化，因此，投资者应当关注我国针对具体行业的境外投资政策，特别是敏感行业或国家战略不支持的行业的政策变动，及时向相关部门咨询、核实。

（二）孟加拉国建设工程相关法律和规定

在孟加拉国开展工程项目的投资、建设和运营必须严格遵守孟加拉国关于投资、工程建设、环保、法律、税务等方面的要求和规定。

这是企业在孟正常经营的前提，也是企业获得长期稳定发展的必要条件。

因此，项目前期论证阶段，“走出去”企业需要研习和了解相关法案，熟悉规则，降低后续工作开展的政策风险。具体内容参见本书第四章相关内容。

（三）前期论证各子阶段

1. 投资机会研究

通过调查研究与分析，结合自身情况，对具体的投资项目或投资组合作出意向性选择，确定投资时机、投资方式、投资规模。

首先，确定投资时机。企业的投资时机选择还要兼顾经济发展周期，经济发展处于低谷及稳定增长时期，要努力投资，以节省建设投资，使投产与经济增长时期合拍，产品投产即能获利；经济发展处于高峰或通货膨胀严重，则要谨慎投资，防止建设投资增加，企业负债加重，产品成本居高不下，企业获利微薄。

其次，投资方式的选择需要投资者根据自身情况考虑各种因素，综合确定。

最后，根据市场产品需求量、资金状况、投资成本、自然资源及人力资源，确定投资规模。

此外，企业还需对东道国的投资环境进行分析。投资环境包括政治社会环境、经济环境、基础设施、自然资源等。通过对投资环境的分析，初步确定投资地域。好的投资环境，加上产品良好的市场前景，项目才得以成立，投资目标才能实现。投资环境分析要注重考察国家或地区政治局势、社会安定程度、社会保障机制是否健全等。考察投资环境，不但要注意基础设施、自然资源等硬环境，而且要注意软环境。软环境包括：国家或地区对外开放程度，贸易保护主义和地方保护主义严重程度；法制是否健全，法律被尊重程度；政府的产业政策导向，政府管理经济能力，政府对市场的干预程度，政策的支持度；当地经济的市场化程度；人力资源自由流动，劳动者的素质，等等。

对孟加拉国的投资前景分析如下：

（1）中孟在“一带一路”框架下投资合作前景广阔。

中国的经济增长使包括孟加拉国在内的周边国家受益，中孟两国间更紧密的经贸合作将增强传统友好关系。孟加拉国有三个领域值得中国投资者关注：一是中国制造业不断转向具有更高价值链的领域，孟加拉国由于劳动力资源丰富、价格低廉，是中国制造业的理想承接目的地。二是孟加拉国支持中国的“一带一路”倡议，目前中国在“一带一路”市场上的主要项目是大型基建工程，孟加拉国对大型基础设施的投资需求仍然很大，对中国企业而言仍然有很多机遇。三是孟加拉国电力仍不能满足未来每年6%～7%的增长所需，孟加拉国绿色能源投资市场潜力较大，孟方也期待能吸引更多来自中国的投资和技术支持。

（2）中国对孟投资正迈向更高水平。

近年来，中国对孟投资发展迅速，展现出投资体量不断变大、投资要素更加密集、投资合作迈向更高水平的趋势，中国投融资已经成为孟大型基建项目资金的重要来源。中国驻孟大使建议孟方进一步加快基础设施建设、改善优化营商环境，以吸引更多中国投资者，为孟经济发展作出贡献。同时，鼓励中国企业和银行在孟开展业务，并期待在两国经贸往来中更多使用人民币。

（3）中国的支持与合作将有助于孟加拉国的进步之旅。

由于孟加拉国为中国商品提供了97%的免税准入和其他激励措

施，越来越多的中国企业家开始对孟加拉国市场感兴趣。相信中国的支持与合作将有助于孟加拉国的进步之旅。

（4）孟加拉国经济在新冠肺炎疫情期间表现出了弹性。

在全球疫情大流行期间，孟加拉国实现了5.24%的经济增长，在这前所未有的时期，孟加拉国经济表现出了很好的弹性，中国投资者在孟成衣制造、皮革、药品、医疗设备、软件和IT、农业和食品加工、农业工具和机械、电子、汽车和造船等领域具有投资机会。

（5）人口和密度红利仍将是支撑孟加拉国未来经济发展的两大要素。

孟加拉国是亚洲最具有投资潜力的国家之一。过去10年孟加拉国经济高速增长的主要驱动因素是人口和密度红利，孟加拉国1.7亿人口中超过一半是年轻人口，未来几年，孟加拉国将有3500万中等收入群体，这为孟加拉国国内市场的发展带来了巨大机遇。从密度红利来看，孟加拉国面积只有14万平方千米，却容纳了1.7亿人口，这样的密度一方面给贸易带来极大便利，另一方面也使在孟加拉国获得新客户的边际成本变得很低。人口和密度这两个因素仍将支撑孟加拉国未来数年的发展。无论是孟加拉国的政府机构，还是金融机构，做好了服务中国企业的充分准备。

（6）孟加拉国自由化投资政策和优惠措施鼓励外国投资。

孟加拉国对于外资的投资限制较少，政府热衷于为孟加拉国和中国的贸易和投资提供便利。孟加拉国目前正在开发一个最大的经济区，并且已经开发了28个经济区。除了确保获得土地和工业基础设施外，同时也为投资者提供一站式服务，以精简外国投资办理程序。

点评：

孟加拉国投资环境相对宽松，历届政府都非常重视吸引投资。

该国劳动力资源充足且价格低廉，加之其产品出口欧美等发达国家可享受一系列免关税、免配额或关税减让等优惠，吸引了许多国外投资者。但同时也要看到孟加拉国基础设施差、水电气资源缺乏、政府部门办事效率低下、处理不好易发生劳资纠纷、当地商人资信度低等问题。因此，客观评价孟加拉国投资环境，对孟加拉国市场作充分调研非常重要。

2. **初步可行性研究**

初步可行性研究指在对投资机会进行研究分析认为具有投资的可能性后，进一步对拟建项目建议进行的粗略的技术经济分析。

对于拟投资的意向项目，要根据类似项目的工艺流程、工艺技术装备、环境保护等的要求，估算建设投资、消耗量指标、产品数量等；根据市场预测的情况，评价投资项目的经济及社会影响，初步计算项目的内部收益率、投资回收期和净现值；通过分析项目工艺技术及装备、规模效益、产品的前后延伸性、产品结构、项目区位优势，结合企业现有人力资源、管理经验等方面，评价项目在市场竞争中获胜的可能性，以进一步论证投资项目是否可行，投资机会是否有价值，从而得出项目可行的初步结论，为投资提供初步决策依据。

3. **可行性研究**

孟加拉国项目立项过程中，一般项目的最初概念由相关部门提出，经过具体执行部门完善之后，由政府部门对项目发展计划（DPP）进行审查，再由项目评估委员会批准。如果项目不超过 5 亿塔卡由相关政府部委批准，如果项目超过 5 亿塔卡则由内阁经济委员会批准。

同时，孟政府为了解决项目拖延和费用超支的问题，出台新规要求耗资 5 亿塔卡以上的项目必须提交可行性报告。可行性报告必须提供项目地址的详细描述，及施工土地的权属证明等。对需要孟提供大额税金支持的项目，也需提供可行性证明。以此规避项目发展计划获批后，出现执行单位没有项目用地，导致项目执行拖延或超期的情况。

可研报告的参考内容如下：

可研报告一般需包括投资必要性、技术可行性、组织可行性、经济可行性等。

（1）投资必要性。根据市场调查及预测的结果、有关产业政策等因素，论证项目投资建设的必要性。在投资必要性的论证上，一是做好投资环境分析，对构成投资环境的各种要素进行全面的分析论证；二是做好市场研究，包括市场供求预测、竞争力分析、价格分析、市场细分、定位及营销策略论证等。

（2）技术可行性。应从项目实施角度，合理设计技术方案，并进行比选和评价。各行业不同项目技术可行性的研究内容及深度差别较大。工业项目可行性研究的技术论证应达到能明确列出设备清单的深度；非工业项目可行性研究的技术论证应达到工程方案初步设计的标准，以便与国际惯例接轨。

（3）组织可行性。制订合理的项目实施进度计划，设计合理的组织架构，选择经验丰富的管理人员，构建良好的协作关系，制订合适的培训计划等，以确保项目顺利执行。

（4）经济可行性。从资源配置的角度，衡量项目的价值，评价项目在实现区域经济发展、有效配置资源、增加供给、创造就业、改善环境等方面的效益。

（5）社会可行性。分析项目对当地社会的影响，包括经济发展、就业增加、法律道德、宗教民族、妇女儿童及社会稳定性等。

（6）风险因素及对策。对项目的市场风险、技术风险、财务风险、组织风险、法律风险、经济及社会风险等进行全面评价，制定规避风险的对策。在孟加拉国开展投资、贸易、承包工程和劳务合作过程中，需特别注意在事前调查、分析、评估相关风险，事中做好风险防控等工作。

表5-4是境外投资项目可行性评估报告框架，供参考。

表5-4　境外投资项目可行性评估报告框架（参考）

一、总论	五、项目经济效益估算
二、项目实施必要性分析	5.1 投资估算依据
2.1 项目宏观背景	5.2 项目总投资估算
2.1.1 宏观政经概况	5.3 项目收益估算
2.1.2 宏观政经形势判断	5.4 财务评价
2.2 项目必要性	六、项目组织机构与运作模式
2.3 项目必要性结论	七、项目实施进度方案
三、项目实施可行性分析	八、风险与规避措施
3.1 宏观政治经济条件对项目形成有力支撑	8.1 风险因素识别
3.2 地区产业经济环境有利于项目实施开展	8.2 风险影响程度评价
3.3 项目拟选址已初步具备项目实施条件	8.3 风险规避措施
3.4 结论	九、结论与建议
四、项目实施方案	9.1 可行性研究结论
4.1 建设规模与内容	9.2 项目实施关键建议
4.2 产品方案与产值预测	9.3 专家意见
4.3 项目技术方案	

二、第二阶段：建设准备

（一）对外承包工程资质

1. 中国对外承包工程资质

现在我国对外承包工程的相关规定是《对外承包工程管理条例》

2017修订版。修订版中将旧版《对外承包工程管理条例》的第二章“对外承包工程资格”全部删除。这意味着民营建筑企业与央企一样，不再受对外承包工程资质的限制。对外承包工程企业在决定参与境外工程项目后、进行投（议）标前，应办理项目备案手续。

点评：

项目备案手续办理流程如下：

登录“走出去”公共服务平台（http：//fec.mofcom.gov.cn/），申请商务部业务系统统一平台账号，在对外承包工程数据库中录入企业信息并完成项目备案，具体操作步骤参见《对外承包工程项目备案操作手册》（注册成功后可见）。材料齐全、填写完整的，商务主管部门将在3个工作日内完成备案。属于特定项目的，企业需按照应用提示向商务部申请特定项目立项。

企业在中标或对外签署项目商务合同后需要：

（1）在收到中标文件或签署商务合同后15个工作日内，以现金或银行保函形式存缴备用金不少于300万元。企业到银行办理履约保函需提交备用金足额缴存的证明。

（2）与境外项目发包方签订合同后，及时向中国驻项目所在国（地区）使（领）馆经商机构报到。

（3）在合同生效后，按照《对外承包工程业务统计制度》要求报送统计资料。

（4）在对外承包工程数据库应用中填报备案项目的后续中标、签约、实施及完工等阶段进展情况，一般每两个月填报一次。

2. 孟加拉国工程承包资质

外国公司承揽孟加拉国政府国际工程采购项目无须经过特别许可，孟加拉国也不限制外国自然人承揽由外国投资及私人投资的工程承包项目。对于承包商资质，会在招标文件中列明。通常情况下，招标单位或部门会选择对有兴趣参与竞标的投标人进行资格审查（资格预审），要求其按资格预审文件的要求提供相关证明材料，符合条件者方可参与投标。

点评：

孟加拉国虽为最不发达国家，但在国际工程采购方面有着丰富的经验。孟加拉国政府自筹资金项目招投标文件对企业资质要求较高，合同条款较为苛刻，并且孟加拉国业主工作效率较低。普遍存在收款不及时、工期拖延现象。企业须仔细判读、甄别风险，切忌盲目冒进，严禁低价竞标、恶性竞争。

（二）工程项目招投标

孟加拉国工程项目主要集中在路桥、电信、电力、疏浚和水厂等基础设施领域。招标的方式分为公开招标和议标。

1. 信息获取

对于公开招标，孟加拉国相关部门会发布招标公告，一般分为本地招标和国际招标。仅国际招标适用于外国企业。本地招标只允许在本地注册的企业参与，外国公司如未在本地注册设立相应机构，则不能参与。鉴于此，从方便经营和深耕孟加拉国市场的角度考虑，中资企业在孟加拉国开展具体业务之前，最好能够先在孟加拉国注册设立境外机构，否则，不仅难以参与本地招标，也无法为驻孟加拉国的员工申请工作许可证，亦无法申请孟加拉国设备和材料的进出口许可证。

招标公告一般通过三个渠道向外公布：

一是通过业主网站。基础设施领域工程的业主多为孟加拉国政府各个主管部门，例如电力工程归口电力和能源部管理，具体项目分布在其下属的各个委员会和电力公司中，登录孟加拉国政府网站（网址：www. bangladesh. gov. bd）可查阅孟加拉国各个政府部门网址及相关招标信息。

二是通过孟加拉国主流英文报纸刊登招标公告，如 TheDaily Star、Financial Express 等报纸，这部分主要是大型的国际招标项目，对企业资质要求较高。

三是通过向国际组织和各国驻孟加拉国使馆发出不定向投标邀请。

议标，绝大部分都是私人企业就特定工程进行招标，选定少数几家公司进行逐个议标，通过综合评定后确定中标方。一般此类议标会通过报纸、业主网站等方式对外公布，但大多数情况下，业主只会将此类议标信息告知特定企业投标方。议标相比于公开招标，缺乏透明度，暗箱操作的风险极大。除非企业对业主方非常熟悉，前期经过充分的市场调查和风险评估，否则企业应审慎参与此类私人项目议标。

2. 招标投标

孟加拉国招标公告中，一般简单列明要求，包括项目的内容、投标公司资质要求、投标保函和截止日期等。详细内容一般列在标书之中，需要向业主购买。标书价格不定，从人民币数百元到数万元不等。购买标书的联系人和联系地址一般在招标公告的最末段列明。企业购买标书后，需要密切关注业主网站的更新。孟加拉国项目经常会发生公司资质要求变化、投标截止日期延期甚至废标的情况。业主的通知一般通过网站、报纸公布，单独通知投标方的情况不多，需要投标方予以持续关注。

关于招投标程序，公路、桥梁、铁路和码头等项目一般先进行资格预审，对投标申请人的承包能力、业绩、资格和资质、历史工程情况、财务状况和信誉等进行审查，通过资格预审后，才能参与项目投标。其他领域的项目则以技术和商务“双信封”的形式进行。“双信封”要求投标人将投标报价和工程量清单密封在一个信封中，其他商务和技术文件密封在另一个信封中，并在开标前将两个信封同时提交招标人。与资格预审不同，“双信封”投标除了包括资格预审所需考察的内容外，还需要企业认真组织投标报价和施工组织设计等。

[**案例** 5–1]

某中资企业采取低价竞标方式获得孟加拉国某重点基础设施工程项目，但开工后因报价过低，加之业主征地工作进展缓慢，导致工期被严重拖延，经相关媒体报道后造成极为恶劣的社会影响，不仅严重损害中资企业整体形象，也使该企业蒙受重大经济损失。

点评 1：

在投标报价的时候，应慎重考虑当地的投资环境，做好风险裕量。

点评 2：

招投标代理制是孟加拉国工程承包行业长期存在的行业惯例。当地代理在孟加拉国的工程项目招投标中，发挥着承上启下的作用。一个有实力、负责任的代理能够为企业在信息获取、争端解决以及市场开拓等方面创造较多的便利，提高企业在孟加拉国承包工程的成功率；反之，如果企业在投标过程中不聘请当地代理，中标的概率会大大降低。

（三）工程合同及相关手续

合同是交易参与方之间权利、义务和责任及风险分配的载体，是当事人之间的“法律”，境外商事主体，特别是欧美企业，都十分重视交易文件，特别是合同文件的起草和谈判工作，做到交易文件严谨、规范，保护己方利益。相对来说，我国企业对于交易文件的设计和管理较为粗放，合理利益的争取力度不够，所面临的合同风险更大。

孟加拉国的自然条件比较恶劣，政治骚乱和罢工时有发生，使项目的进度和成本很难控制；内河运输是主要的内陆运输方式，而大件运输又受内河水位的影响，这就要求设备的运输必须安排在雨季，即每年的6月至10月间。在这种条件下，孟加拉国的项目往往很难如期完成。

鉴于以上情况，承包商在签订合同前，应对项目的整体计划进行预计，并且一定要在合同谈判中充分考虑工期的合理性、合同生效的条件、拖期罚款、业主责任等关键点，包括施工场地、许可等。其中，针对当地环境发生频率高的事件一定要在不可抗力的条件中列明，例如罢工和因水位变化而影响正常运输条件等，以此在合同实施中争取有利于我方的条件。

在项目的执行过程中，也要做好各种不可抗力发生的记录，搜集有力的申请工程延期的证据并及时通知业主。

目前，孟加拉国政府对自筹资金项目均不提供预付款，这就增加了融资费用和财务风险。在条款上必须注意，合同的生效条件要包括业主已开出信用证，要限定业主付款时间，还应尽力争取对延期付款应享有的利息补偿权利及因业主不能履行付款责任，我方应享有的合同暂停、终止的权利。

预接收方面，孟加拉国的合同通常只规定业主颁发 PAC（Provisional Acceptance Certificate，指国际工程中的项目预验收证书）的时间至少要3周，而对时间上限和具体接收程序没有详细规定。在合同谈判中建议我方企业一定要争取业主在一个确定的时间内按规定程序颁发 PAC，否则项目进入运行的时间可能会被无限期地拖延。

再有，孟加拉国的合同通常指定向当地的保险公司投保，其保险费率要高于我国的保险公司，这一点在投标阶段进行成本核算时应予以考虑。

项目的及时收款也是项目合同管理的一项重要内容，在此过程中以下问题应引起重视：

孟加拉国项目的主合同一般采用信用证付款，项目的进度/议付单据的正确及时以及严格按合同执行是项目收款的保证。某项目的设备付款遇到的主要问题来源于合同中的价格表，价格表是投标阶段形成的并已经构成合同的一部分，是付款的依据。但是并非所有的价格表中的分项都能与实际的工程执行相一致，这就导致了设备收款方面的困难。

在有的合同中，因为有些价格表中的设备在设计上是不需要提供的，或者现有条件下无法实现，所以无法供货。对于这些不能提供的设备，在准备价格表时应尽量降低相应的金额。

因为价格表不可能涵盖合同项下的所有设备，所以经常发生在合同价格表中虽未列明，但按实际工程需要提供设备的情况。此类设备应涵盖在价格表中的其他项目下一起发货，因为合同签订后，业主需要基于价格表中列明的项目向海关备案，以便发货时支付进口关税。如果价格表中没有该项却单独发货，业主就很难向海关支付该设备的关税，从而影响清关，造成滞港费，同时影响工程进度。

此外，孟加拉国合同项下的信用证中通常对装运港口和原产地有具体的描述，而此时可能有些主设备的分包合同还没有订立，或者有的全球采购商不能提供详细准确的原产地证明，这就要求我方及时与业主进行沟通或要求修改信用证，并要求分包商提供准确的信息，以免因单证不符而给议付造成困难。

点评：

我国承包企业“走出去”承接的工程承包项目的交易模式较为简单，交易文件种类和数量较少，与投融建营一体化项目相比，风险也相对较低。以我国承包企业认为情况复杂、风险较大的EPC/交钥匙项目为例，其项目参与方主要有业主、承包商、分包商、供货商、保险公司等，相应地，其交易文件主要包括EPC承包合同、分包合同、采购合同、保险合同以及业主融资银行要求签署的直接协议等。

承包企业一旦跨入投资领域运作投融建营一体化项目，所涉的参与方将更多，主要有中国投资方、当地政府、合资方、项目公司、土地权利人、产品/服务购买方、融资方、承包商、燃料供应商、运维商和保险公司等，相应地，其交易架构将复杂得多，风险更大，交易文件种类和数量也更多，所以交易文件的起草、谈判和合同风险管控更应引起我国承包企业的高度重视。

（四）工程项目计划与设计

孟加拉国内从事工程项目设计应遵守标书中列明的规范要求，在实际操作过程中，没有明确的规范或者细则对项目计划和设计等工作提出要求，也没有过多的资质要求，一般做法是提供经过公证的资质证书，同时提供业绩证明材料。

中国国内的设计院可以参与工程项目计划与设计工作，但是孟加拉国建筑行业对中国标准了解较少，采用的主要是欧美标准，孟当地标准并不规范，英标和美标相互混杂，我方企业可尽量引入中国标准进行设计方面的优化。

[**案例 5-2**]

在能源领域，中国和孟加拉国合作日益紧密。孟加拉国总理哈西娜此前在接受采访时表示，孟方高度赞赏中方在包括能源在内的诸多领域提供的合作，这些合作给孟加拉国的社会经济发展带来了正面影响。

2014 年 12 月，中石化与孟加拉国相关部门签署天然气钻井工程项目合同，帮助孟加拉国开发天然气资源。中国企业用自己的设备、技术助力孟加拉国能源开发的同时，也将中国技术标准深深扎根在孟加拉国。

（五）工程项目征地及建设条件的准备

孟加拉国土地、地产相关法律包括《注册法案》和《财产转移法案》，其主要内容包括：土地私有；允许国家征用土地，自由出售和开发；土地开发要依照法律上报目的、设计，并经审核批准；国家征地给予相应补偿；出售土地应照章纳税。

根据孟加拉国法律规定，外国投资者不能以私人名义买卖孟加拉国土地，但在孟加拉国合法注册的公司可以购买土地。除非经过特殊批准，国有土地交易原则上仅限于使用权买卖，土地最高使用年限（租期）为 99 年。更多关于孟加拉国土地使用规定参见本书第四章中的“孟加拉国关于用地的法律规定”部分。

点评：

孟加拉国实行土地完全私有化，造成工程用地的征用难度大、耗时长，业主常常难以保证在合同规定的时限内交付施工用地。

对于因土地延迟交付而造成的工期延误，承包商不仅难以得到孟方的赔付，还往往会被孟方以此为由恶意兑付履约保函，并被要求索赔误期罚款。

有鉴于此，建议企业在项目一开始就明确工程征地的责任，将征地工作完成、交付现场作为开工的前提条件，避免因为工程征地延误工期。

1. **土地使用许可**（LUC）

随着“数字孟加拉2021”愿景的逐步推进，从2020年开始，孟实行在线申请土地使用许可。申请者可以通过RAJUK网站（http://www.rajukdhaka.gov.bd）完成注册并提交申请。

申请费用：土地使用许可申请手续费1000塔卡，申请表费用300塔卡，另需各缴15%的增值税。

由于在线支付系统尚未启用，申请者需通过特定的银行机构付款，比如Janata Bank，Mohakhali Corporate Branch。

土地使用许可证自颁发之日起两年内有效。

2. **施工许可证**（CP）

开始施工之前，相关企业需要通过RAJUK网站（http://www.rajukdhaka.gov.bd）在线申请建设批准，施工许可证自颁发之日起三年内有效。

更多关于LUC和CP的相关申请信息参见RAJUK用户指南：http://cp.rajukdhaka.gov.bd/user_guide。

（六）工程建设材料及设备的采购运输

孟加拉国当地部分建设材料及机械设备缺乏，交通运输设施落后，在孟承包工程时企业应提早做好相关采购和运输计划。

钢材：孟加拉国的钢材全部靠进口，海关关税40%，因此钢材价格比中国高，并且钢材市场供应并不充足，一般需要预定方可供货。

（1）石料：孟加拉国石料匮乏，全国基本没有山，施工用石料需要进口，来源地主要有印度、缅甸、中国等国家。

（2）砂子：孟加拉国江河较多，产砂，但大部分是细砂或粉砂，价格较低。中粗砂较少，价格较高。

（3）水泥：孟加拉国的水泥供应基本能保障，但原材料需水上运输，因此水泥厂基本依大江大河而建，有自建的出运码头，材料装卸方便。

（4）砖：孟加拉国的砖厂较多，质量稳定，价格很低。因此砖的用途很多，如等级较低的混凝土经常使用将整砖破碎成的砖碴作为骨料。

（5）机械设备：孟加拉国的机械设备基本是从世界各地购买的旧机械和旧设备，使用效率很低，成本极高，且设备的维修配件很多从国外进口，维修时间长，费用高，基本可以不考虑在当地租赁设备。

1. 采购策划

（1）采购计划。采购工作正式开始前，需研读总承包合同，根据总承包合同中规定的设备、材料的要求和工作界面，确定采购工作范围，细化设备及材料采购的要求和说明。根据总承包合同制定施工计划，反推材料到场和安装调试计划。因采购存在一系列不确定因素，如物流海运周期、清关周期、不可抗力等，需尽早制定采购计划。

（2）采购策略。将采购纳入设计工作，设计进展的同时对材料及方案进行询价、确认供货周期，落实设计方案的可行性，最大限度节约成本，或避免设计完成但材料采购不到或供货周期过长等现象发生。根据材料复杂性、系统兼容性、到场计划等制定差异化的采购策略，如由专业分包代采购或者自行采购，在中国采购、欧采或者属地化采购。

（3）采购团队。对国际 EPC 项目来说，采购材料产品类型多样、采购地域广、涉及专业多、牵涉方多，建议设立专门的采购团队，材料由采购团队统一采购。团队由精通英语或其他外语、沟通协调能力强的专业采购人员组成。

点评：

采购涉及的协调方较多，如供货商、各专业工程师、设计人员、监理、业主、第三方检测机构（如产品需要三方检测报告）、货运代理、清关代理、船公司、海关等，要求采购人员积极主动与各方沟通协调，确保信息的准确性。

2. **询价**

（1）询价文件的准备。了解采购产品。首先研究项目的技术条款，明确所需产品的技术要求。此外，需要了解进口国对目标产品是否存在进口限制，是否需要提前办理进口许可，办理进口许可需要提供的文件，并落实供货商是否可提供所需文件证明、产品关税等。

（2）询价包准备。将所需产品的量单、技术要求及图纸等相关文件整理到一个询价包中。询价文件的准备原则为清楚、准确、简洁易懂。

尽可能将同一系统的产品放入同一个询价包，同批采购。某项目曾将开关插座的底座和面板分开放在了两个工作包采购，开关插座的底座先采购，用于预留预埋，面板在后期装修施工时采购。前期采购底座时没有考虑与面板的兼容性，导致后期采购面板的选择性很小，供货商因此抬价。

（3）询价函。询价函清晰明了，需涵盖与报价相关的信息：要求供货商报价产品满足询价包的技术要求（技术要求、图纸等）、提供供货/生产周期、报价有效期、货物原产地、产品质保期、报价贸易术语（CFR、FOB、CPT 等）、准备报价期限、提供产品技术卡片。

3. 选择目标供货商

（1）供货商获取渠道。一般的供货商资源可以从几大渠道获取。

①以往项目资源：因以往有过接触或合作，信息可信度往往要高一些。

②专业顾问或建筑师推荐：这类供货商的产品比较容易通过监理审批。

③行业协会和专业网站：信息资源广泛、集中，专业性强。

④搜索工具，如谷歌等：信息量大，但信息需要甄别。

（2）供货商资格审查。企业一般每年对供货商进行多维度的考评，形成《合格供货商名单》。《合格供货商名单》中的供货商信息一般比较可靠，可直接使用。但由于近几年全球经济不景气，许多供货商倒闭，所以涉及首次合作的供货商时，建议对供货商进行资格审查。资格审查一般需要检查供货商的营业执照、生产许可证等。若涉及采购金额较大的合同，除上述文件外，还需对供货商近三年的财务报表进行分析，确保供货商财务状况良好，可按合同约定履约。

（3）选择供货商。在完成询价、比价和技术澄清后，对供货商的整体实力和报价进行综合评估，结合项目的实际情况，选择合适的供货商。供货商选择需按公平、公正原则，以《供货商选择审批表》形式在公司内部会签、审批。影响供货商选择的主要因素一般有如下几个方面。

①价格。价格是决定是否采购的首要因素。产品本身的特性、原材料市场的行情、采购数量及付款条件都会影响到产品的最终价格。比如钢筋的价格随钢材市场的价格波动，因此可随时跟踪钢筋价格，在价格低谷时大量买进。

②供货周期。项目物资采购服务于项目工期，材料采购周期要满足项目施工工期的要求。在项目采购中，影响供货商选择的往往不是产品价格，而是供货周期。

③支付条款。支付期限一般包括即期支付、预付和延期支付。实际操作中对于合作较多的供货商，一般会同意延期支付，这对项目的现金流非常有帮助。针对首次合作的供货商或某些定制产品，供货商可能会要求预付款。为减少预付的风险，可要求供货商提供等额的预付款保函。

支付方式一般有现金、支票、电汇和信用证四种。属地采购一般采用现金、支票和电汇。境外采购一般采用电汇和信用证。根据进口国的政策不同，境外采购的支付方式存在差异。

④服务。供货商提供服务的质量对采购是否可以顺利执行有至关重要的影响，特别是需要安装调试的机电产品。调试成功与否直接影响机电系统是否可以顺利运行。服务质量的好坏对供货商选择的影响有时要大于产品价格的高低。

4. 交付及运输

（1）催交工作。从 EPC 项目采购的经验来看，供货商的供货风险主要包括供货不及时、供货质量问题、备品备件供货不及时、发运文件不满足清关要求、合同签署后不能及时开立合同要求的保函等文件、现场技术服务不及时、安装调试效果不满足现场系统运行等问题。催交工作对材料按时到达现场、顺利施工起着重要作用，合同签署后，需由专人跟踪合同执行，确保供货商按照合同要求生产、发运、安装调试。

（2）检验。检验可在合同执行的各个环节进行，如材料生产过程驻场检验、工序点检验、发运前检验、项目现场验收检验。实际操作时，可根据材料的特性和重要性决定采用哪种检验方式。

除采购方自行派人检验外，也可由 VERITAS、SGS 等第三方机构来完成检验。第三方机构的检验可进行实验室检验或仅对货物的外观、数量进行检验，检验范围不同，收取的费用不同。个别国家将第三方检测报告作为进口清关的必要文件。

(3) 货物运输。根据合同贸易术语安排跟踪货物的出口报关，第一时间获取物流相关信息。无论合同采用哪种贸易术语，采购人员均需在货物发运前与供货商认真沟通核对单据，确保单据准确，避免因单据问题造成清关延滞或无法清关。

货物通过海运或空运运输至目的地，集装箱海运运输状态可根据提单或集装箱号码在船公司网站中查询，需时刻对货运状态进行跟踪，避免运输过程中出现问题不能第一时间发现，给项目带来不必要的损失。同时，国际物流运输存在各种不确定因素，建议为采购金额较大、运输周期长的货物购买保险。

拿到所有准确无误的清关单据后，进行银行背书（如有需要）。收到到港通知后，第一时间协调清关代理启动清关程序。清关的一般流程包括：接收到港通知、船公司换单、报关、申请免税（如有）、海关检查、缴纳税费、提货放行等。

货物到达现场后，对货物进行清点。若发现货物破损缺失，需做好相关记录，留存证明文件，协调供货商或保险公司进行索赔。

（七）孟加拉国工程成本

1. 水、电、气价格

孟加拉国水电气供应严重不足，停水断电现象较为普遍，很多投资企业往往选择自己购买燃油、天然气动力发电机维持自身电力供应，并申请在厂区内打凿深水井以确保供水。

（1）供电价格。孟加拉国供电价格实行分类计价，具体价格见表5-5。

表5-5 达卡供电公司供电价格（2020年3月更新）

种　类		价格（塔卡/千瓦时）
居民（基本需求保障价） 居民（普通家庭）	总量小于50千瓦时	3.75
	0～75千瓦时	4.19
	76～200千瓦时	5.72
	201～300千瓦时	6.00
	301～400千瓦时	6.34
	401～600千瓦时	9.94
	600千瓦时以上	11.46
农业灌溉		4.16

注：医院、宗教机构、慈善机构等用电价格多在6～8塔卡/千瓦时，普通商业用电价格多在9～12塔卡/千瓦时，具体参见达卡供电公司网站“Tariff Rates”栏目。

资料来源：达卡供电公司，网址：dpdc.org.bd.

（2）供水价格。根据达卡自来水供应和污水处理局的资料显示，自2016年12月以来，供水价格为：普通居民和社区用水10塔卡/立方米，商业、工业和政府机构用水32塔卡/立方米。

（3）天然气价格。2019年7月1日以来，孟加拉国天然气平均气价为10.7塔卡/立方米，其中，居民用气价格为单灶眼每月925塔卡，双灶眼每月975塔卡，如使用气表为12.6塔卡/立方米；工业用气10.7塔卡/立方米，商业用气（含茶园）23塔卡/立方米，发电厂用气4.45塔卡/立方米，CNG用气43塔卡/立方米，化肥厂用气4.45塔卡/立方米。

（4）油价。目前，孟加拉国柴油65塔卡/升，汽油89塔卡/升。

2. **劳动力供求及工薪**

（1）劳动力供求。孟加拉国劳动力资源充沛。孟加拉国财政部发布的年度经济报告显示，2017—2018 财年，孟加拉国 15 岁以上劳动人口总数为 6350 万人，但技术工人较为缺乏，普通劳动力素质较差，工作效率不高。农业、服务业、工业就业人口占比分别为 40.6%、39%、20.4%。迫于生活压力，孟加拉国每年都有大量劳工以劳务输出等方式走出国门，到世界各国工作。2018—2019 财年，海外劳工汇款收入为 164 亿美元，超过 80% 海外劳工前往中东国家。

2017 年 7 月，孟加拉国发展研究中心发布的《孟加拉国劳动力市场和技术差距报告》显示，孟加拉国对技术熟练劳工的需求在 2030 年将达 1.07 亿人，2040 年则将高达 1.57 亿人，而相应的劳工人数仅为 9300 万人和 1.11 亿人，面临较大缺口。

（2）劳动力价格。孟加拉国统计局最新估计，2018—2019 财年，孟加拉国年度普通工资指数为 160.23，上一财年为 150.59，同比增长 6.4%。孟加拉国高级管理人员每月工资水平在 1000～2500 美元之间，中级经理级管理人员在每月 400～500 美元之间，技工在 100 美元左右，普工在 70 美元左右。孟加拉国政府规定，2018 年 12 月起，成衣工人每月最低工资标准不得低于 8000 塔卡（约合 95 美元），其中基本工资为 4100 塔卡，另有 2050 塔卡住房补贴、600 塔卡医疗补贴、350 塔卡交通补贴和 900 塔卡食品补贴。孟加拉国无强制性缴纳社会保险要求。

3. **外籍劳务需求**

孟加拉国是一个劳务输出大国，对外籍劳务需求极少。市场所需的外籍劳务人员基本上全部是高级管理岗位和特殊技能岗位。

4. **土地及房屋价格**

（1）土地价格。孟加拉国绝大部分土地归私人所有，土地价格因所在地区、交通便利程度、地势高低、水电气供应情况不同而存在较大差异。近年来，孟加拉国土地价格迅猛上涨。以距达卡30千米左右的Asholia Tongi区域为例，主路附近土地价格约为20万美元/亩，距离主路较远的土地价格约为6万美元/亩，土地租赁价格为每年300~400美元/亩。达卡市中心Banani、Gulshan地区商业用地售价为3000~5400美元/平方米。

（2）房屋租金。房屋租金因房屋的用途、房屋品质、所处地段以及市场需求等因素的不同而存在巨大差异。以距达卡30千米左右的Asholia Tongi区域为例，工厂月租金为0.12~0.2美元/平方英尺。以距达卡15千米左右的Uttara区域为例，工厂月租金为0.5~0.6美元/平方英尺，住宅月租金为0.2~0.3美元/平方英尺。达卡的高档小区Baridhara，Banani和Gulshan区域月租金为0.35~0.42美元/平方英尺。

（3）房屋售价。孟加拉国商品房售价因地理位置及档次存在较大差异。一般而言，Uttara区域商品房售价在50~80美元/平方英尺，Baridhara、Banani和Gulshan区域商品房售价在1500~2000美元/平方米。孟加拉国不允许向外国个人出售房产。

5. 建筑成本

2020年上半年，孟加拉国相关建材价格如表5-6所示。

表5-6 孟加拉国的建材价格

序号	材料名称	规格	单位	单价（人民币元）
1	砂子	—	立方米	119
2	碎石	—	立方米	352
3	混凝土	C20	立方米	765
4	混凝土	C25	立方米	790
5	混凝土	C30	立方米	840

续　表

序号	材料名称	规格	单位	单价（人民币元）
6	混凝土	C40	立方米	870
7	水泥（袋）	42.5N	吨	640
8	水泥（袋）	52.5N	吨	680
9	水泥（散）	42.5N	吨	568
10	水泥（散）	52.5N	吨	588
11	钢筋	Φ8mm～Φ25mm	吨	4912
12	钢筋	Φ28mm～Φ40mm	吨	4952
13	实心砖	1级砖	千块	800
14	碎砖	40mm	立方米	183
15	碎砖	25mm	立方米	226
16	柴油	—	升	5.24

注：需要特别注意，因项目所在地、建材品质、货源供应地、施工季节等因素的不同，以上价格会存在较大差异。

资料来源：中国驻孟加拉国大使馆经济商务处向当地中资企业采集。

三、第三阶段：建设实施

（一）依法用工

孟加拉国政府在多方压力下于2015年9月出台了《孟加拉国劳工条例》，对任用和服务条件、任用青少年劳动者、女工妊娠期的福利待遇、健康保护措施、安全等方面作出规定，具体如下：

1. 任用青少年劳动者的规定

如果希望参加工作的青少年没有出生证明或学校证书来证明其年龄（18周岁），则有必要核实该信息，并且需要注册医生提供其年龄和劳动能力证书，方可将青少年任用为劳动者。青少年劳动者不得在高危行业中工作，且在其他行业中不得从事危险工作。

2. 女工妊娠期的福利待遇

雇主和其他工作人员不应对处于妊娠期的女工施加使其感到羞辱的行为，不得强迫其从事损害健康的危险工作，应将其转移到安全的工作区域，并且在工作期间优先使用电梯。妊娠期女工有权休假，雇主应当给予女工有薪假期。

3. 健康保护措施

为保证工作场所安全健康，工厂应及时清理废物，尤其是金属废物、化学废物、医疗废物。工厂排水、通风设施，温度、照明控制系统，饮用水提供设施，灰尘、烟雾、废水垃圾等处理系统及卫生间应当完善并正常运行。

4. 安全

工厂的建筑、机械和其他机构应保持安全运作，应设置包括灭火器、供水设施在内的火灾警报应急设施，所有的工作人员应当接受消防、紧急救援、便携式防火器具的使用等方面的培训，工厂的起重机、升降机、吊车等重型设备应当符合安全规定等。

5. 关于健康、健康规则和安全的特殊规定

通过电气化学过程腐蚀或氧化金属物质、制造或修理蓄电池、生产玻璃或玻璃制品等活动被视为危险活动。如果发生安全事故，根据事故的严重程度，雇主应当及时通知总检查员、警察、附近的消防局和健康中心等机构。

6. 福利安排

为保障职工健康，企业应设立医疗室，当地应设立医疗中心，此外也应当设置管理职工福利的工作人员（Welfare officer），主要负责鼓励组建工会、监督食堂等后勤部门工作、在工人中普及劳动相关规定、安排工人技术培训、与医务人员沟通交流以提供更好的治疗设施等工作。企业应成立安全委员会并完整地保存安全记录簿。

7. 工作时间

任何工厂或研究所每周都应当有休假日，如果雇主不能保障即时给予工人的休假日，则应当在接下来的 3 个工作日内补偿其休假。不得要求工人连续工作 10 天而不给予其假期。企业对工人加班应按照加班津贴总费率的计算方法支付报酬，一般情况下，加班每小时的津贴是正常工作日工人日工资的八分之一。

8. 工资及支付

企业应按照工资计算标准对每位雇员支付工资，同时为其代缴个人所得税。如果工人在领取工资前死亡，应将其工资交给其继承人或法定代表人，没有继承人或法定代表人的，应提交给劳动法院。

工人工资由劳资双方协商决定，但不得低于孟加拉国最低工资委员会规定的最低标准。目前孟加拉国最低工资标准为 5300 塔卡/月。(孟加拉国出口加工区内工人工资按照行业、工种和熟练程度不同，有最低工资限制，从 70 美元到 140 美元不等)。

政府可以提名工人代表、工资董事会成员等组成工资委员会，代表职工开展制定最低工资标准等与工资相关的工作。

9. 工伤事故赔偿责任

对于工伤事故的赔偿数额，应当以每月的工资率为计算基准。劳动者对赔偿数额有异议的，可以向劳工法庭提交申请申请，对其结果还可申请行政复议。

10. 工会与行业的关系

工会中执行委员会的成员人数应与普通工人人数保持一定比例，组建工会的工人中至少 20% 应为女性，执行委员会成员中至少 10% 为女性。

点评：

孟加拉国工人罢工较为频繁，但严格及科学的管理可以避免出现类似现象。一是企业在派出员工时，应挑选个人素质较高、有一定管理经验、英语沟通能力较强且了解孟加拉国文化特点的员工担任高层管理者，尊重并科学管理企业中层管理人员。二是企业应聘请当地一些素质较高、技术熟练的员工担任企业中、低层管理者。因为孟加拉国普通员工大多英语沟通能力较差，中方管理人员如果不懂语言也不熟悉当地文化，就很难与之沟通。若沟通不畅，很容易引起矛盾进而导致罢工。三是企业应制订员工激励机制，培养企业文化，让员工以主人翁的精神参与企业建设与发展。

（二）境外 OSH 标准

孟加拉国与职业健康和安全有关的法律主要是2006年颁布的《孟加拉国劳工法》，在此基础上也颁布了一些其他涉及职业健康和安全的法律法规。但是孟目前对于相关法规的执行力度不强，同时相关监管框架主要针对产业工人，而没有涵盖所有职业。

1. 职业事故、危害和疾病

职业事故、危害和疾病的关键规定涉及事故预防、工作场所危害预防、疾病预防和保障措施、记录保存和相关意识的建立。

（1）事故预防。在国家政策层面，涉及预防事故发生的相关政策包括《国家职业安全与卫生（OSH）政策》《国家劳工政策》《国家产业政策》。

《国家职业安全与卫生政策》规定的相关要点如下：

· 根据国际公约、宣言、建议、文书，确保工作场所安全和健康的必要措施；

· 实施有关工作场所安全和职业健康的国家法律和法规；

· 制定职业安全与卫生国家标准；

· 审查和更新与职业安全与卫生有关的所有法律；

· 制定和执行国家政策和法律框架；

· 制定战略和行动计划，以确保适当执行国家法律和法规；

· 将职业安全与卫生问题纳入所有相关部委和机构的政策和计划；

· 在工业区建立劳动法院，以便工人和工会可以方便地向法院求助，以执行职业安全与卫生的强制性规定；

· 对施工机构施加强制性的条款和条件，以在政府任职期间遵守职业安全与卫生政策；

· 向维护和实践职业安全与卫生法规的机构提供财务支持；

· 确保工厂在建造过程中的安全标准，并执行有关内部环境安全的所有标准和规定。

还有一些其他政策也涉及工业部门健康和安全政策的整体实施，比如《国家劳工政策》在确保安全、健康和女性友好的工作场所以及生育保护方面作出了规定。

孟加拉国产业政策中指出，其主要目标之一是在确保工业化进程的同时执行关于环境、健康、安全和标准工作环境的国际标准。

孟 2006 年颁布的《劳工法》则涉及三方面保护规范：职业事故、危害和疾病，安全设备和设施，工作场所环境。

《劳工法》同时规定了事故通知的内容。当企业发生任何事故，造成人员伤亡，或在工作场所发生意外爆炸、起火、进水或冒烟时，雇主应在两个工作日内向监管机构报告事故。为降低损失或控制事态发展，企业应在事故发生时立即向政府、消防部门、监察部门、派出所通报，必要时向附近医院或政府/非政府卫生服务机构通报。

（2）工作场所危害预防。政策层面，涉及工作场所危害预防的相关规定包括《国家职业安全和卫生政策》、《国家消除童工政策》以及 2006 年《劳工法》、1979 年《工厂规则》、2006 年《孟加拉国国家建筑法》和《SBSRR 2011》。

《国家职业安全和卫生政策》对生产过程中涉及的化学品的运输、维护和使用安全作出了规定。

《国家消除童工政策》确定了与在职儿童的工作环境有关的一些条件，以保护他们免受工作场所的危害，保证其身心健康。该政策还提到，将保护青少年免受有害工作的侵害，从事家庭帮佣工作的青少年不得从事有害工作，同时国家也会采取措施保护青少年免受生理、心理方面的侵害和性骚扰。

《劳工法》作出了工人免受工作场所危害的规定，包括：①每个营业场所都应保持清洁，没有因排水、私密或其他滋扰而引起的废物排放；②工作室的温度适宜且应防止健康受到损害；③企业应采取有效和适当的措施，以确保和保持足够的通风，充足和适当的照明；④防止灰尘或烟尘在工作室中聚集，以免工人吸入；⑤每个场所应安排足够的空间，以免损害工人的健康。

孟《刑法典》指出，雇主对有害健康的环境、工作场所中的有毒物质、可燃物质、爆炸性物质和机械拆除或修理过程中的疏忽负有刑事责任。

1979 年《工厂规则》指出，每家工厂的所有供电线路和设备应具有适当的尺寸和足够的强度，并应以不会造成人身伤害的方式建造、安装、工作和维护。任何工厂不得以容易造成人身伤害的方式进行加工或工作。

2006 年《国家建筑法》指出，烟囱、通风口和通风管道应使用阻燃材料建造，锅炉、中央供热设备、电气室或热水供应锅炉应与其他使用场所相分离，以防止任何重大危险发生。

（3）疾病预防和保障。疾病预防和保障的相关规定在《国家职业安全与卫生政策》和《国家消除童工政策》中有所体现。

《国家职业安全与卫生政策》作出了一些强制性规定，包括：①确定健康和安全风险；②使从事正式和非正式工作的人员了解可能发生的事故风险、健康风险和安全问题；③由专家识别确定职业病，并确保工厂和企业的健康服务完善。

《国家消除童工政策》呼吁在国家健康和营养政策范围内，为工作场所和家庭制定单独的行动计划，并确保其实施，以为工作儿童提供足够的身心保健设施和充足的营养。该政策还敦促政府根据国家健康和营养政策，为工作儿童开展和实施全面的健康和营养方案，以预防工作场所可能导致的疾病。

同样，孟加拉国《劳工法》和建筑行业规范也对工作场所的保障措施以及疾病预防措施做出了相关规定。

（4）记录保存和规划。《国家职业安全与卫生政策》敦促收集、记录和维护所有与职业安全和卫生相关的事故、伤害、死亡、赔偿、治疗等信息，并规定各机构将利用这些数据和信息制定行动计划，并由 OSH 专家对工作场所的相关规划进行确认。

（5）相关意识的建立。《国家职业安全与卫生政策》要求确保受害工人的待遇和赔偿，并根据其能力恢复其工作。为了提高对职业安全和健康问题的认识，该政策包括以下规定：①国家定期在 4 月 28 日举办“职业健康与安全日”活动；②通过政府和私人电视频道及其他媒体宣传职业健康与安全问题；③将职业健康与安全问题纳入中学和高中教育课程；④鼓励雇主实施职业健康与安全政策、《劳工法》和有关职业健康与安全的法律；⑤安排组织员工进行讨论、咨询及培训；⑥提供 OSH 相关法律、工会在安全健康工作场所方面的权利及责任等信息，并安排向工人介绍；⑦通过工会推动工人遵守 OSH 相关法律。

2. 安全设备、工具和设施

安全设备、工具和设施包括消防设备和紧急出口、保护套件以及建筑物和机械的安全。

（1）消防设备和紧急出口。《劳工法》规定，每个单位都应配备消防器材和一个备用消防出口。如果没有消防出口，检查员可向该场所的雇主发出书面警告。通往出口的门不得上锁。门应向外开启（滑动式除外）。场所的所有门窗或其他出口设施均应以足够大的红色字体用孟加拉语明显标示，或以其他有效且清晰易懂的标识标示。

如果有10名以上工人在底层以上场所或爆炸性或高度易燃材料上工作，应采取有效措施，确保所有工人熟悉消防通道，并接受充分培训。50人以上的用人单位应当每年至少安排一次消防演习，并做好记录。

2006年《国家建筑法》也对建筑物出口作出了详细规定。所有出口应易于辨认，并能从建筑物的任何部分到达，所有出口的位置和布置应能提供连续和无障碍的逃生方式，通往建筑物外部的街道或其他指定的避难场所。

《国家建筑法》还规定了不同工业场所应使用的灭火系统。低危行业必须安装手动火警警报系统和手提式灭火系统。对于中度危险行业，750平方米以下的区域应安装自动火灾报警系统和手提式灭火器，750平方米以上的区域应安装自动喷淋系统或自动火灾报警系统和手提式灭火器。

（2）个人防护用品。《国家职业安全与卫生政策》规定，企业有义务向工人提供安全培训和指导，并确保在工作场所使用个人防护设备。该政策还建议服从并维护当局提供的和职业安全与卫生有关的指导方针，并使用由当局提供的个人防护设备。

2006年《劳工法》规定，当工人的眼睛因暴露在过强的光线或高温下而有危险时，应提供合适的护目镜。如果检查员认为任何机构的任何建筑物、机器或设备对人的生命或安全有危险，可禁止使用。企业管理部门应向在机器上工作、处理有毒化学品或从事特殊工作的雇员提供适当的防护服等。

2013 年《劳工法修正案》规定了企业使用安全器具保证人身安全的义务：① 在适用的情况下，雇主应提供安全器具，在确保使用安全器具之前不得雇用任何人，雇主应以规定的方式保存有关记录；②如果工人在获得安全器具之后未使用这些设备，则有关工人应承担相应责任；③为确保职业健康安全和保护，企业应通过培训使所有工人了解工作中可能遇到的风险。

（3）建筑物和机械的安全。2006 年《劳工法》规定，检查员认为任何单位的建筑物、机器或设备会对人的生命或安全有危险时，可禁止使用。

2013 年《劳工法修正案》规定，每个单位在工作期间，进出任何房间的门不得锁上或扣上，出口通道不得被阻挡或堵塞。所有楼层、楼梯、通道及走道应采用稳固的结构，并妥善保养。为确保安全，楼梯、通道及走道应设置大量扶手，通道及楼梯应在工作时间内保持开放。在合理可行的情况下，须提供并维持安全通道，并保证通道及楼梯清洁、宽阔及没有任何障碍物。为确保工厂和工人的安全，所有通道、楼梯、大门、仓库和公共设施区域均可安装摄像头。

2003 年《消防安全法》规定，禁止在没有得到消防和民防局关于防火、灭火和其他消防安全相关问题的认证的情况下建造任何多层工业或商业空间。

3. **工作场所环境**

关于工作场所环境的相关规定包括清洁度、湿度、通风、照明、工作空间、灰尘和烟气、纯净饮用水等方面。

2006年《劳工法》规定，每家企业都应保持清洁，不得有任何下水道、厕所或其他有害物产生的污水。1979年《孟加拉国工厂规则》规定，每家工厂的所有内墙和隔板，所有天花板或房间顶部，所有墙壁、通道和楼梯的侧面和顶部，如果是油漆或清漆且表面光滑不透水的，应每14个月用水清洗一次，必要时用肥皂和刷子清洗，工厂必须保留最新的清洁记录。

2006年《劳工法》规定，工作环境的湿度应能确保工人的合理舒适条件，并防止对健康造成伤害。1979年《孟加拉国工厂规则》规定，不得人为加湿，即不得以任何人工手段将湿气引入房间的空气中，但棉纺厂或织布厂的任何车间因生产过程而不可避免地直接向大气中释放蒸汽或水蒸气除外。

2006年《劳工法》规定，企业应作出有效且适当的规定，确保及维持每个工作间的适当通风，让新鲜空气流通。厕所亦必须安装通风设备并进行通风。机械通风的质量须经有关当局批准。

2006年《劳工法》规定，企业应在工作场所安排足够和适当的照明，无论是自然照明还是人工照明或两者兼而有之，鉴于此，玻璃窗或天窗应始终保持清洁。1979年《工厂规则》规定，定期雇用人员的工厂内部照明及灯具应符合相关规格。2006年《建筑法》规定，所有供人员居住的房间和室内空间均应提供自然或人工照明。

2006年《劳工法》规定，雇主应采取有效措施，防止工作室内积聚粉尘和烟雾，防止工人吸入。1979年《工厂规则》规定，人员必须进入的每个房间、罐体、大桶、管道、烟道或其他密闭空间，如果其中可能含有危险烟雾，导致人员危险的，除非有其他有效逃生手段，否则应提供一个矩形、椭圆形或圆形的人孔，这又进一步细分为以下两种情况：一是矩形或椭圆形的情况下，人孔应不少于16英寸长和12英寸宽；二是圆形的情况下，人孔的直径应不少于16英寸。

2006 年《劳工法》规定，企业的工作间不应过于拥挤，以免损害工人健康，分配给每名工人的空间不应小于 9.5 立方米。

1979 年《工厂规则》指出，任何工厂内不得以可能造成身体伤害危险的方式建造、安置或维护任何建筑物、墙壁、烟囱、桥梁、隧道、道路、走廊、楼梯、坡道、地板、平台、中转站或其他结构，无论这种伤害是永久性的还是临时性的。在工厂范围内，不得以可能造成身体伤害危险的方式建造、设置、操作或维修铁路或其他电力或机械运输工具。任何工厂不得以可能造成人身伤害危险的方式建造、安置、操作或维护任何机械、工厂或设备。

2006 年《劳工法》规定，工厂应在合适的地方为工人提供纯净饮用水，在夏季，有 250 以上工人的工厂应提供冷水。

[**案例** 5-3]

某企业在孟加拉国承建水泥厂，因施工过程中安全管理措施不到位，发生安全生产事故，导致数名孟加拉国员工死亡，在当地造成了较为恶劣的影响。

[**案例** 5-4]

一些企业项目在施工过程中，劳务人员多次出现病亡事故，给实施项目的其他人员带来负面心理影响，更给死者家属带来悲痛。建议企业密切关注外派劳务人员身体健康状况。

（三）境外工程技术标准

孟加拉国针对建筑行业的规范为《国家建筑法规》（BNBC），BNBC 对建筑物的建造和设计中的标准有详尽的规定。由于孟加拉国曾经长期为英国殖民地，BNBC 规范大部分内容来自英国规范，因此在大多数情况下，国际规范（主要为 BS，EN，ASTM 规范）均能被业主接受。近年来，由于中国公司在孟加拉承接的工程项目越来越多，部分业主开始接受中国的规范标准。

孟加拉国《国家建筑法》于1993年首次发布，旨在规范建筑物的建造、维护并遵守某些标准。在该法规发布之前，与建筑行业有关的唯一法律是《建筑工程法》，该法可追溯到1952年的巴基斯坦时代。《国家建筑法规》的出现是由于孟加拉国的经济增长和发展带来了大规模的房地产繁荣。

孟建筑业所使用的技术在很长一段时间内停滞不前，这导致BNBC长期没有变化或修正。2006年，随着《建筑施工法》的修正，BNBC作为法律在孟颁布，并在2017年进行了重大修订。

BNBC由孟住房和建筑研究院（HBRI）监督，并在必要时进行审查和更新。内容方面，BNBC建立了有关建筑、设计、材料质量及使用、维护和建筑物位置的最低标准，适用于从事建筑项目的专业人员。2017年颁布的最新草案共10个部分、49个章节，10个部分分别为：范围和定义；行政与执法；一般建筑要求，控制和法规；防火；建筑材料；结构设计；施工规范与安全；建设服务；现有建筑物的改建，扩建和使用变更；标志和户外展示。其中第六部分“结构设计”篇幅最大。

（四）依法保护生态环境

投资者在投资建设项目前，必须先进行环境评估，将评估报告及相关材料递交有关环保主管部门，得到批准后方可进行项目建设。发生所有涉及工艺流程变化、业务扩展、设备变化等因素的改变或有关设施地理位置移动的事项，都必须重新提交项目的环保许可申请。在生产和生活中，应严格遵守各项法律规定的环保标准。

［**案例**5-5］

某中资企业在孟加拉国投资设立生产企业，依本地环保法律要求应取得环保许可证后开工，但该企业仅凭环保部官员开具的确认信函就开始生产排放，加之与周边居民沟通不够，导致企业被投诉至地方执法部门。执法部门以该企业违反环保法为由，强行关停工厂，扣押相关责任人，并处以高额罚款。

点评 1：

近年来，孟加拉国很多地方环境变差，当地居民意见很大，媒体也不断曝光。针对此问题，孟加拉国政府已逐渐增强对环境保护工作重视程度。目前，环保部门和地方政府正通过完善有关法律法规、支持环保企业发展、迁移重污染企业、加大对违规排放企业处罚力度等多种方式，努力改善本国生态环境。企业应高度重视投资项目的环评流程和环保合规审查工作，依法获取环保部门颁发的正式批准文件，切勿在未经许可的情况下擅自开工。

点评 2：

2008 年，孟加拉国可持续建筑环境倡议组织（现为孟加拉国绿色建筑委员会）成立，该组织有一个中央委员会，该委员会将向有意获得 LEED（Leadership in Energy and Environmental Design）认证的任何公司或项目提供 LEED 认证。经过多年实践，LEED 认证已成为全球可持续绿色建筑的金标准，目前，孟加拉国的很多新项目都获得了此项认证。

四、第四阶段：竣工验收

（一）竣工验收条件

竣工验收通常是在建筑工程进展到一定阶段后，由承包商向业主方提出的验收申请，通常分为初步验收和最终验收两部分。

1. 初步验收

建设项目初步验收应具备的条件如下：

（1）单位工程完工经承包商组织预验收合格，工程基本达到竣工验收要求；

（2）所含（子）分部工程的质量均验收合格；

（3）工程质量控制资料完整；

（4）主要功能项目的抽查结果均符合要求；

（5）有关安全和功能的检测资料完整；

（6）承包商已向建设单位提交工程竣工验收申请表。

初步验收工作由咨询公司组织，承包商、建设单位等单位参加，参加初步验收的人员应当按照各自的专业分工对工程实体进行认真检查，尤其是对一些常见的质量问题要重点检查。

2. 最终验收

在施工单位对初步验收发现的问题进行整改、处理并经咨询公司及建设单位验收确认后，建设单位根据整体处理情况及生产中出现的相关问题一起形成最终验收清单，并且双方商定整改期限。

（二）竣工验收手续

针对初步验收及最终验收中发现的问题提出整改要求，明确整改方案和整改期限，并形成整改清单，由各方参验单位签字。

初步验收后，施工单位应组织力量对初步验收发现的问题逐一进行整改，整改完毕后，写出整改报告。咨询公司应对整改过程进行认真监督，并确认每个问题都已整改落实后，方能在整改报告上签署意见同意竣工验收。力争使工程实体质量问题在初验阶段得以全部解决。

针对建设项目最终验收，对于确认无法整改的事项，可以根据问题情况，三方开会讨论解决方案，并形成一致性行动解决方案。

待三方对所有问题处理方案达成共识后，建设单位将根据验收结果，签署工程竣工报告。

五、第五阶段：投产运营

项目投产运营后，为保证业主的投资尽快产生效益，承包商应在竣工验收完成后及时撤场，恢复占用业主的场地，同时认真进行工程的回访和保修，继续积极配合业主方工作，确保工程竣工后的正常运转。按照与业主的合同约定，除留下必要的维修人员、机具和材料外，其余一律退场。

（一）保修、回访、后续服务

孟加拉国一般项目会在合同中约定 1 ~ 2 年的保修期，保修期内出现质量问题需要承包商根据合同约定进行维修或者更换，并承担由质量问题带来的其他后果。

一般没有回访和后续服务的相关要求和规定。私人投资或者银行贷款类项目则需要遵守其各自的规则。

（二）项目后评价

项目后评价是指对已完成的项目执行过程、效益、作用和影响进行系统的、客观的分析和总结。

孟加拉国政府类项目一般不要求进行项目后评价，私人投资或者银行贷款类项目则需要遵守其各自的规则。如果承包商借项目后评价工作提升其服务质量，则可以提前联系运营方，获得许可后重新进入项目现场并开展后评价工作。

项目后评价的内容一般包括：

（1）项目全过程的回顾和总结。从项目的前期准备到竣工验收，全面系统地总结各个阶段的实施过程、查找问题，分析原因。

（2）项目效果和效益的分析评价。对项目的工程技术效果、财务效益、经济效益、环境影响、社会影响等进行分析评价，对照项目可研评估的结论和主要指标，找出变化和差别。

（3）项目目标和持续性的评价。对项目目标的实现程度及其适应性、项目的持续发展能力及问题、项目的成功度进行分析评价，得出项目后评价结论。

（4）总结经验教训，提出对策建议。

六、在孟加拉国开展工程的其他注意事项

（一）处理好与政府和议会的关系

（1）关心时政。建议中国企业应密切关注当地政治形势，以便及时了解和掌握孟加拉国政府的最新经济政策走向。

（2）加强了解与沟通。中国企业应加强与孟加拉国政府部门及议会各专业委员会的接触，以便掌握该国未来经济及产业政策走向，及时通报企业的发展动态、对当地经济所作的贡献以及运营过程中遇到的问题，争取得到理解和支持。

（二）妥善处理与工会的关系

孟加拉国宪法保障工人有集会的自由，同时，也允许工人经政府批准自己组成工会，但出口加工区内不允许。孟加拉国加工区内工人成立了“工人福利委员会”，行使工会权力。由于孟加拉国政局动荡，有些政客出于政治目的，鼓动工会代表，组织工人上街游行、罢工或与雇主对抗。在孟加拉国的中国企业要认真了解企业所在地工会组织

发展情况，同时，跟踪有关劳工法修订情况。在日常经营中，与工会组织保持必要的沟通，了解员工的思想动态，进行必要的疏导，发现问题及时解决。建立和谐的企业文化，邀请工会成员参加管理，增强员工的主人翁意识。

（三）密切与当地居民的关系

穆斯林人口占孟加拉国人口的九成左右，有伊斯兰特殊的文化习俗与文化禁忌。中国企业应注意以下几点：

（1）尊重当地民众。应教育中方员工在与当地政府及居民打交道时，要平等友好交往，对他们的宗教禁忌、文化、人格、生活习惯等，给予充分尊重。

（2）学习当地语言文化。中方员工应了解当地文化，适当学习当地语言，这样有助于站在对方的角度去思考和理解，也比较容易为对方所接受，从而与当地居民建立融洽和睦的关系。

（3）招聘本地员工。应尽可能招聘当地员工参与企业生产管理，培养当地员工的主人翁精神，这样既可带动本地的就业，又可以通过当地员工的现身说法，让当地居民了解和接受企业，从而融洽与当地居民的关系。

（4）积极参与社区活动。中国企业应把自己当作当地社区的一分子，关注并积极参与社区的公共事业活动。必要时，提供一定的人力物力，协助社区改善环境，拉近企业与社区居民的距离。

[**案例 5-6**]

孟加拉国某大型中资企业自行出资，修建社区道路以及宗教礼拜场所、员工托儿所等设施，满足社区需求的同时，也为自身赢得了良好声誉，受到当地居民的好评与支持。

（四）尊重当地风俗习惯

孟加拉国大部分人信奉伊斯兰教。穆斯林信众视未放血的动物为禁品，禁食猪肉、狗肉、猫肉、动物血和内脏，且不喜欢吃海鲜、螃蟹及无鳞鱼，在公共场合一般不喝酒，但不反对别人喝酒。

中方人员在与当地穆斯林居民打交道时，要注意有关禁忌，不要拿宗教开玩笑，不要随意谈论有关“猪”等宗教禁忌话题，不要强行劝酒，要尊重他们的风俗习惯。同时，对女士要敬而远之，不能超出当地常规允许的范围接近她们，以免引起误解和纷争。

（五）承担必要的社会责任

中孟投资合作日益密切，中国企业在孟加拉国投资发展业务的同时，应积极承担相应的社会责任，维护中国企业的海外形象。

（1）遵守商业道德。腐败和商业贿赂会严重影响企业的信誉和公众形象，中国企业遵守商业道德，凭借自身实力合法经营。

（2）安全生产。中国企业应建立安全生产机制，强化安全生产管理，增强安全生产主体责任意识，尤其是一些高危行业，一定要加强防范措施，避免安全生产事故。

（3）保护员工合法权益。员工权益不仅包括薪酬，还包括良好的工作环境及获得必要的尊重等。中国企业应根据孟加拉国当地水平合理、按时发放工资，注意倾听和了解员工的需求，努力改善员工工作环境，尊重他们的劳动成果。

（4）节约资源，保护环境。孟加拉国资源贫乏，自然环境脆弱，中国企业在项目（特别是资源性项目）开发合作与建设中，应避免资源浪费和环境破坏。注意节约水、电等资源，为孟加拉国的可持续发展贡献自己的力量。

［**案例** 5–7］

卡纳普里河底隧道项目在2019年春节期间安排了部分技术管理人员和工人回国休假。新冠肺炎疫情暴发后，该部分人员无法按期返回，对项目施工进度造成了一定的影响。与此同时，因国内管片预制场无法正常复工，影响了管片生产和运输，造成项目施工所需的部分材料和设备供应受阻。面对疫情影响，该项目部暂停了绝大部分中方人员的休假，迅速制定疫情专项防控预案和防控实施细则，对国内人员返岗、关键物资运输和重要节点生产任务等工作进行了周密策划和安排。设立独立的隔离区域，每个返孟中方人员均进行为期14天的隔离。另一方面，项目部扩大了当地人力资源整合力度，提高了当地管理人员、技术人员、工人的比例，最大限度降低疫情对项目的影响。

在孟加拉国出现感染病例后，中资企业协会发出《Help Them Stay Home 捐助活动》倡议，号召在孟加拉国的中资企业和华人华侨伸出援手，为在疫情中陷入困境的当地贫困家庭捐款。特别是通过中资企业LINKUS公司在自媒体平台大力宣传，广大会员企业、员工积极响应，共筹集捐助资金超200万塔卡。同时，协会采购了价值80多万塔卡的10吨大米和2000升食用油，通过与当地非政府机构对接，将善款和物资全部用于帮助贫困家庭，在孟加拉国树立了中资企业以实际行动践行社会责任的良好形象。

(六) 懂得与媒体打交道

媒体既是社会公信力的代表，也是公众获取信息的最主要渠道。中国企业应学会跟媒体打交道，并合理利用它们为企业发展服务。

(1) 保持企业透明的信息传递方式。在平时的企业运作中，保持和当地主流媒体往来，建立良好的信息沟通渠道，积极主动宣传中国企业对孟加拉国建设所做的贡献。

(2) 建议企业建立内部发言人制度。当企业遭遇危机时，发言人应在第一时间对外交流，真实、客观发布信息，避免媒体妄加猜测、肆意抹黑而造成不实报道。

（3）加强与媒体沟通联系。让媒体主动关注企业的成长和发展，通过新闻的形式，宣传企业正面形象，借力媒体协助企业发展和腾飞。

（七）学会与执法人员打交道

中资企业人员都应知法守法，遇到正常的身份查验或者执照、清关单据或缴税证明等文件检查时，应积极配合，礼貌应对。遇到执法人员的不公正待遇时，应避免与之发生冲突，更不能触犯法律，对抗执法，而应理性应对，必要时通过律师进行处理，或报告使馆，由使馆协调解决。

（八）传播中国传统文化

中国文化是世界优秀文化百花齐放大花园中的一块瑰宝，不可避免会随着中国企业“走出去”的步伐走进驻在国。随着中国企业赴孟加拉国投资日益活跃，孟加拉国人民对中国特有的文化习惯、民族节日的兴趣也逐渐增加。中资企业和人员在孟加拉国开展投资合作的过程中，应当注重弘扬中国传统文化，特别是在诚信经商、和谐共赢方面的理念和做法，借助文化力量，促进经贸交流与合作。

（九）遇到困难寻求帮助的途径

1. 寻求法律保护

在孟加拉国开展投资合作的企业必须遵守当地的各项法律法规，合法经营，并通过法律手段解决矛盾纠纷，捍卫自身合法权益。

孟加拉国实行司法独立，经济案件可到地方法院申诉请求裁决，也可通过庭外和解解决纠纷。由于法律体系及语言的差异，中方企业在寻求法律途径解决纠纷时，建议考虑聘请当地律师。

2. 寻求当地政府帮助

在孟加拉国投资，取得当地政府的支持尤为重要。很多时候，当地政府，特别是当地警察部门能协调处理大量矛盾纠纷。中国企业应与当地政府相关部门密切联系，及时通报企业情况，反映遇到的问题。遇有政策性问题时，投资者可与孟加拉国投资发展局（BIDA）取得联系。该机构是孟加拉国政府专门负责为投资者服务的部门，有义务为来孟加拉国的外国投资人提供相关政策咨询和信息服务。

3. 取得中国驻当地使（领）馆保护

中国公民在孟加拉国受国际法及当地法律的保护和约束。中国公民在孟加拉国合法权利受到侵害时，中国驻孟加拉国使馆将在法律允许的范围内实施保护。中国企业在赴孟加拉国投资前，建议向经济商务处了解有关意见建议。办妥国内、国外相关投资手续后，应按规定持相关文件向经济商务处报备，在后续的生产经营活动中应与经济商务处保持联络。

中国驻孟加拉国使馆已建立由应急领导小组牵头，由孟加拉国中资企业协会相互配合的应急协调处置机制，以协调处理在孟加拉国出现的突发事件。在孟加拉国投资经营过程中，如遇重大问题或事件发生，应及时向使馆领事处及经济商务处报告，事件处理过程中，应服从使馆的指导与协调。

中国驻孟加拉国大使馆领事处可提供的帮助，查询网址：

bd. china-embassy. org/chn/lsyw

中国驻孟加拉国大使馆经济商务处可提供的帮助，查询网址：

bd. mofcom. gov. cn/index. shtml

4. 建立并启动应急预案

近年来，孟加拉国政局动荡，恐怖袭击有升级趋势，加之工人罢工较多，对孟加拉国投资需注意安全。赴孟加拉国投资企业应客观评估风险，有针对性地建立企业内部预警机制和突发事件应急机制，平时注意当地媒体及中国使馆及经济商务处、孟加拉国中资企业协会等机构发布的信息，以应对突发事件。各企业应重视员工安全教育，投入必要的人力、物力及财力，强化员工安全意识，更新安全设施，从源头上杜绝事故发生。

企业应当在进入孟加拉国市场后第一时间向经济商务处报备，提供应急联系信息，便于出现突发事件时联络。同时，企业应制定安全风险防范和应急预案，遇突发事件，及时启动应急预案，并第一时间通知经济商务处，服从使馆的统一指挥和协调。

5. 其他应对措施

企业应教育员工熟知所在地的警察局、消防站及医院的应急电话及地址，遇到火灾及重大伤亡情况时，应第一时间拨打电话求救，之后再上报企业国内总部和中国驻孟使馆等。如遇语言不通情况，应尽快联系中国驻孟使馆领事处寻求帮助。

中国在孟加拉国公民遇到困难时还可咨询孟加拉国中资企业协会、孟加拉国华侨华人联合会，向其咨询有关建议、办事流程等问题。如遇紧急情况，请及时报警并与中国驻孟加拉国使馆联系，寻求协助。

孟加拉国报警电话：999

中国驻孟加拉国大使馆24小时领保电话：0088-01713090563

外交部全球领事保护与服务应急呼叫中心电话：0086-10-12308或0086-10-59913991

Chapter 6

第六章

孟加拉国投资风险和机会分析

一、孟加拉国整体营商环境

1. 总体情况

从投资环境而言，孟加拉国的优势主要体现在政府重视、政策优惠、经济增长较快、市场潜力较大、劳动力资源充足且价格低廉等方面。孟加拉国位于南亚次大陆，连接中国、印度和东盟这三个重要的经济体，区位优势明显。近十年来，孟加拉国是南亚地区乃至全球最具经济发展活力的国家之一，GDP 平均增速保持在 6% 以上，2019—2020 财年实现 8. 15% 的经济增长。世界经济论坛《2019 年全球竞争力报告》显示，孟加拉国在全球最具竞争力的 141 个国家和地区中排第 105 位。

联合国贸发会议发布的《2020 年世界投资报告》显示，2019 年，孟加拉国吸收外资流量为 15. 97 亿美元。截至 2019 年底，孟加拉国吸收外资存量为 163. 85 亿美元（见表 6-1）。

表 6-1　孟加拉国吸收外资情况

外国直接投资	2017 年	2018 年	2019 年
FDI 流入量（百万美元）	2152	3613	1597
外商直接投资存量（百万美元）	14557	17062	16385
绿地投资数量（个）	19	28	18
绿地投资价值（百万美元）	692	5267	5762

资料来源：联合国贸发会议。

根据孟加拉国央行数据，2019—2020 财年，孟加拉国共吸收外资 38. 9 亿美元，从投资存量来看，前三大投资来源地分别为美国（36. 9 亿美元）、英国（23 亿美元）和中国（20. 1 亿美元，不含港台对孟投资）；

从外资分布领域来看，2018 年，孟加拉国前 3 大投资领域分别为石油天然气（37.2 亿美元）、纺织服装（33 亿美元）和电力（29 亿美元）。

国际社会普遍看好孟加拉国发展前景，跨国公司在孟加拉国投资较多。2019—2020 财年，中国对孟加拉国投资增量继续居首，电站项目投资陆续落实，两个通过 PPP 模式合作的公路项目先后落地。中国、日本和印度在孟加拉国通过设立专属工业园，便利本国企业对孟加拉国投资。孟加拉国积极推进 PPP 模式，为基础设施项目引入国际投资，也吸引了众多跨国企业的目光。

世界银行《2020 年营商环境报告》显示，孟加拉国在 190 个经济体中排名第 168 位，与上年相比上升了 8 位（见表 6-2）。孟主要遭受的负面影响来自被视为极度贫困、不发达、遭受毁灭性自然灾害和社会政治动荡等方面；其优势主要是处于南亚和东南亚之间的战略地理位置。此外，国内的消费潜力和丰富的自然资源也使孟加拉国成为投资的良好选择。

表 6-2　2020 年孟加拉国营商环境各项排名及得分

评估项	2020 年排名	2020 年得分	2019 年得分	分数变化（百分点）
总体	168	45.0	42.5	↑2.5
开办企业	131	82.4	80.8	↑1.6
办理施工许可证	135	61.1	60.8	↑0.3
获得电力	176	34.9	30.8	↑4.1
登记财产	184	29.0	28.9	↑0.1
获得信贷	119	45.0	25.0	↑20
保护少数投资者	72	60.0	60.0	—
纳税	151	56.1	56.1	—
跨境贸易	176	31.8	31.8	—
执行合同	189	22.2	22.2	—
办理破产	154	28.1	28.2	↓0.1

资料来源：世界银行。

2. 对外经贸关系

2018-2019 财年，孟加拉国贸易总额 1110 亿美元，同比增长 5%，其中，进口额为 691 亿美元，同比增长 2.8%，出口额为 420 亿美元，同比增长 11.7%，贸易逆差 271 亿美元。前十大商品进口来源地为中国大陆、印度、新加坡、日本、印尼、美国、中国香港、马来西亚、德国、俄罗斯；前十大商品出口目的地为美国、德国、英国、西班牙、法国、意大利、日本、加拿大、荷兰、波兰。

2018-2019 财年，孟加拉国主要进口商品为纺织及手工艺品、机电产品、金属及金属制品等；主要出口商品为成衣、黄麻及黄麻产品、皮革及皮革制品、冷冻鱼虾、家用纺织品、医药产品等。

主要进口商品及来源地如表 6-3 所示。

表 6-3 孟加拉国主要进口商品及来源地

主要进口商品	进口额（百万美元）	主要进口产品来源地
棉花及棉纱线	6099.3	中国大陆、印度、巴基斯坦、美国、中国香港
机械设备和零部件	5089.6	中国大陆、印度、德国、日本、意大利、新加坡
矿物燃料和矿物油	3525.6	新加坡、科威特、阿联酋、沙特阿拉伯、中国大陆
钢铁	2109.7	中国大陆、日本、印度、韩国
电气设备及部件	2075.5	中国大陆、印度、中国香港、新加坡
塑料及其制品	1701.2	沙特阿拉伯、中国大陆、中国台湾、印度、马来西亚

续 表

主要进口商品	进口额（百万美元）	主要进口产品来源地
动植物油及分解产品	1520.1	印尼、马来西亚
机动车	1374.7	印度、日本、中国大陆
谷物	1300.4	加拿大、印度、巴西
船舶	1003.1	韩国、日本、中国大陆

资料来源：孟加拉国统计局。

3. 中孟经贸

自 1975 年中孟建交以来，在双方的共同努力下，中孟经贸关系取得长足发展，两国间投资合作稳定增长，双边贸易额稳步攀升。据中国海关统计，2019 年，中孟两国进出口总额 183.63 亿美元，同比下降 2%。其中，中国对孟加拉国出口 173.27 亿美元，同比下降 2.4%；进口 10.36 亿美元，同比增长 5.3%。详见表 6-4。

表 6-4　2015—2019 年中国和孟加拉国进出口情况

年份	进出口		中国出口		中国进口	
	金额（亿美元）	增幅（%）	金额（亿美元）	增幅（%）	金额（亿美元）	增幅（%）
2015	147.1	17.3	139.0	18.0	8.1	5.9
2016	151.7	3.1	143.0	2.9	8.7	6.4
2017	160.5	5.8	151.7	6.1	8.7	0.6
2018	187.4	16.8	177.5	17.0	9.8	12.5
2019	183.6	-2.0	173.3	-2.4	10.3	5.3

资料来源：中国海关。

近年来，中国对孟加拉国出口商品的主要类别包括：①棉花；②锅炉、机械器具及零件；③电机、电气、音像设备及其零附件；④化学纤维短纤；⑤矿物燃料、矿物油及其产品、沥青等；⑥针织物及钩编织物；⑦化学纤维长丝；⑧机动车；⑨塑料及其制品；⑩钢铁制品。

近年来，中国从孟加拉国进口商品的主要类别包括：①非针织或非钩编的服装及衣着附件；②针织或钩编的服装及衣着附件；③其他植物纤维、纸纱线及其机织物；④鱼及其他水生无脊椎动物；⑤其他纺织制品、成套物品、旧纺织品；⑥生皮（毛皮除外）及皮革；⑦塑料及其制品；⑧光学、照相、医疗等设备及零附件；⑨鞋靴、护腿和类似品及其零件；⑩油籽、子仁、工业或药用植物、饲料。

据中国商务部统计，2019 年，中国对孟加拉国直接投资流量 3. 75 亿美元。截至 2019 年底，中国对孟加拉国直接投资存量 12. 48 亿美元。投资领域涉及电力、公路、服装、纺织、陶瓷等，但主要集中在基础设施、纺织服装及其相关的机械设备等领域。主要投资企业有中国机械进出口集团公司、北方国际合作股份公司、利德成服装公司、新希望孟加拉有限公司等。

承包劳务：目前，中资企业在孟加拉国工程承包呈现以下特点：工程项目主要集中在基础设施领域，例如电力、河道疏浚、水厂等；企业正在积极尝试以融资方式承揽项目。

据中国商务部统计，2019 年，中资企业在孟加拉国新签合同 284 份，新签承包工程合同额 134. 84 亿美元，完成营业额 53. 03 亿美元；累计派出各类劳务人员 7853 人，年末在孟加拉国劳务人员 15835 万人。新签大型工程承包项目包括中国水电建设集团国际工程有限公司承建孟加拉国普尔巴里 2×1000MW 超超临界燃煤电站二期项目；北方国际合作股份有限公司承建孟加拉国博杜阿卡利1320（2×660MW）燃煤电站项目等。

其他：目前，中孟两国尚未签署货币互换协议、基础设施合作协议和自由贸易协定。中孟两国已建立经贸联委会磋商机制，2016年8月，中国–孟加拉国政府间经济贸易合作联合委员会第14次会议在孟加拉国首都达卡举行。2016年10月，习近平主席访问孟加拉国期间，两国签署了《关于加强投资和产能合作的谅解备忘录》及《关于启动中国–孟加拉国自由贸易协定联合可行性研究谅解备忘录》。产能合作谅解备忘录主要包括鼓励两国产能合作的领域、合作模式、优先推进项目清单等。自贸协定联合研究工作正在推进。

4. 国际合作情况

孟加拉国主要辐射市场为东亚、东南亚、南亚、北欧、中欧、西欧、大洋洲及中北美洲。其中，成衣产品85%以上销往北美和欧洲市场。

（1）全球贸易协定。孟加拉国于1972年加入关贸总协定，1995年1月1日自动转为世贸组织成员。

区域及双边贸易协定：孟加拉国在双边和区域贸易协定中发挥着重要作用。截至2017年6月，孟加拉国已成为亚太贸易协定（APTA）、南盟优惠贸易安排（SAPTA）、南盟自由贸易协定（SAFTA）、南盟服务贸易协定（SATIS）、伊斯兰合作组织成员国贸易特惠制度（TPS–OIC）、8个发展中伊斯兰合作组织国家优惠贸易安排的成员国、“南盟”发起国、南盟次区域合作组织“南亚增长四角”成员国、东盟地区论坛成员国及孟印缅斯泰经合组织（BIMSTEC）成员国。

孟加拉国作为最不发达国家之一，除享受欧盟普惠制外，还获得了加拿大、挪威、日本、新西兰、澳大利亚的免关税市场准入待遇；2010 年 7 月 1 日起，中国对孟加拉国原产的 4762 个税目输华商品实施零关税，约占全部税则税目的 60%。目前，孟加拉国尚未与任何国家签署双边自由贸易协定。

2010 年 12 月，孟加拉国政府批准了《自贸协定（FTA）政策指导方针 2010》，研究与不同国家签订 FTA 的可行性。

目前，孟加拉国已分别与马来西亚、北马其顿、约旦、毛里求斯、南非、中国、非洲 5 国（摩洛哥、尼日利亚、塞内加尔、马里、塞拉利昂）开展了 FTA 可行性研究。此外，与印度洋沿岸协会（IORA）成员国及缅甸、不丹签署特惠贸易协定（PTA）的可研工作已经完成。与此同时，已开始与土耳其就签署自贸协定进行初步谈判。

2013 年 11 月，孟加拉国与美国签署贸易投资合作论坛协定（TICFA），双方共举行了 3 次会议，该协定将推动孟美两国贸易投资合作。

2016 年，习近平主席访问孟加拉国期间，双方签署备忘录，就中孟 FTA 联合可研开展研究。目前，相关工作正在推进之中。

2017 年 6 月，英国政府已承诺维持对包括孟加拉国在内的全球 48 个最不发达国家出口商品零关税待遇。

2018 年 3 月，孟加拉国商务部长表示，将于 2018 年 10 月与斯里兰卡签署自贸协定（注：至今仍未签署），并将尽快与印度恢复 FTA 谈判。

（2）外国援助。2018—2019 财年，国际社会承诺新增援助孟加拉国资金总额为 99 亿美元，其中，无偿援助 15.7 亿美元，优惠贷款 83.3 亿美元；实际使用援款 65.4 亿美元，其中，无偿援助 2.8 亿美元，优惠贷款 62.6 亿美元。2018—2019 财年末，累计已获得但尚未使用外国援助资金481亿美元。

从援助来源看，多边援助主要来自世界银行国际开发协会（IDA）、亚洲开发银行和联合国系统。2018—2019财年，世界银行IDA承诺援助29.7亿美元，约占国际社会对孟加拉国承诺援助总额的30%；亚洲开发银行承诺援助28.6亿美元，约占28.9%。双边援助主要来自日本、美国、英国、中国、加拿大、德国等。2018—2019财年双边援助国家中，意大利承诺援助26亿美元，约占本财年国际社会对孟加拉国承诺援助总额的26.3%；德国承诺援助2.2亿美元，约占2%。

从援款支出情况看，2018—2019财年，孟加拉国实际使用援款最多的部门为交通部门，使用援款10.98亿美元，占本财年实际使用援款总额的16.8%；其次为科技部门，使用援款10.73亿美元，占比16.5%；再次为电力部门，使用10.1亿美元，占比15.5%。此外，教育宗教、公共管理、建设规划、科研、社会福利等部门使用援款也较多。

二、孟加拉国投资风险分析

随着“一带一路”建设的发展和中国与孟加拉国合作的深入，对孟加拉国相关风险的分析对今后中孟经济往来尤为重要。下面将从政治风险、宏观经济风险、法律与监管风险、经营性风险、安全风险和自然风险等方面对孟加拉国投资风险进行分析。

（一）政治风险

政治风险主要指项目所在国政局动荡、战争、汇兑限制和政府违约。对于该类风险一般的防范措施为：特许权协议必须得到东道国政府的正式批准，并对项目付款义务提供担保；向国家出口信用保险公司投保政治险等。

1. **政党竞争风险**

自 1991 年以来，孟加拉国政权基本在孟加拉民族主义党和孟加拉人民联盟两大政党之间交替。两党关系势同水火，一方执政，另一方面会成为反对党。反对党常采取激进手段对抗政府，如号召全国性大罢工、集会等。这两大政党的对抗不仅给社会治安以及经济发展造成了不利影响，而且导致政策不稳定。但两大政党都积极致力于给外国投资者提供宽松的投资环境，鼓励外资进入孟加拉国。

2011 年，在当时的执政党人民联盟的主导下，孟加拉国议会通过宪法修正案废除了看守政府制度，反对党联盟反应强烈。自 2012 年以来，前反对党民族主义党频繁发动全国性的游行示威活动向政府施压。尽管其效果有限，冲突活动逐渐减弱，且无论哪个政党执政，重视吸引外资以及创造良好的营商环境已是朝野共识，但一直未得到根本解决的政党冲突可能引发潜在政治危机。

另外，孟加拉国工会力量强大，与政党联结紧密，经常参与政党斗争，由政治危机所引发的游行、罢工活动也影响着孟加拉国的整体投资环境。

2. **腐败风险**

根据国际反腐败组织“透明国际”发布的 2020 年全球腐败感知指数，孟加拉国在最腐败国家中排名第 12 位，得分仅为 26 分（总分为 100 分），并且其腐败为系统性、普遍性、结构性问题。当地企业或商人、金融机构、进出口管理机构等政府人员相互勾结，欺诈外商，带来恶劣影响。盛行的腐败风气降低了经济运行总体效率，对经济发展制约较大，影响了投资者的积极性。

由于孟政府的法律执行度较低、反腐立法意愿不强、执法时随意性强、公务员专业技能弱、政府信息公开度低导致的系统性、结构性、普遍性的腐败导致了诸多影响企业经营的问题，例如政府官员索贿、灰色市场和假冒商品盛行、当地银行或政府与他人勾结欺诈第三方等。

如果孟加拉国能够达到更高的治理标准并有效控制腐败（腐败的成本被认为至少占国内生产总值的2%～3%），它在经济增长和社会经济转型方面的表现可以更好。

［案例6-1］

2008年，孟加拉国反贪委员会指认前总理、反对党民族主义党主席卡莉达·齐亚等人在齐亚孤儿院信托基金运营过程中贪污2000万塔卡（约合25万美元）。2月8日，孟加拉国特别法庭对齐亚孤儿院信托基金腐败案进行宣判，认定齐亚贪污罪名成立，判处有期徒刑5年。

3. 地缘政治风险

孟加拉湾处于印度洋与东南亚海域的交汇处，是中东地区石油运输线进入马六甲海峡前的必经之地。孟加拉国独特的地理位置必然引起许多大国的关注，即使现阶段孟加拉国自身并不具备向外扩张或对中国造成威胁的条件，但一些国家对于世界主导权的争夺必然会在此范围内出现对抗局面，一旦发生对抗和战争，会给中国西南边境带来很严重的威胁。孟加拉国虽然是一个主权独立的国家，但是很容易受到一些大国因素的渗透和介入。

美国是最不容忽视的国家之一。近些年中美两国之间的关系呈现出既合作又对抗的局面，中国在世界的影响力不断增强，美国的战略重心随之转向亚洲太平洋地区，并不断加强与日本、东南亚、南亚等国家和地区的联系，企图对中国形成严密的包围。美国也是孟加拉国的援助国，援助金额累计达到60亿美元，且美国是孟加拉国最大的出口市场，也是孟加拉国油气资源的最大投资国。2012年，美国务卿希拉里·克林顿访孟，两国宣布建立“伙伴关系对话”机制。

印度作为亚洲地区影响力最大的发展中国家之一，对中国的敌意始终没有减少。中国扩大与孟加拉国的合作必然也会引起印度的极大关注。印度是孟加拉国的邻国，孟也重视改善和发展与印度的关系，双方签署了有关贸易、交通、教育等多项合作文件，良好的空间地理位置，加上争端问题得以解决，未来有望加大合作的力度。

日本是孟加拉国的主要援助国和合作伙伴，2014年孟日领导人还实现互访，双方曾达成多项共识，孟总理曾表示支持日本参加联合国安理会常任理事国的竞选。日本与我国的外交形势很容易受到一些政治因素的影响，海上力量与大陆沿岸力量的对抗，使我们不得不考虑日本对孟加拉国的外交态度和立场方面的影响。

孟加拉国重视经济外交的现实国情使其必然重视与能给予其援助的国家间的良好关系，也会积极寻求经济外援。根据2018年消息，俄罗斯也愿意助力推动孟加拉国经济的发展，双方还签署了关于在农业和渔业领域合作的议定书。孟加拉国与我国的关系目前一直处在健康发展的阶段。自2000年以来，双边领导人多次实现互访，签署了多领域的合作协议。

孟加拉国在外交方面注重平衡大国关系，但是国与国之间的合作很容易受到外来因素的干扰，一旦平衡关系被打破，会给区域的稳定造成严重威胁。所以大国因素的介入会对国家合作前景造成一定的影响。

（二）宏观经济风险

经济风险主要指所在国的经济发展形势、利率、汇率、外汇兑换率、外汇可兑换性等。该类风险一般的防范措施为：就目前国际金融状况而言，项目融资全部采用美元贷款，通过远期外汇买卖、外汇买卖掉期、货币期权等金融工具规避汇率风险。

1. 经济波动风险

政治动荡挫伤经济增长。由于孟加拉国两大政党对抗造成的政局不稳，持续大罢工不断出现，社会秩序严重混乱，严重挫伤了孟加拉国的经济增长。

孟加拉国是世界上最贫穷的国家之一，尽管较低的开放度使其免受2009 年全球金融危机的严重影响，但全球经济衰退还是加大了孟加拉国经济发展的困难。纺织及服装业是孟加拉国的支柱产业，也是其最集中的出口产业，主要市场集中在欧盟和美国，金融危机对欧盟和美国经济造成重创，欧洲又陷入欧债危机，因此短期内欧盟和美国市场需求的疲软将对孟加拉国纺织和成衣制品出口产生较大的负面影响。

通货膨胀水平波动较大，但近年来有所下降。孟加拉国资源缺乏，经济外部依赖性很大，输入型通货膨胀的压力将长期存在。

2. 汇率风险

汇率波动趋于平缓，但货币贬值压力长期存在。孟加拉国实行的是管理的浮动汇率制度，为防止货币进一步贬值，政府通过从银行购买美元来维持汇率稳定，但从汇率波动幅度看，政府动用外汇储备稳定汇率的能力有限。

3. 外债风险

孟加拉国经常账户自 2017 年以来保持赤字，尽管拥有具有一定全球竞争力的出口行业，但其农业生产受气候因素影响，有波动性的粮食进口需求，同时，能源匮乏以及大量基建项目的需求也推升了进口资本商品的需求总量。由于资本货物和粮食进口增加以及大宗商品价格上涨，2018 年其对外账户赤字占 GDP 的比重曾扩大至 35%，新冠肺炎疫情冲击以来，尽管有短期国内经济放缓进口需求减少以及油价下跌的支撑，但由于基建开支需求持续且出口订单下滑，经常账户赤字已小幅扩大。受财政收入增长缓慢、刚性支出金额较大的影响，预计在未来两年中，经常账户赤字将维持在 2% ~2.5% 区间内。

疫情期间，由于国内需求放缓进口减少、短期因素导致侨汇猛增，以及国际多边机构援助资金增加等因素影响，孟加拉国外汇储备逆势增长。截至 2020 年 10 月底，孟加拉国外汇储备规模为 408.6 亿美元，较上年同期增长 70 亿美元，可覆盖 5 ~6 个月的进口量，或 8.6 个月内的短期外债偿付，覆盖率较同级别国家高很多。从外债情况来看，2019 年底总规模 604 亿美元，占 GDP 比重不足 20%，近 8 成为公共部门持有，多为国际优惠贷款，政府通过按项目分散贷款来源，在外债借贷方面表现出相当的谨慎性，对外部流动性形成支持。疫情以来，孟加拉国获得国际优惠贷款的融资渠道保持畅通，已收到外部援助承诺款项总额超 40 亿美元（约占 GDP 的 1%），预计 2021 年外债规模将扩充至 684 亿美元。目前，孟政府可用外部援助资金为 503.9 亿美元，为历史最高水平。此外，孟加拉国央行持续干预汇率市场，保持塔卡汇率稳定，进一步优化了外部环境。整体而言，孟加拉国对外偿付风险可控。

4. 财政失衡风险

孟加拉国税基薄弱长期限制政府收入水平及政府财政灵活性，疫情冲击进一步削弱政府税收基础，推升财政赤字。孟加拉国政府收入占 GDP 比例长期徘徊在 10% 左右，2019 年录得近十年的低值 2.6%（约 3.4 万亿塔卡）。2020—2021 财年，受疫情冲击影响，经济大幅下滑导致财政收入同比下降 20.5%。受限于狭窄的财政政策空间，在公共支出需求大幅增加的背景下，2020—2021 财年孟加拉国实际财政支出占 GDP 比重同比下滑 43 个百分点至 17.87%，同时，财政赤字占比增加至 5.3%。预算中，将显著增加医疗等公共支出，预计总政府支出将同比增长 14%，叠加短期经济下行压力对政府收入增长的限制，预计财政赤字占 GDP 比重将升至 5.8%。薄弱的税基挤压了政府财政政策的有效空间，对其经济复苏及中长期经济发展形成了一定制约，孟加拉国已向双边及多边国际机构寻求额外资金支持新财年预算的实施。

得益于稳健的财政政策及相对充足的国际优惠贷款，孟加拉国经济发展维持了高速增长，且债务负担很小，政府流动性有所保障。孟加拉国政府设定了 5% 的财政赤字限制，在过去十年内，尽管财政赤字从 2010 年的 2.8% 上升至 2019 年的 4.8%，疫情冲击前仍控制在目标区间内；政府也持续致力于尝试通过增值税改革（2019 年 7 月）等措施逐步加强税收能力。孟加拉国政府债务占 GDP 的比重长期低于 30%，2019 年，孟加拉国广义政府债务略高于 1000 亿美元，占 GDP 的比重为 29.3%，尽管疫情冲击下财政赤字增加将推升这一比重逐步逼近 40%，规模仍然很小。此外，孟加拉国利息支付占政府收入的比重较高，2019 年达 195%，但与南亚邻国相比仍相对较低。从债务结构来看，孟加拉国政府债务以长期为主，多边和双边优惠贷款约占一般政府债务的 40%，占外债总额的 90% 以上，较大程度上缓解了政府的流动性压力并为债务可持续性提供支持。

5. 贸易壁垒风险

中孟经贸合作中存在诸多贸易壁垒。孟加拉国内贸易保护主义长期存在，且到目前为止，孟加拉国没有与任何国家签订双边自由贸易协定，一定程度上起到了保护国内贸易的作用，但是这样不利于扩大经贸合作的规模。孟加拉国是全球最贫困的国家之一，很多区域贸易组织和国家已经对孟加拉国给予部分商品零关税待遇，给孟加拉国带来了很大的便利空间，但是孟加拉国内不成熟的产业结构，使其不得不对国内的贸易加以保护，这些贸易壁垒以关税、非关税以及两者结合的方式存在，始终是中孟间经贸合作规模提升的阻碍。

（三）法律与监管风险

法律风险主要指由土地法、税法、劳动法、环保法、合同法、招标投标法等法律法规的更改和变化所引起的项目成本增加或收入减少等风险。可能的防范措施如：明确因违约、歧义、争端的仲裁在双方都认可的第三国进行。

1. 土地法律风险

孟加拉国土地管理法律体系呈现出法律政令数量众多、规定交错庞杂的特点。此外，由于土地制度设计的主体繁多，其中不乏佃农、巴咖达等特殊群体，与土地相关的法律法规对特殊群体的特殊规定十分繁杂，不仅给法律学习者熟悉土地法律带来了困难，而且对当局依法行使行政权力、履行与土地相关的法律法规和政策制度也造成了较大的不便。

根据孟加拉国土地法律，任何外国投资者或者公司购买达卡附近的土地都需要预先支付一笔相当于土地价值 10% 的价款用于注册，注册时间最短为 245 天，主要包括八个步骤：从土地办公室核实产权记录，对当前土地拥有者进行调查，对土地交易进行检查，审查相关分支注册机构的非抵押证书，支付契税和印花税，支付资本收益税、登记费、增值税和其他税费，在土地登记机构进行登记，以及在土地办公室进行产权交易登记。从以上程序可以得知，外资购买土地的注册时间长且注册程序十分烦琐，这同样给外国投资者购买土地建厂等增加了准入障碍。

征地的补偿以及征地的方式方法往往成为影响许多项目能否顺利完成征地目标、顺利理想施工的重要因素。目前，孟加拉国的土地征收制度还不太完善，无论是土地法律规定还是征地实践，都存在很多不合理的做法。土地征收的过程中，无论是在政府方面还是在民众之间都可能会引起争议和矛盾，容易引发暴力冲突。

[案例 6-2]

2016 年吉大港地区因征地引发的抗议事件

近年，孟加拉国吉大港地区计划开展一项电站项目，建设装机容量达 1320MW 的煤电站，由中国公司与孟当地 S. ALAM 公司合资修建，预计 2019 年竣工，总投资约 25 亿美元。由于项目计划区域有不少居民居住，因此企业和政府于 2016 年开始开展征地工作。

该项目征地主要由 S. ALAM 公司负责，但因该公司与当地村民就拆迁补偿问题存在争议，当项目技术人员到现场勘察时，往往会遭到村民的恐吓，项目工地上的一些设备也被人砸毁。对征地补偿不满而抗议的村民还与维护秩序的警察发生冲突，造成至少 4 人死亡，数十人受伤。

据当地媒体报道，孟加拉国民族主义党当地领导人利亚卡特·阿里领导了一个反对电站项目的抗议团体，其目的是抗议警方抓捕示威者及电站建设项目本身。孟加拉国民族主义党是该国最大的反对党，曾于2014年因质疑程序不公而抵制当年大选。作为对反对党派行动的回应，执政的人民联盟当地领导人也宣布举行反抗议集会，以支持电站建设。

在抗议活动“政治化”后，S. ALAM公司加强了安保力量。然而，当S. ALAM公司管理层去现场考察时，虽然有警察护卫，但是部分车辆仍被抗议者点燃，司机也被砍伤。当地警方4日逮捕了6~7名嫌疑人。

利亚卡特·阿里在发生冲突后表示，如果政府不在8日叫停项目，抗议活动将采取更强硬的手段。据悉，利亚卡特·阿里之所以鼓动抗议活动，是因为不能从电站项目中捞取更多好处。有人民联盟议员指控，利亚卡特·阿里已经从S. ALAM公司获得了1300万塔卡（约合104万元人民币）的土地购买款，但没有交出自己的土地。

中资企业工作人员表示，这场抗议活动并非针对中资企业，而是由土地征收过程中产生的矛盾所导致。中方企业已经在项目合同中明确了土地征收责任方是孟方企业，且土地款由孟方企业先行垫付，在项目开工后以土地入股，并在项目期内分期获得相关款项。这些条款较早地管控好了中资企业可能遇到的风险。

点评：

孟加拉国国土面积小，人口众多，征地成为影响许多项目能否顺利立项及施工的重要因素。此次涉事电站的建造也牵扯土地纠纷，因此耽误了项目进程。中国企业到孟加拉国投资项目时，应该预先对征地事项可能会引起的麻烦做好心理和法律准备，最好在合同中明确规定土地征收的责任方，并熟悉目标国家的相关土地法律规范，利用法律手段保护自身合法权益，以规避项目开工后出现土地纠纷带来的风险。

2. **税收风险**

（1）孟加拉国税收征缴的程序烦琐，对同一事项可能存在权力交叉或有关部门相互推诿责任的现象。由于孟加拉国政府的信息公开程度较低、透明度较差，中国企业在申报纳税时，往往会出现缺少相关材料、未办理必要手续或“走弯路”的现象，甚至会在企业不知情的情况下，出现少申报、缴纳税款的现象，导致企业因违反法律法规的规定遭受罚款等处罚。这不仅不利于中国企业在孟加拉国投资的效益最大化，在一定程度上，还会间接导致我国企业在孟加拉国的信誉降低，影响企业未来在孟加拉国的投资和贸易发展。

（2）孟加拉国的征纳税漏洞较多，逃税现象较为普遍。在孟加拉国，由于社会纳税意识普遍较低，除了个人是经贸活动中的逃税主体外，一些企业也存在利用当地的税收征缴漏洞有意逃税的现象。导致我国企业在与当地企业合作的过程中，难以获得对方的纳税凭证，从而影响税务审计和申报的进程，带来税务违法违规的风险。

点评：

在孟加拉国税务机关执法不力、效率低下的情况下，依法申报、缴纳税款主要依靠企业和个人的税务意识。因此，中国企业在投资或参与孟加拉国商贸活动之前，应谨慎选择合作企业，有必要对合作企业的资质、信用情况以及是否存在税务不合规事项进行一定的审核、调查，避免对方存在偷漏税或者与有关政府机关人员相互勾结、欺诈舞弊的行为，从根本上避免争议的发生。

（3）虽然孟加拉国的税收法律体系涵盖了现代国家的主要税种，并在各个单行税法中对税种、税率、征纳税主体、征税对象以及相应的罚则都作出了较为详细的规定，但一方面，孟加拉国的各项税法大多制定较早，经历多年但一直沿用至今，难以保证能够适应当今社会的经济发展和充分发挥税收的调节作用，这样不仅会加大社会贫富差距，还可能引发严重的社会矛盾；另一方面，孟加拉国仅对国内的主要税种分别制定了单行税法，缺少一部规范税收征管过程中征纳税主体及其行为的专门性法律，不利于简化税收征管程序、降低税收征缴成本。税收缴纳作为企业投资、贸易过程中重要的一环，混乱的税收征缴环境无疑会对孟加拉国吸引资金、技术造成极大的阻力。

3. 环境保护风险

由于中国与孟加拉国的政治环境、宗教背景、劳动者的生活习惯和工作方式都存在较大差异，因此外国投资企业与本国企业、本国民众之间容易因多方面的因素引发纠纷。这些纠纷通常不以政治、宗教等为理由，而往往以环境保护、劳资关系等形式出现。

从行业特点来看，外资企业在孟加拉国投资主要集中在纺织业等劳动密集型的工业以及基础设施项目工程建设等方面，这些行业对环境都不可避免地会产生一定的影响，例如产生水污染、噪声污染、空气污染等环境污染问题，或者破坏生物多样性、破坏自然环境等。这样就给一些机构或者人员提起纠纷提供了正当的借口。

孟加拉国近几十年来对环境保护问题高度重视，出台了一系列法规政策，并由专门机构进行监督规制；国际组织也在督促和帮助孟加拉国治理好环境问题，环境保护早已成为世界范围内的重要话题，也很可能成为一些机构或者人员提起纠纷的借口和工具。中国企业在孟加拉国投资，可能会面临诸如此类的以环境保护为由而引发的风险。

点评：

为避免此类风险，赴孟投资企业首先需要做的就是加强对该国环境法律体系的学习、理解和贯彻。企业应当自主学习孟加拉国的环境现状以及环境保护基础知识，理解环境保护的重要性。同时结合自身需求制定企业内部环境系统文件，明确各级环保管理职责，通过加强自身的合规性让其他机构或人员无机可乘。

4. **知识产权风险**

除了最新的商品地理标志法和商品地理标志条例分别在2013年和2015年颁布实施外，孟加拉国其他关于知识产权的法律法规都实施了较长的时间，专利法以及专利法条例甚至从英国殖民时期一直沿用至今。孟加拉国法律法规的滞后一方面反映了其政府和民众对于知识产权保护的懈怠，另一方面，更说明了如今适用的知识产权法律规范，已经难以适应当代的经济发展和企业在经贸往来中对于知识产权保护的需求。因此，不仅企业的知识产权在对孟加拉国投资的过程中难以得到保障，当地的企业和个人也极有可能利用法律漏洞获取不正当的经济利益，从而对外商投资企业造成更大的经济损失。

孟加拉国对于知识产权的保护力度不够，一方面体现在法律法规的漏洞颇多，无法对市场上侵害知识产权的行为发挥其应有的规范作用；另一方面，也体现在投资贸易中的各个主体对于知识产权保护的重视不够，不仅企业和个人没有将知识产权视为一种财产性权利，通过申请注册等手续对其加以保护，相关的政府部门在提高公众意识、采取措施加强对知识产权的保护上也有所不足。孟加拉国作为一个农业大国，全国80%以上的人口从事农业生产，信息流通不顺畅，即使在商业往来中也极少涉及知识产权。但随着孟加拉国内外商业贸易的进一步发展，知识产权必将成为企业和个人关键的竞争力和重要的权利。

[案例6–3]

2014年以来，江西东劲实业有限公司在其主要销售国孟加拉国等国市场上发现了大量假冒“东劲”注册商标的蓄电池，对该公司在孟加拉国等国的正常生产经营造成了不良影响。2015年5月20日，江苏省兴化市公安局对此立案侦查。经查明，从2014年1月起，广州籍犯罪嫌疑人黄某从孟加拉国客户穆沙拉夫、阿拉明、拉祖鲁等处收取假冒东劲牌蓄电池、尼枫SF牌蓄电池（经鉴定，尼枫SF牌蓄电池为不合格产品）的商标标识、防伪标志、合格证、外包装图片模版，由陈某制作并提供假冒注册商标标识、防伪标志、外包装盒等侵犯知识产权的资料物品，朱某找到丁、顾等人在江苏兴化非法从事蓄电池生产，进行贴牌、包装并运输至浙江宁波港口，由黄某单线联系相关人员准备报关材料经海关出口，将假冒、伪劣蓄电池销往孟加拉国等国，涉案金额达8000余万元。

点评：

我国企业在投资孟加拉国的过程中，应当熟悉当地的知识产权制度，并严格遵守其法律法规。在我国的先进科技、知名品牌和专有技术进入当地市场时，应当注意防范自身的知识产权被侵权的问题。孟加拉国作为最不发达国家之一，在技术发展、品牌建设和科技研发上落后于中国，因此有必要将知识产权中的商标、专利以及商业秘密作为重点保护的对象，以提升中国企业知识产权保护意识、加大知识产权保护力度。

5. 纠纷处理风险

孟加拉国的法律体系基本上是以普通法为基础建立起来的，所以在成文法有限的情况下，解决纠纷还要关注一些判例法乃至交易习惯、惯例或国际性条约。此外，孟司法程序相对较为复杂，有时效、审级的限制，要投入大量的人力、物力和财力，相比于调解或仲裁，司法的成本较为昂贵。甚至不排除部分法院存在地方保护主义，在审判时作出对中方企业不利的判决。仲裁方面，虽然在仲裁员的选择上中方企业存在一定的自主性和灵活性，但是仲裁仍应接受孟加拉国法院的监督，甚至孟加拉国法院可以撤销其认为不正当的仲裁。此外，仲裁裁决的执行也须依靠孟法院，这很可能会造成对中方企业不利的环境或后果。

（四）经营性风险

经营性风险包括外部经营风险和内部经营风险。外部经营风险包括所在国的基础设施、工会、劳动力、市场竞争力等情况。内部经营风险如施工企业自身的技术、管理风险等。

1. 基础设施落后

孟加拉国作为世界最不发达国家之一，水、电、气供应严重不足，水陆交通运输基础设施薄弱，电力供应短缺成为制约产业发展的重要因素。为了保证正常的生产活动，部分企业会选择使用天然气发电，但是目前孟加拉国的天然气产量并不能满足全部需求，停电现象普遍，严重影响企业生产经营。

孟加拉国的交通运输系统由公路、铁路、内陆水道、海运和民用航空组成，其中公路是最主要的国内货运方式，且近年来国内运输的占比逐渐升高。孟加拉国公路总里程22万千米，76%的货运由公路承担，但交通秩序较为混乱；铁路总长2880千米，但只能承担4%的运输量；全国只有2个海港，其中吉大港是最大的海港，是全国外贸进出口门户，却被称为“供应链上的死结”。进出口货物量远超过港口正常吞吐量，常造成港口拥堵，货物平均在港时间长达半个月，若发生工人罢工等突发情况，甚至一个月无法出货提货，以致企业有时不得不选择空运。

2. 用工风险

（1）劳动力素质较差。孟加拉国劳动力价廉却不物美。孟加拉国工人能吃苦、易管理、劳动积极性较高，但是文化程度和技能水平较低，操作能力和学习能力较差，生产效率相对低下。孟统计局 2019 年的调查报告显示，2018 年孟 15 岁以上人口的识字率仅为 73.9%。

（2）人力成本有上升的可能。在孟加拉国投资的一大优势是当地的劳动力成本较低，适合劳动密集型企业的用工需求。对于这些企业来说，劳动力的供应是企业产品提供的重要保障，企业的业绩很大程度上取决于孟加拉国本地劳动者和外来廉价劳动力的稳定供应。近年来，部分企业支出的直接人工成本占据工程成本总额的比例在不断提高。人工成本主要受到劳动力供应、政策法规、经济因素的影响，随着孟加拉国经济的发展以及国际劳动力市场价格的变化，孟加拉国劳动力价格有上升的可能。

（3）童工现象严重。孟加拉国的用工传统和经济现实决定着童工在今后很长一段时间内还将继续存在并且发挥较大作用。一方面，许多家庭依靠他们孩子工作获得的收入生存；另一方面，雇主往往认为童工与成年工相比更加便宜、顺从。而对于企业来说，一些儿童隐瞒自己的年龄等身份信息，以成年工人的身份进入企业工作，如果出现意外事故或者被劳动监管机构调查发现，则可能会给企业带来一定的法律风险。

（4）收购后裁员可能引发风险。外国企业在孟加拉国完成当地投资和海外并购后，常常要根据业务需要对被收购企业劳动者进行调整或裁减，这可能会引发孟加拉国国内劳动者的罢工活动中劳动力市场动荡，甚至进一步引发政治问题。

（5）劳资纠纷。外国企业在孟加拉国的劳资纠纷数量不在少数，原因包括劳动者要求减少工作量、休息休假、改善福利等。目前，企业中建立工会并由工会和企业集体谈判协商解决劳资纠纷的情况还不多，如果劳动者与企业发生纠纷，大多会采取群体性行动的方式与企业进行对抗，如罢工、抗议等。这将直接影响企业的生产经营、财务状况和企业声誉，在停止生产的情况下无法及时交付产品，会面临客户就损害提出的索赔。此外，如果无法以劳动者满意的条件达成协商，可能被要求提高工资、改善劳动者工作环境，也会大幅增加劳动力成本。

［案例 6-4］

中国国内高涨的劳动力成本驱使中国部分企业开始向东南亚等国家转移业务，孟加拉国以其低廉的劳动力成本吸引了不少中国企业的目光，“新高”纺织品公司就是其中的一员。依靠低廉的成本，新高收到的订单不少。2012 年，新高将订单交给与新高合作多年的一家当地制衣厂完成，新高公司则负责面料提供和质量检验。这里工人的月工资为 5000 塔卡（约合 61.5 美元、380.5 元人民币），其中已经包括了 50 小时/月的加班时间的加班费，以及医疗补助。

但是新高检验人员表示对制衣厂的加工质量不是很满意，同时新高也认为其在孟加拉国建厂面临着包括劳动法律问题在内的诸多问题。首先，工人的工作效率很低，工作质量不高。在检查的 40 件“合格”产品中有 14 件出现两兜不齐的问题。为了提高工人的工作效率，企业曾尝试对少数表现出色的工人给予奖励，以刺激其他工人的积极性。然而奖励的方法并没有奏效，几个被奖励的工人遭到其他工人一致排挤，甚至被威胁不许再努力工作。原因是，“他们要平均，因为大多数人干不好也不愿意干好，所以少数人不能干得好。大家都不干好，老板还是得照样发钱，而少数人干得好，就会无形中威胁到大部分不好好干活的人”。在孟加拉国，多劳多得的观念在庞大的底层劳动力中间还没有得到普及。其次，孟加拉国含砷量超标的饮用水导致中国员工水土不服。再次，在建厂的材料方面，新高在阿达姆吉出口加工区建厂时，遇到了未曾想到的状况：除了黄沙和砖头，包括水泥、钢筋等所有建材在孟加拉国当地全部无法生产，悉数需要进口。加之当地工作效率不高、施工设备与方法也相当原始，一期6000平方米的厂房足足建了14个月。厂子建好了，但当地政府之前承诺的天然气没有如期出现在新高的输气管道中，这导致工厂迟迟不能完全运营。企业只得把计划在二期建造的印染厂房临时改成服装制造厂房，而很多纺织原料仍需从中国进口。最后，商业社会的时间观念和诚信意识缺失。新高在兴建一期厂房时需要找部分瓦工，双方约定工期5天，完工结账。就在新高认为协商妥当的第一天晚上，瓦工们直接跑来要钱，瓦工们的回答是：没钱吃饭，如果不给钱就会饿死，并且5天时间不一定能完工。此外，时不时出现的罢工也是家常便饭，在阿达姆吉出口加工区，罢工往往从一家工厂开始，影响到周围所有工厂。两三个工人由于很小的一件事，就会联合周围的人开始罢工，从几个人到十几个人，最后到一个工厂的人，在很短的时间内迅速冲出厂子，跑到道路上，喊起口号，游行示威。他们还会敲开邻近工厂的大门，把正在工作的工人发动起来，壮大声势。如有反对者，就有可能立马冲进去砸机器，烧工厂。往往罢工过后，薪水仍会照付，并没有常规性的惩罚，不少本无强烈罢工意愿的工人，也随着人流一并参与进来。警察到来后，往往会发生冲突，甚至有警察伤亡。

点评：

从中国企业在孟加拉国投资面临的困难来看，中国企业应当事先做好心理准备，并尽可能地做好制度和物质准备。在劳工关系方面，一是要注意和劳动者签订劳动合同，约定好具体的劳动报酬、工作完成时间、工作完成质量等具体事项，以免发生对方拖延或者临时涨价的情况。二是要对员工采取策略性的惩罚或激励措施，提高员工的工作积极性和工作效率。三是要处理好与员工的关系，尊重其宗教信仰和本土文化，在发生劳资纠纷的情况下尽量和平解决问题，如果无法和平解决问题而发生罢工、游行示威等现象，则首先要保护好自己的人身安全，其次保护好财产安全。四是要及时寻求当地政府、当地警察部门、司法部门和中国驻孟加拉国大使馆、当地领事馆的帮助，适当地采取法律手段维护自身权益。

3. **语言风险**

孟加拉国的相关政策，尤其是近年来新出台和修订的一系列法律及政策，大部分都是以孟加拉语进行表达的，很大一部分内容还没有来得及翻译成英文，而孟加拉语仅仅在孟加拉国、印度等国通用，其他国家的孟加拉语专业人员培养十分有限，这无疑加剧了外国投资者学习孟加拉国相关法律法规，尤其是近年出台的新规的困难程度。

4. **文化风险**

孟加拉国 90% 的国民信奉伊斯兰教，节日繁多，而孟招标文件对工期的要求一般较为严格，因此在孟承包工程和施工的过程中应考虑到不同文化差异对于工人施工效率和工期的影响。

5. **管理风险**

管理风险是指企业因自身管理上的疏忽而导致的风险。管理风险各式各样，在境外常见的管理风险有：

（1）对所在国的法律法规不熟悉导致的风险。如在税法方面：在合同中遗漏或不完全考虑当地税法，直接导致利润流失。在海关条例方面：违反海关条例直接导致进出口时间延迟或被处以罚款。在劳工法方面：对当地劳工法不明导致工作安排不能及时落实，影响项目进度，或由于违反劳工法被起诉。其他的诸如所在国环境法、专利法、合同法和建筑法等。

（2）自身管理制度、程序不到位。如沿用在国内的常见做法，程序不合规使工程实施过程中错漏、协调困难等风险。

6. **技术风险**

技术风险指工程项目所在地的自然条件勘察不力和工程实施的技术难度等给承包商带来的风险。技术风险主要包括以下几种情况：

（1）前期工程资料不准确。前期施工资料，如水文地理等是由业主提供的，而孟方业主给的资料可能存在不详尽、不准确情况。中企在境外施工，对孟加拉国缺乏相应的了解，前期核实和准备不足导致返工风险。

（2）对技术规范不熟悉。如中企对当地技术规范不了解；或进入陌生的领域承包工程，对该领域的技术规范不熟悉；或需要采用新的施工方法和工艺，没有适用的技术规范。

（五）安全和自然风险

1. **治安风险**

孟加拉国示威游行、抢劫等刑事案件时有发生，也曾发生过针对外国人的恐怖袭击、刑事案件，甚至发生过一些持械入室抢劫的严重案件。极端恐怖势力也曾制造过恐怖事件。中国赴孟加拉国人员应提高安全防范意识，驻地及办公室的区位选择要慎重，并采取安全保卫措施，同时，尽量避免身边保存或携带大量现金。若遇意外，除迅速报警外，还应尽快通知中国驻孟加拉国大使馆。

2. 恐怖主义威胁

2012 年以来，孟加拉国国际刑事法庭以战争罪判处本国最大党伊斯兰党的多名领导人死刑，这引发了国内的诸多争议与抗议活动，为恐怖主义的滋生创造了条件。孟加拉国 90% 以上的人口信仰伊斯兰教，同时，孟加拉国是劳工输出大国，大多数劳工在中东地区工作，巨大的海外劳工群体在给孟加拉国创造财富的同时，也给极端势力提供了渗透到孟国内的机会。目前孟加拉国内的极端势力倾向于袭击外国人从而给政府施压，虽然孟政府正在采取铁腕手段打击恐怖主义势力，但在孟中国企业仍不可忽视恐怖主义威胁。

3. 自然灾害风险

孟加拉国是频受自然灾害侵袭的国家，孟加拉湾飓风经常肆虐沿海地区，内地常遭龙卷风袭击。赴孟加拉国投资的企业和个人应增强风险意识，关注自然环境变化，保护人身和财产安全。

三、孟加拉国未来发展预测与投资机会分析

（一）政治前景

近年来，孟加拉国政治局势趋于稳定，政治稳定性有所提升，但政府效率仍然很低。孟加拉国 1971 年自东巴基斯坦独立而建国，1991

年以来实行议会民主制，总统为国家元首，总理为内阁首脑，每隔 5 年举行大选。2011 年，在执政党人民联盟的主导下，孟加拉国议会通过宪法修正案废除了看守政府制度；对此，反对党联盟表示强烈反对，不断发动集会、罢工，要求废除该修正案。因此，2012 年以来，孟加拉国的政局相对动荡，曾一度严重威胁到孟加拉国国内的日常经济活动及社会治安，也对外国投资的增长形成了遏制作用。在 2018 年 12 月的选举中，人民联盟获得压倒性胜利。此次选举过程中破坏性抗议的发生频率大幅降低，表明短期内孟加拉国政治稳定性有所提高。然而，政府机构之间职责重叠，部门统计口径不一致、公务人员腐败等问题仍然拖累政府执政效率，在全球治理指数的相关排名中，孟加拉国是南亚国家中表现最差的。2019 年 1 月，谢赫·哈西娜第四度出任总理，时年 72 岁，或为其最后一届任期，预计下一届选举将面临更激烈的两党斗争，政治稳定性改善的可持续性值得关注。

（二）经济预测

孟加拉国经济长期高速稳定发展，具有较强韧性；但经济发展水平及国民收入水平较低，多元化程度欠佳。2019 年，孟加拉国经济规模达 3026 亿美元，总人口 1.63 亿，人均收入 1856 美元，属中低收入国家。孟加拉国经济在长时间内保持了强劲的增长势头，2010—2019 年，其年均实际 GDP 增速为 6.8%，经济增长率波动较小，通货膨胀率也从 2011 年的高点 10.2% 下降，稳定在 5.5% 左右，经济整体在自然灾害、政治过渡和全球经济放缓中表现出较好的韧性，人口红利以及经济结构转型是其经济增长主要动能。

新冠肺炎疫情冲击下，孟加拉国经济将在短期内面临较大下行压力，但经济增长动能仍将保持强劲，复苏前景较好。2020 年，受疫情影响，孟加拉国内经济活动产生重大冲击，外部需求也大幅削弱。3月26日至5月底孟加拉国实施了全国封锁，至9月初才完全取消，抗疫行动使得国内消费和投资受到极大遏制。同时，欧盟、美国等主要贸易伙伴经济体受疫情冲击陷入衰退，以服装加工业为代表的出口订单大量取消和延缓，服装加工业出口总额已从2019—2020财年的341亿美元下降至279亿美元。受上述因素影响，2020—2021财年孟加拉国实际GDP增速已大幅下滑至5.4%。为应对疫情冲击，孟财政部于3月重新调整2020—2021年财政预算，并于6月在2021—2022财年预算中计划搁置25%的发展项目资金，同时增加医疗、社保等必要支出；目前，已陆续推出10311.7亿塔卡以刺激计划用于支持抗疫政策及经济社会缓冲。

目前，孟加拉国国内疫情已基本得到控制，经济活动逐步恢复，但全球疫情的反复仍使其短期出口复苏前景存在不确定性，预计2021—2022财年孟加拉国经济仍将体现疫情短期冲击影响，增速进一步小幅下滑至4.2%。中长期来看，人口红利叠加生产水平提高的预期仍将推动其经济强劲增长，随着疫苗研发接种，全球经济复苏将助推孟加拉国恢复至7%以上的高速增长区间，经济复苏前景较好。

（三）商业环境

孟加拉国在2019—2020财年获得了创纪录的外国投资，但仅占该国GDP的1.28%。根据世界银行的数据，这略低于全球平均水平（1.39%），远低于越南（6.3%），后者是孟吸引外国直接投资的有力竞争者。

孟加拉国此前已经采取了各种措施来鼓励外国直接投资，包括对本地公司10年免征100%的公司税和给予外国投资者100%的股权控制。但是在疫情影响之下，全球外国直接投资下降多达 40%，各国对于外资的竞争将加剧，因此孟迫切需要开展更多工作。

下面是孟政府计划或正在进行中的措施，以为外资进入创造更为有利的环境：

（1）孟加拉国投资发展局（BIDA）正在为 41 个国家建立一个数据库，提供与外国直接投资有关的信息，并计划在这些国家的双边商会之间建立一个积极的网络。这项规划应伴随有持续的后续行动，包括共同确定感兴趣的投资领域并消除投资障碍。同时鉴于孟国内严重的腐败现象，该规划也应尽量避免受官僚主义影响。

（2）孟加拉国经济区管理局（BEZA）提供了一套激励计划，以在新冠肺炎疫情结束后吸引外国投资者，其中包括免征土地租赁增值税，为当地公司提供保税仓库设施，10 年免征 100% 的公司税等。

（3）BIDA 在积极探索可提供 FDI 的新国家的同时，也在探索现有国家中增加直接投资的机会。比如，德国 2018 年在孟加拉国的 FDI 净流入为 2620 万美元，仅占德国当年全球 1590 亿美元 FDI 流出总额的 0.02%。

（4）利润难以汇回是阻碍外国投资的另一个因素，因此在该领域规避官僚主义的影响是孟政府应努力的另一方面。

（5）世界银行每年都会对各国家进行营商环境的评估和排名，孟在“执行合同”（排名 189）、“登记财产”（排名 184）、“跨境贸易”（排名 176）和“获得电力”（排名 176）这几项指标上排名最差。为改善相关环境，BIDA 和 BEZA 已启动了它们的一站式服务（OSS）中心，试图从一个窗口为投资者提供多种服务。

总之，孟加拉国若想在这个关键时刻吸引外国直接投资，必将努力提升其在《营商环境报告》中的排名，同时孟也将在未来五年内从最不发达国家过渡到发展中国家，联合国开发计划署（UNCDP）将监督孟政府采取的措施，并为其战略和路线制定提供技术支持。

（四）投资方向

（1）建材行业。针对当前孟加拉国建材市场需求大、生产能力落后，且以低端建材为主的市场现状，鼓励企业以 BOO、BOT、PPP 等形式，建设水泥、玻璃、建筑陶瓷、新型建材等生产厂，以增加孟加拉国当地高端建材供应。

（2）电力行业。电力短缺是制约孟加拉国经济社会发展的瓶颈。尚有 5% 左右的人口未实现电力覆盖。鼓励电力设备制造企业抓住孟加拉国大力发展煤电、核电、新能源发电、电网升级改造等发展机遇，积极参与孟加拉国电力工程建设，带动超高压输变电设备、特高压设备、光伏电池组件、核电技术等新型电力设备和技术出口。

（3）轻纺行业。孟加拉国劳动力成本低，潜在的市场需求大，鼓励企业投资纱线、面料、成衣制造、家电、塑料、文娱用品等产业，以加快形成上下游配套、集聚式合作的中孟轻纺行业产能合作基地。

（4）石化行业。结合孟加拉国石化产业薄弱以及本届政府大力发展石化行业的机遇，积极拓展油气钻井资源勘探、天然气运输、石油冶炼等行业合作，同时，进一步延伸上下游产业链，开展石化产品加工、基础化学材料制造、农药、化肥等行业合作。依托重大石化合作项目，力争建成中孟绿色石化合作基地。

（5）轨道交通行业。以孟加拉国政府开展轨道交通投资和推进与周边国家铁路互联互通为契机，积极支持中资企业利用在设计、施工、装备、融资等方面的优势，以 PPP、BOT 等形式开展工程承包及投资，带动机车车辆、通信设备等产能输出。鼓励中资企业在孟加拉国建设轨道交通设施生产、组装、检测、维护等一站式服务基地。

（6）汽车行业。孟加拉国人口接近 1.7 亿，中产阶层迅速崛起，是未来全球汽车市场新的增长点。拥有国产自主品牌的中国车辆生产商应抓住机遇，进一步拓展孟加拉国市场，积极推动新能源汽车、载重汽车、客车、轿车等对孟加拉国的出口。

（7）通信行业。结合中国通信企业在孟加拉国经营多年的市场竞争优势，利用孟加拉国政府推广 4G 网络的有利时机，加强与当地主要运营商的合作，积极同孟加拉国相关部门和运营商开发新项目，鼓励企业以投资、兼并收购等方式参与通信运营。

（8）工程机械行业。把握孟加拉国基础设施投资发展机会，结合重大工程项目，积极拓展水利疏浚、道路、港口、混凝土机械等优势产能输出，支持企业在孟加拉国以融资租赁等方式开展投资合作，同时鼓励中资企业通过新建、兼并收购等投资合作方式，提高中国工程机械在孟加拉国的适用性和当地化水平。

（9）船舶和海洋工程装备行业。孟加拉国河网密布，地势低洼，内河航运发达，船舶需求量巨大，同时孟印已解决孟加拉湾的划界纠纷，海洋开发将成为新的热点。积极鼓励中资企业对孟加拉国出口散装船、集装箱船、成品油船及海洋工程设备，鼓励企业在孟加拉国投资设厂，建立分销和服务网络。

此外，受新冠肺炎疫情影响，孟加拉国可能会在疫情平复后探索以下领域来吸引外国直接投资：

（10）卫生保健行业。与其他行业相比，卫生保健行业更不易受到风险的影响（例如，不受季节性和经济衰退的影响），但迄今为止，孟加拉国在卫生保健领域的外国投资有限。截至 2020 年，孟加拉国只有少数几家拥有外资或合资企业的医院，在这种情况下，该领域的投资潜力还很大。

（11）制药行业。由于制药行业和医疗保健密切相关，所以外资在该领域的投资可能也会有新的机会。迄今为止，该领域的外国直接投资一直很少。2018 年，医药和化学领域的外国直接投资为 4680 万美元，仅占当年外国直接投资净流入总额的 1.3%。此外，跨国公司的市场渗透率也很低。国际货币基金组织（IMF）的数据显示，2019 年 6 月孟加拉国共有 257 家注册制药公司，其中约 150 家已完全运作。其中，只有 6 家是跨国公司，收入约占国内药品市场总收入的 10%。

（12）电子商务和 IT 行业。疫情期间，很多线下活动转为在线开展，比如在线购物、远程医疗和在线会议，这些活动在疫情结束后也可能持续。因此，电子商务在短期内可能会有较大发展，而随着组织和公司继续采取远程工作方式，IT 基础架构和软件开发也存在巨大的增长潜力。

Chapter 7

第七章

工程建设企业合规管理体系建立指南

一、合规管理的内部环境

合规管理是一种风险管理活动，是境外施工企业对业务活动是否遵守所在国（地区）法律、法规规定、规则、行业自律等的一种鉴证行为。

合规管理的内部环境是其他所有风险管理要素的基础，为其他要素提供规则和结构。内部环境的要素包括：合规管理的目标和基本原则；企业文化和公司战略；管理层的理念和经营风格；公司组织架构及其岗位职责；员工的诚信、道德价值观和胜任能力。

（一）合规管理的目标

建立健全合规风险管理体系，实现合规风险的有效识别和管理，促使境外施工企业全面风险管理体系的建设，确保企业依法合规经营。

（二）合规管理的基本原则

（1）客观性原则。合规人员应当依照相关法律、法规对违规事实进行客观评价。

（2）独立性原则。合规部门在企业中应当有独立地位，合规管理应当独立于其他各项业务经营活动。

（3）专业性原则。合规人员应当熟悉公司业务制度，了解公司内各业务环节的专业知识和业务流程，并准确理解和把握法律法规的规定和变动趋势。

（4）公正性原则。合规人员在对业务部门进行检查时，应当坚持统一标准对违规行为及相关风险进行评估和报告。

（5）协调性原则。合规人员应当正确处理与公司其他部门及监管部门的关系，努力形成公司的合规合力，避免内部损耗。

（6）全面性原则。企业合规管理应覆盖所有境外业务领域、部门和员工，贯穿决策、执行、监督、反馈等各个环节，体现于决策机制、内部控制、业务流程等各个方面。

二、合规管理机构的设置及职责

（一）合规管理机构的设置

企业可根据业务性质、地域范围、监管要求等设置相应的合规管理机构。合规管理机构一般由合规委员会、合规负责人和合规管理部门组成。尚不具备条件设立专门合规管理机构的企业，可由相关部门（如法律事务部门、风险防控部门等）履行合规管理职责，同时明确合规负责人。

1. 合规委员会

企业可结合实际设立合规委员会，作为企业合规管理体系的最高负责机构。合规委员会一般应履行以下合规职责：

（1）确认合规管理战略，明确合规管理目标。

（2）建立和完善企业合规管理体系，审批合规管理制度、程序和重大合规风险管理方案。

（3）听取合规管理工作汇报，指导、监督、评价合规管理工作。

2. 合规负责人

企业可结合实际任命专职的首席合规官，也可由法律事务负责人或风险防控负责人等担任合规负责人。首席合规官或合规负责人是企业合规管理工作具体实施的负责人和日常监督者，不应分管与合规管理相冲突的部门。首席合规官或合规负责人一般应履行以下合规职责：

（1）贯彻执行企业决策层对合规管理工作的各项要求，全面负责企业的合规管理工作。

（2）协调合规管理与企业各项业务之间的关系，监督合规管理执行情况，及时解决合规管理中出现的重大问题。

（3）领导合规管理部门，加强合规管理队伍建设，做好人员选聘培养，监督合规管理部门认真有效地开展工作。

3. 合规管理部门

企业可结合实际设置专职的合规管理部门，或者由具有合规管理职能的相关部门承担合规管理职责。合规管理部门一般应履行以下合规职责：

（1）持续关注我国及业务所涉国家（地区）法律法规、监管要求和国际规则的最新发展，及时提供合规建议。

（2）制定企业的合规管理制度和年度合规管理计划，并推动其贯彻落实。

（3）审查评价企业规章制度和业务流程的合规性，组织、协调和监督各业务部门对规章制度和业务流程进行梳理和修订。

（4）组织或协助业务部门、人事部门开展合规培训，并向员工提供合规咨询。

（5）积极主动识别和评估与企业境外经营相关的合规风险，并监管与供应商、代理商、分包商、咨询顾问和承包商等第三方相关的合规风险。为新业务的开发提供必要的合规性审查和测试，识别和评估新业务的拓展、新客户关系的建立以及客户关系发生重大变化等所产生的合规风险，并制定应对措施。

（6）实施充分且具有代表性的合规风险评估和测试，查找规章制度和业务流程存在的缺陷，并进行相应的调查。对已发生的合规风险或合规测试发现的合规缺陷，应提出整改意见并监督有关部门进行整改。

（7）针对合规举报信息制定调查方案并开展调查。

（8）推动将合规责任纳入岗位职责和员工绩效管理流程。建立合规绩效指标，监控和衡量合规绩效，识别改进需求。

（9）建立合规报告和记录的台账，制定合规资料管理流程。

（10）建立并保持与境内外监管机构日常的工作联系，跟踪和评估监管意见和监管要求的落实情况。

（二）合规管理部门的设置方式

合规管理部门是负责施工企业合规工作的具体组织和执行部门，依照所规定的职责、权限、方法和程序独立开展工作，负责公司各部门和全体员工的合规管理工作，合规管理部门对公司高层负责。

合规管理部门人员应具备较高的思想素质和法制观念，坚持原则、忠于职守、廉洁奉公、公正无私，并具备相应的专业知识。合规管理部门必须制定相应的人员岗位责任制，明确任务，落实责任。合规管理部门工作人员同样应遵守公司各种规章制度和规定。合规管理部门依据国家及有关部门的法律法规、公司章程、公司内部管理制度和承包合同，在所赋予的权限内，按照所规定的程序和方法，对行为对象进行客观公正的检查监督并提出处理建议。

合规管理部门的设置有如下几种类型，每种类型都有各自的优缺点。企业应根据公司业务类型、组织结构、组织资源等因素选择合规管理部门的设置。参见表7-1。

表 7-1　合规管理部门的设置

序号	类型	特　点
1	合规管理部	在企业内部建立一个专业的合规管理部门，任命首席合规官作为合规管理总负责人。 优点：企业合规管理部门的独立性强，合规团队专业能力强，合规工作也做得相对专业。 缺点：要求企业投入大量的资金、人力等资源；对合规管理人员职业技能要求高，既要懂合规专业知识，又要懂具体的业务知识；合规管理部门与其他部门之间的沟通协调能力也要求较高。
2	法务合规部	把法务部或者法律事务部的管理职能与合规部门管理职能统一到法务合规部门职能之中，由法务合规部对企业的法律事务工作和合规管理工作进行统一管理。 优点：部门设立相对容易，投入成本相对较低，公司在设立合规管理部门时可以利用公司现有的法务部门的资源，因为大多数公司在成立合规部之前都有法务部门。另外，合规管理工作与法务部工作配合容易，因为合规管理部门有效开展工作的前提须对外部法律法规、监管等规定有正确的理解，在相同领导的情况下，合规管理部门与法务部门之间的沟通也相对顺畅。 缺点：按照这样的方式设置合规管理部门，开展工作时与其他部门的沟通协调要求较高，需要合规管理部门与业务部门密切配合，合规管理人员职业技能要求高，既要懂合规专业知识，又要懂具体的业务知识。
3	审计合规部	合规部与审计部结合形成审计合规部。 优点：便于企业对合规风险进行管理，企业可以通过较少的投入达到合规管理的目的。 缺点：独立性不强，适用于业务单一且面临合规风险较低的企业。以生产汽车为主的北京奔驰汽车就采用了此类型。

续 表

序号	类型	特　点
4	风控合规部	融合了公司治理、风险控制与合规管理。 优点：大大提升了合规管理部门整合公司资源的能力，有很强的独立性，方便了合规部门与风险管理部门的沟通，合规部门在进行合规风险评估时可以和风控部门结合起来共同开展工作，实现风险管理工作成果共享。 缺点：对合规部的领导力提出了很高的要求，同时也需要企业提供较多的资源支持，还需要与法务部门等其他部门加强沟通，平衡业务与合规风险管理的关系。
5	其他	具体根据公司业务类型、组织结构、组织资源而定。 如英国石油公司（BP）在集团层面设置“道德与合规部”进行合规管理，同时配以法律各领域专家提供日常的法律专业支持，来保证 BP 各部门的合规专业有效运行。 BP 公司除了在道德与合规部门工作的全职合规工作人员之外，在每个业务与职能部门及其每一个下属地区部门，都有一位部门领导兼任本部门的“道德与合规联络人”。其职责是确保各项合规制度在本部门的有效实施，并且就日常工作中的合规问题进行处理和解答。这种安排能够有效提高本部门领导的合规意识，以及高效率解决日常合规问题。

三、企业内部的合规管理体系

（一）董事会的合规责任

董事会作为决策层应以保证企业合规经营为目的，通过原则性顶层设计，解决合规管理工作中的权力配置问题。

董事会负责企业整体风险的预防和控制，审核、监督公司风险控制制度的有效执行，可以下设合规与风险管理委员会，负责对企业国内施工承包及境外施工经营的风险控制及合法合规进行审议、监督和检查，草拟企业风险管理战略，评估企业风险管理状况。

董事会对企业的合规管理承担最终责任，履行以下合规职责：

(1) 审核批准合规政策，监督合规政策的实施，并对实施情况进行年度评估。

(2) 审核批准公司年度合规报告，对年度合规报告中反映出的问题，采取措施解决。

(3) 根据总经理提名决定合规负责人的聘任、解聘及薪酬事项。

(4) 决定公司合规管理部门的设置及其职能。

(5) 保证合规负责人独立与董事会、董事会相关委员会，如审计委员会或者其他专业委员会沟通。

(6) 公司章程规定的其他合规责任。

(二) 监事会的合规责任

为了完成合规监督职能，监事会不仅要进行会计监督，而且要进行业务监督。不仅要有事后监督，而且要有事前和事中监督（即计划、决策时的监督）。监事会对经营管理的合规方面监督包括以下方面：

(1) 对企业董事、总经理和其他高级管理人员执行公司职务时违反法律、行政法规或者公司章程的行为进行监督并有权通知他们停止其非合规行为。

(2) 随时调查企业的合规执行状况，审查合规体系文件、合规记录和合规报告，并把审核意见向董事会报告。

(3) 当监事会认为有必要时，一般是在企业出现重大问题时，可以提议召开股东会。

(三) 管理层的合规责任

(1) 企业的高级管理层应分配充足的资源建立、制定、实施、评价、维护和改进合规管理体系。

（2）管理层人员应当熟悉工程建设相关法律、行政法规及国际性组织的监管要求，依法合规、勤勉、审慎地行使职权。管理层人员应当维护企业的统一性和完整性，在其职权范围内对企业经营活动进行独立、自主决策，不受他人干预，不得将其经营管理权让渡给股东或者其他机构和人员。

（3）管理层人员应当根据企业经营环境的合规要求，督促和落实合规责任体系建立和运行。

（4）管理层人员应当构建企业自身的合规文化，保持企业内部机构和人员合规责任体系、合规报告路径的清晰、完整，不得违反规定的报告路径，防止在内部责任体系、报告路径和内部员工之间出现割裂的情况。

（四）合规管理部门的合规责任

（1）协助领导构建企业合规管理体系，制订、修订企业的合规手册和其他合规风险管理规章制度；

（2）起草年度合规管理计划；

（3）主动识别、评估、监测和报告合规风险；

（4）负责各项具体合规工作方案的拟定，使合规工作顺利展开；

（5）起草合规报告；

（6）参与新业务的开发，识别、评估合规风险，提供合规支持；

（7）违规事件的调查处理，起草违规处理决定；

（8）梳理企业内控流程，提出相关改进建议；

（9）审查企业内部管理制度、业务规程，提供合规改进建议；

（10）组织合规培训并向企业员工提供合规咨询；

（11）跟踪法律法规、监管规定和行业自律规则的变动、发展，并根据其有关要求提出制订或者修改企业内部规章制度的建议；

（12）领导指派的其他工作及其他相关辅助。

（五）合规管理的主要内容

企业应以倡导合规经营价值观为导向，明确合规管理工作内容，健全合规管理架构，制定合规管理制度，完善合规运行机制，加强合规风险识别、评估与处置，开展合规评审与改进，培育合规文化，形成重视合规经营的企业氛围。

1. 合规管理的主要活动

合规管理旨在构造企业监督系统，对企业的决策系统和执行系统进行全程、动态的合规监控，监控的对象覆盖企业经营管理的全部内容，主要包括：

（1）定期学习法律、法规，传达监管要求，营造企业合规文化，提高员工合规意识；

（2）审核业务合同、各部门的制度和工作流程；

（3）依据合规要求，检查和评估日常经营管理活动的合规性；

（4）梳理整合各项法律法规、规章制度，开展合规培训；

（5）为新的承包合同提供合规支持；

（6）开展法律咨询，协同处理企业法律纠纷及其投诉。

2. 合规文化

合规文化建设是合规风险管理的一部分，同时也是企业文化建设的一部分。如果企业上下所有员工都严格遵守高标准的道德行为准则，那么该合规风险的管理就是最为有效的。

在企业内部要形成浓厚的合规文化，做到人人合规。所有员工都要有足够的职业谨慎，具有诚信正直的个人品行以及良好的风险意识和行为规范。企业内部要具有清晰的责任制和问责制，以及相应的激励约束机制，形成所有员工理所当然要为他从事的职业和所在岗位的工作负责任的氛围，进而逐步形成工程建设企业的合规文化。企业加强合规文化建设应从以下四个方面努力：

（1）管理层的重视。

（2）全员合规理念的建立，一定要改变“钻政策空子”“打擦边球”的观念，打消侥幸心理。

（3）合规部门与其他部门的配合、信息交流，实现资源共享，协同作战。

（4）有效落实合规考核机制。

3. 合规政策

合规政策是企业体现合规理念，培育合规文化，制定实现合规目标的纲领性、指示性的文件，对企业开展合规工作提出原则性要求。其内容包括：

（1）合规政策的制定。

企业的高级管理层（合规委员会）负责制定书面的合规政策，并根据合规风险管理状况以及法律、规则、准则及项目所在地的政策、宗教和文化环境的情况适时修订合规政策，报经董事会审议批准后传达给全体员工，定期评价各项合规政策和执行状况；若发现重大的合规问题，管理层必须立即向董事会汇报。

（2）进一步明确合规管理部门的职能。

为确保合规管理部门能在公司合规管理中充分发挥作用，对合规管理部门的责任至少应明确：①合规管理部门的功能和职责；②合规管理部门的权限；③合规负责人的合规管理职责；④保证合规负责人和合规管理部门独立性的各项措施，包括确保合规负责人和合规管理人员的合规管理职责与其承担的任何其他职责之间不产生利益冲突等；

⑤合规管理部门与其他部门之间的协作关系；⑥设立分支机构合规管理部门或项目部合规管理部门的原则。

（3）合规政策的落实。

①高级管理层：负责贯彻执行合规政策，确保发现违规事件时及时采取适当的纠正措施，并追究违规责任人的相应责任。

②企业职能部门及各项目部：遵循企业合规政策，研究制定本部门或本项目决策和运作的各项制度流程并组织实施，定期对本部门或项目的合规风险进行评估，对其合规管理的有效性负责。

③合规管理部门：作为合规风险的日常管理部门，主要负责识别、评估和监控合规风险，并向管理层和董事会提出合规建议和报告。

4. **合规审核**

通过审核，把外部监督可能发现的问题及时在内部发现并进行有效的处理，以减少企业损失和可能受到的处罚。

合规审核的程序一般包括：制定合规审核机制、合规审核调查、合规审核评价，具体内容见表 7-2。

表 7-2　合规审核的程序及内容

程序	内　　容
制定合规审核机制	制定合规审核计划，需要列出审核的目标、步骤和流程。
合规审核调查	合规人员开展内部合规审核时，可能出现内部人员不配合、刻意隐瞒实情的情况，需要合规部门人员进行审核调查，但审核调查手段不能干扰企业或项目日常的运作。
合规审核评价	合规审核工作需要进行阶段性的评估，可以由内部或外部人员进行，最终目的是改进合规部门的工作。

5. **合规审计**

企业合规管理职能应与内部审计职能分离。企业审计部门应对企业合规管理的执行情况、合规管理体系的适当性和有效性等进行独立审计。审计部门应将合规审计结果告知合规管理部门，合规管理部门也可根据合规风险的识别和评估情况向审计部门提出开展审计工作的建议。

6. **合规检查**

合规检查的主要目标是制度、程序和流程的执行情况，合规检查主要看企业各个层面，特别是施工项目部是否落实了合规要求，检查要点：

（1）企业各个层面是否按照相关法律法规和企业章程的规定履行职责，合规记录是否真实、准确、完整，是否按规定存档。

（2）合规问题的整改情况及违规责任人的处理情况。

（3）风险管理制度是否涵盖了不同风险控制环节。

（4）其他有需要检查的内容。

7. **合规培训**

企业应将合规培训纳入员工培训计划，培训内容需随企业内外部环境变化进行动态调整。境外经营相关部门和境外分支机构的所有员工，均应接受合规培训，了解并掌握企业的合规管理制度和风险防控要求。决策层和高级管理层应带头接受合规培训，高风险领域、关键岗位员工应接受有针对性的专题合规培训。合规培训应做好记录留存。合规培训的内容有（不限于）：

（1）企业内部的员工守则和各项业务的合规制度。

（2）国际商业公约及项目所在国特定合规要求。

（3）境内外合规案例警示教育。

8. 合规汇报、举报与投诉

合规负责人和合规管理部门应享有通畅的合规汇报渠道。合规管理部门应当定期向决策层和高级管理层汇报合规管理情况。汇报内容一般包括但不限于合规风险评估情况，合规培训的组织情况和效果评估，发现的违规行为以及处理情况，违规行为可能给组织带来的合规风险，已识别的合规漏洞或缺陷，建议采取的纠正措施，合规管理工作的整体评价和分析等。

如发生性质严重或可能给企业带来重大合规风险的违规行为，合规负责人或合规管理部门应当及时向决策层和高级管理层汇报，提出风险警示，并采取纠正措施。

企业应根据自身特点和实际情况建立和完善合规信息举报体系。员工、客户和第三方均有权进行举报和投诉，企业应充分保护举报人。

合规管理部门或其他受理举报的监督部门应针对举报信息制定调查方案并开展调查。形成调查结论以后，企业应按照相关管理制度对违规行为进行处理。

各层级人员对违规行为应有制止的义务，企业应有合规投诉处理的渠道和制度，合规投诉处理的流程为接收、审议、改进、反馈。合规投诉处理的措施包括：

（1）建立合规投诉渠道。

（2）建立合规投诉的管理办法或处理流程等制度。其中建议含保密、奖励等内容。

（3）规定相关处理极限范围、处理流程与时限等。

9. 合规考核

合规考核应全面覆盖企业的各项管理工作。合规考核结果应作为企业绩效考核的重要依据，与评优评先、职务任免、职务晋升以及薪酬待遇等挂钩。

境外经营相关部门和境外分支机构可以制定单独的合规绩效考核机制，也可将合规考核标准融入总体的绩效管理体系中。考核内容包括但不限于按时参加合规培训，严格执行合规管理制度，积极支持和配合合规管理机构工作，及时汇报合规风险等。

（1）建立考核目标。

企业应在相关部门和各层级建立合规目标作为考核依据。

企业策划如何实现合规目标时，应确定：

——做什么；

——需要什么资源；

——谁负责；

——何时完成；

——结果如何评价。

（2）建立员工合规操守考核制。

制订包括合规操守、合规业绩考核在内的绩效管理体系。每年初根据境外企业项目建设和生产经营的实际，制定考核指标并与主要负责人签订责任书，采取“月度通报、季度考核、半年小结、年度清算”考核机制，年底根据完成情况进行考核，合规业绩考核结果与企业工资总额、领导班子成员年薪和领导班子成员任职评价“三挂钩”。通过加强合规绩效考核，充分调动企业合规经营的积极性，促进资产的保值增值。将考核结果纳入年度绩效考核，与绩效工资挂钩，帮助员工提高合规意识，确保员工日常行为合规，遵守企业合规要求。

（3）建立违规问责制度。

对于发现的违规事件，要严格认定和追究违规行为人的责任，并采取有效的纠正措施，及时优化经营管理流程和修订相关规章制度，切实消除违规事件产生的影响。

10. 合规评价

企业应定期对合规管理体系进行系统全面的评价，发现和纠正合规管理贯彻执行中存在的问题，促进合规体系的不断完善。合规管理体系评价可由企业合规管理相关部门组织开展或委托外部专业机构开展。

企业在开展效果评价时，应考虑企业面临的合规要求变化情况，不断调整合规管理目标，更新合规风险管理措施，以满足内外部合规管理要求。

（1）建立法律法规及其他要求适用表。

合规性评价的基础工作是建立适用的法律、法规及其他要求清单。

· 立法机构和监管机构的法律、规则和准则；

· 市场惯例；

· 行业协会的行业规则；

· 内部职员行为准则；

· 诚实守信和道德行为准则。

（2）建立法律法规及其他要求合规性评价表。

（3）进行合规性评价。

①归口管理部门；

②评价频次；

③评价人员；

④评价依据；

⑤评价内容；

⑥评价记录；

⑦不合规处置。

（4）提出改进方法。

①企业合规性评价和改进建议表。

②撰写企业规章制度的修改建议书。

· 如果企业的规章制度体系文件与现行的法律法规有冲突，则必须对规章制度体系进行修改。

· 应该通过与有关部门的沟通，了解企业规章制度这样规定的原因，并探讨有无可能做出既合乎技术原理又合乎法律法规的方法。

· 在建议书中，必须写明既有文件的哪一部分与法律法规存在冲突，并给出修改意见。

四、合规管理中的风险控制方法

合规风险是指企业或其员工因违规行为遭受法律制裁、监管处罚、重大财产损失或声誉损失以及其他负面影响的可能性。

合规管理部门应深入调查、梳理各操作岗位的工作规程，研究各岗位原有的内控风险、管理体系风险及法律风险，针对各环节隐藏的或者有可能发生的合规风险进行系统排查，并梳理成全面的合规管理风险。参照国家的法律法规、有关政策和行业标准规范，结合企业实际运营的情况，整理各业务领域需要遵守的法律法规和其他标准，结合上述排查的合规管理风险，细化业务操作标准，量化要求。其后，强调风险提示，列出哪些岗位会出现风险操作、风险级别、业务流程环节中容易出现风险的操作点以及风险控制措施，便于业务操作人员在工作中能够有意地避开风险操作点，提高风险意识，加强自身责任感。这是企业达成合规要求、实现合规经营的根本策略。

整个风险管理过程是一个闭环系统（见图 7-1），随着风险应对策略的实施及风险监控过程中内外部环境或工作内容的变化，风险会出现许多变化，这些变化的信息可及时反馈，新的风险识别就能及时地对新情况进行风险评估和分析，从而调整并实施风险应对策略。这样循环往复，保持风险管理过程的动态性就能达到风险管理的预期目的。

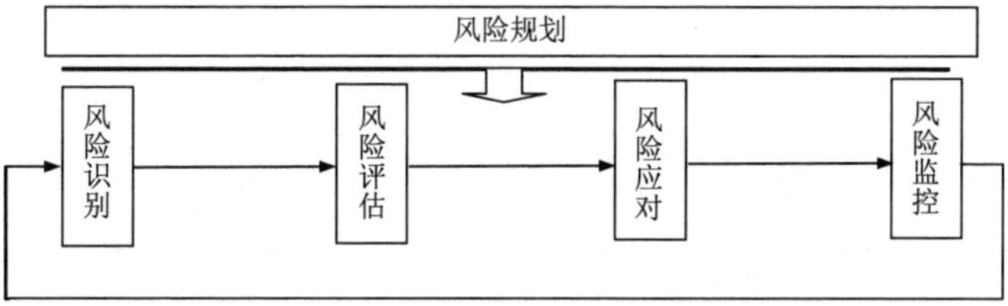

图 7-1　企业风险管理的全过程

（一）风险规划

风险规划是定义如何实施合规风险管理活动的过程，合规部门应该根据企业的业务类型、实施环境和人员特点，制定风险管理规划文档，即风险管理计划。该计划要与业务内容（如所承包的项目类型、项目战略优先级等）对企业和其他相关方的重要程度相匹配，其中特别需要注意的是业务（如工程项目承包）实施过程中关键相关方（如工程所在地政府、业主及企业自身领导层）对合规风险的容忍程度。

风险规划的内容应包括：

（1）确定合规风险管理的领导者和团队，明确其职责；

（2）确定合规风险管理活动所需资金及应急储备和管理储备的使用方案；

（3）确定在项目生命周期中实施合规风险管理过程的时间和频率；

（4）确定合规风险的分类方式和风险分解结构；

（5）记录各相关方的风险偏好度和风险临界值；

（6）根据具体的项目对风险的概率和影响进行定义；

（7）风险登记册、风险报告以及项目风险管理过程中的文档要求及内容格式等。

合规风险管理活动应纳入日常工作范畴，是合规管理工作的最重要组成部分。同时，企业应在合规风险规划阶段对各类相关人员做好合规培训工作。培训对象和内容见表7–3。

表7–3 企业合规培训对象和培训内容

序号	培训对象	培训内容
1	企业高层、高级合规官	如何建立企业合规管理体系
2	合规管理团队成员	合规管理团队的职责、应知应会等
3	从事境内经营的工程建设企业所有人员	境内合规要求、制度
4	从事境外经营的工程建设企业所有人员	境外合规要求、制度

可采取现场培训、书面培训、网络培训相结合的形式，由合规管理部门制定年度合规培训计划，由各业务部门提出培训需求，以工作的实际需要为出发点，与岗位紧密结合，根据年度培训计划、国家政策法规的变化及企业业务发展需要实施培训，有计划、有目的地组织各种形式的合规培训，强化合规经营理念。

（二）风险识别

企业应当建立必要的制度和流程（风险规划），识别新的和变更的合规要求。企业可围绕关键岗位或者核心业务流程，通过合规咨询、审核、考核和违规查处等内部途径识别合规风险，也可通过外部法律顾问咨询、持续跟踪监管机构有关信息、参加行业组织研讨等方式获悉外部监管要求的变化，识别合规风险。

企业境外分支机构可通过聘请法律顾问、梳理行业合规案例等方式动态了解掌握业务所涉国家（地区）政治经济和法律环境的变化，及时采取应对措施，有效识别各类合规风险。

企业的合规风险识别工作应该在整个经营过程中持续开展，并根据环境和业务特性的变化不断更新风险内容。

具体工程项目上的风险识别应以企业已识别的合规风险为基础，结合项目特性、所在地的环境（包含自然环境、社会环境、管理环境和作业环境）等因素，在合规管理部门的配合下，一同开展合规风险的识别。

可使用头脑风暴、核对单、访谈收集与风险相关的信息；通过根本原因、假设条件和制约因素、各种文件和 SWOT 等分析风险及其来源；召开专门的会议讨论和完善风险的识别。具体识别风险的方法见表 7-4。

表 7-4　常见风险识别方法

名称	方式	说　明
调查法	访谈	约访专家、工程管理人员，或通过实地观察走访等识别潜在的风险。
	专家会议讨论	通过成立风险管理专家小组，召开会议，利用其专业知识和经验识别潜在的风险。

续 表

名称	方式	说　明
头脑风暴法	自由联想讨论	组织一群人自由联想、讨论，发表自己的观点或看法，互不强制干预对方。
核查法	核查表	将之前相似项目发生过的风险归纳总结列成清单，核查拟建项目是否存在该类风险。
分解法	工作分解法（WBS）	将复杂的整体工程进行系统分解（单项工程-单位工程-分部分项工程-工序），分析潜在的风险和损失。
	风险分解法（RBS）	将整个工程的风险从不同的方面或层次分类，再将大类风险分解为具体的子风险。
	WBS-RBS	将复杂的工程工作和风险分别分解成简单、易于理解的基本单元，再将其耦合形成 WBS-RBS 矩阵，找出可能的风险因素。
情景分析法	场景假设	设想同一环境不同情境下可能出现的风险及其带来的损失。
假设条件和制约因素分析	实施条件审查	每个项目及其项目管理计划的构思和开发都基于一系列的假设条件，并受一系列制约因素的限制。探索假设条件和制约因素的有效性，确定其中哪些会引发风险。从假设条件的不准确、不稳定、不一致或不完整，可以识别出威胁，通过清除或改变会影响项目或过程执行的制约因素，可以创造出机会。
流程图法	流程图	将项目划分为连续的作业流程，再将各个作业流程划分为若干个具体板块，分析各板块中潜在的风险。

续　表

名称	方式	说　　明
SWOT分析	多维度进行分析	对项目的优势、劣势、机会和威胁进行逐个检查。
文件分析	历史资料分析	通过对企业或项目以往文件的结构化审查，可以识别出一些风险。可供审查的文件包括计划、假设条件、制约因素、以往项目档案、合同、协议和技术文件。

1. 合规风险识别的领域

企业识别、分析和评估合规风险可以从重点领域、重点环节、重点人员三方面考虑，参见表7-5。

表7-5　企业风险识别的领域

序号	类别	具体内容
1	重点领域	市场交易、商业伙伴、安全环保、施工质量、劳动用工、财务税收、知识产权、反腐、诚信与反贿赂。
2	重点环节	重要决策事项事前合规审查。境外施工重大决策、重大合同、大额资金管控、境外子企业公司治理等。
3	重点人员	管理人员、高风险岗位、海外人员。

2. 合规风险识别的框架

全面识别合规风险一个良好的方法是通过风险分解（RBS）建立合规风险识别框架。

（1）合规风险 RBS 建议，参见表 7-6。

表 7-6　合规风险 RBS 建议

类别	需合规的内容或风险点
国际条约、惯例和协议合规风险相关的规定主要来自联合国（UN）、国际劳工组织（ILO）、世界知识产权组织（WIPO）、国际标准化组织（ISO）、社会责任国际（SAI）、国际商会（ICC）、世界银行（WB）、石油输出国组织（欧佩克）等	·合同管理：FIDIC 条款、NEC 合同条款、JCT 合同条款、AIA 系列合同条件等； ·劳工权利：《国际组织劳工宪章》、《建筑业安全和卫生建议书》、《1990 年夜间工作公约》、SA 8000等； ·知识产权：《保护工业产权巴黎公约》《专利合作条约》《世界版权公约》等； ·环境保护：《生物多样性公约》《控制危险废物越境公约》《联合国气候变化框架公约》《巴塞尔公约》等； ·财务报告：COSO 全面风险管理框架、内部控制框架等； ·国际贸易：《国际贸易术语解释通则》《商业跟单信用证统一惯例》等； ·诚信与反贿赂：《世行诚信合规指南》《海外反腐败法案》等； ·……
国家（地区）性合规风险	·美国的《海外反腐败法案》《针对机构实体联邦量刑指南》《萨班斯法奥克斯利法案》； ·美国的“长臂管辖”司法判例； ·所在国出于国家安全和国家利益作出的行政决定，如美国把华为公司列入出口管制“实体名单”； ·所在国及地区出入境相关规定； ·驻所在国使领馆的规定和要求； ·……

续　表

类别	需合规的内容或风险点
宗教、文化和习俗合规风险	· 基督教； · 伊斯兰教； · 佛教； · 当地的其他教派和习俗； · ……
国内施工企业涉及的主要法律、法规合规风险	1. 法律 《中华人民共和国建筑法》《中华人民共和国安全法》《中华人民共和国消防法》《中华人民共和国民法典》《中华人民共和国招标投标法》《中华人民共和国土地管理法》《中华人民共和国城乡规划法》《中华人民共和国环境保护法》《中华人民共和国环境影响评价法》《中华人民共和国保险法》《中华人民共和国劳动法》等。 2. 行政法规 《工程建设质量管理条例》《工程建设安全生产管理条例》《工程建设勘察设计管理条例》《中华人民共和国土地管理法实施条例》等。 3. 部门规章 《工程监理企业资质管理规定》《注册监理工程师管理规定》《工程建设监理范围和规模标准规定》《建筑工程设计招标投标管理办法》《房屋建筑和市政基础设施工程施工招标投标管理办法》《评标委员会和评标方法暂行规定》《建筑工程施工发包与承包计价管理办法》《建筑工程施工许可管理办法》《实施工程建设强制性标准监督规定》《房屋建筑工程质量保修办法》《房屋建筑工程和市政基础设施工程竣工验收备案管理暂行办法》《工程量清单计价规范》《工程建设施工现场管理规定》《建筑安全生产监督管理规定》《工程建设重大事故报告和调查程序规定》《城市建设档案管理规定》《增值税暂行条例实施细则》等。

续 表

类别	需合规的内容或风险点
国内外行业专业技术合规风险	指针对不同的行业、不同质量控制对象制定的专业技术规范文件。包括规范、规程、标准、规定等，如：工程建设项目质量检验评定标准，有关建筑材料、半成品和构配件质量方面的专门技术法规性文件，有关材料验收、包装和标志等方面的技术标准和规定，施工工艺质量等方面的技术法规性文件，有关新工艺、新技术、新材料、新设备的质量规定和鉴定意见等。
企业内部制度和流程合规风险	· 公司章程； · 公司制度和业务流程； · 工艺流程和操作手册； · ……

（2）全面风险识别 RBS 建议，见表 7-7 至表 7-18。

表 7-7 境外工程建设企业全面风险识别框架（RBS 0 级）

序号	层次	风险类型
1	国家层面	经济风险、政治风险、社会风险、自然风险、法律风险
2	项目层面	招投标风险、设计风险、施工风险、采购风险、业主方风险
3	企业层面	融资风险、资金风险、组织结构风险、人力资源管理风险

表 7–8　国家层面：经济风险清单（RBS 1 ~ 2 级）

序号	风险因素	风险源
1	经济发展	所在国经济 GDP 总量及发展趋势如何？经济产业结构是怎样的？经济发展规划和政策有哪些？
2	通货膨胀	所在国通货膨胀率是多少？是否得到有效控制？发展趋势如何？国家的货币政策如何？
3	政府财政和债务	政府财政收入、来源及占比是多少？政府财政收支情况如何？政府外债与内债情况如何？政府外汇收入、来源及储备情况如何？
4	市场竞争	政府投资和私人投资情况如何？市场竞争激烈情况如何？市场竞争者来自哪些国家？中国企业的市场份额、分布领域和竞争优势怎样？
5	汇率变化	所在国采用何种货币？是否是国际货币？与美元的兑换比率是否稳定？汇率的发展趋势怎样？
6	外汇管制	所在国是否是外汇管制国家？所在国的外汇储备怎样？外汇管制的对象是哪些？外汇管制的范围有哪些？
7	华人经济团体影响	所在国是否存在华人商会或经济团体？这些商会团体对所在国经济的影响力如何？与当地政府和社会组织团体的关系如何？
8	商业银行合作	所在国的主要商业银行有哪些？银行的资信、业务及收费、效率情况如何？外国人可否开立银行账号和可办理的业务情况有哪些？

表 7-9　国家层面：政治风险清单（RBS 1 ~ 2 级）

序号	风险因素	风险源
1	政治制度	所在国政治体制是哪种（民主共和制/君主立宪制）？所在国民主程度如何？是否存在以及存在多大程度的独裁？政治权力在各组织机构之间如何划分？
2	政党及政策	所在国的政党情况如何？是一党制、两党制还是多党制？主要政党有哪些？主要政党对国家政策和政治权力的影响怎样？执政党及其他政党对华态度怎样？
3	国家信誉	所在国的国际信誉如何？是否有国家信用评级？评级情况如何？
4	政府腐败	所在国政府廉洁情况如何？腐败行为严重程度如何？政府是否就腐败问题采取打击措施？政府打击力度和决心怎样？
5	政策连续性	国家政策是否稳定？近几届政府更迭过程是否稳定？新政府对原政府行为（各项政令及外交政策）继承是否完整及政策是否稳定？
6	政局稳定性	国家政局是否稳定？影响国家政局稳定的主要因素有哪些？
7	战争或内乱	所在国是否存在反政府武装或恐怖组织？其破坏活动近年来是否频繁？国家是否已采取军事行动？未来的安全形势会如何？
8	国家关系	所在国周边国家政局是否稳定？其与周边国家关系如何？国际上有无敌视国？中国在该国是否设有大使馆？其与中国合作情况如何？
9	舆论风险	我方在项目所在国设立的机构是否建立了舆情监控机制？
10	工程协会	所在国是否存在工程协会？工程协会的作用及其对市场的影响如何？

续 表

序号	风险因素	风险源
11	紧急事故应对	我方在所在国设立的机构是否建立了紧急情况的应对机制？包括哪些具体的应急保障措施？
12	项目安保	我方在所在国设立的机构是否建立了安全保障管理制度？当地是否有专业的安保公司？费用如何？当地政府可否提供安保力量？
13	市场歧视	建筑市场对外国承包商的态度如何？中资企业在当地受欢迎程度如何？

表 7-10　国家层面：社会风险清单（RBS 1～2 级）

序号	风险因素	风险源
1	民族冲突	所在国有多少民族？各民族之间的关系如何？主要民族占人口比例及其对国家政治、社会的影响如何？
2	宗教冲突	所在国有无宗教信仰？具体信仰哪些宗教？宗教之间的关系如何？宗教对国家政治、社会、文化等的影响程度如何？
3	风俗禁忌	所在国有哪些风俗习惯？禁忌有哪些？
4	法定假日	所在国有哪些法定节假日？法定假日多不多？节假日如何分布？
5	劳工素质	社会教育体系是否完善？教育是否普及？公民受教育程度如何？
6	交流障碍	所在国官方语言是什么？较为通行的外国语言有哪些？
7	医疗卫生	所在国医疗保障体制是否健全？医疗水平和伤病费用成本如何？
8	社会治安	社会治安状况如何？偷盗、抢劫等暴力犯罪率高不高？

表 7-11 国家层面：法律风险清单（RBS 1 ~2 级）

序号	风险因素	风险源
1	法制差异	所在国属于英美法系、大陆法系还是其他法系？
2	法制是否健全	所在国的国家立法程序如何？法制是否健全？基本法律有哪些？法律法规调整是否频繁？
3	公民法律意识	当地法律文件是否易于获取？公民法律意识怎样？公民犯罪率如何？
4	执法风险	所在国执法部门法律执行力度如何？执法是否公正？
5	司法风险	司法环境如何？司法是否公正？司法效率如何？诉讼成本如何？
6	国际法约束	是否与中国签订双边或多边条约？是否共同加入某种国际组织？
7	公司法风险	所在国关于公司设立及治理的相关法律法规有哪些？主要规定是怎样的？
8	进口管理	所在国对进口程序和手续有哪些规定？海关检查是否严格？清关效率怎样？
9	外籍劳务限制	所在国关于外籍劳务的法律法规有哪些？是否对外籍劳务有明确的限制？外籍劳务需要办理哪些签证和手续？
10	外商投资法	所在国关于外商投资的法律法规有哪些？主要规定是怎样的？
11	投标法规	所在国关于投标的法律法规有哪些？主要的规定是怎样的？
12	合同法	所在国关于合同的法律法规有哪些？主要的规定是怎样的？
13	劳动法	所在国关于劳动关系、职业安全健康的法律法规有哪些？主要的规定是怎样的？对工人加班的时间和费用有何规定？

续 表

序号	风险因素	风险源
14	税法风险	所在国关于税收制度的法律法规有哪些？主要规定是怎样的？税率如何？对外国承包商有无优惠？税法是否定期修改？
15	环保法	所在国关于环境保护的法律法规有哪些？主要规定是怎样的？对于破坏环境行为的惩罚是怎样的？
16	企业资质管理	所在国关于建筑企业资质管理的法律法规有哪些？主要的规定是怎样的？资质分为几类几级？资质申请的程序和所需的材料有哪些？
17	工程纠纷管理	所在国关于诉讼、仲裁等争议解决方式的相关法律法规有哪些？主要的规定是怎样的？
18	所在国仲裁机构	所在国仲裁机构有哪些？这些机构的国际影响力、公正性、收费情况如何？
19	国际仲裁有效性	所在国是否为纽约公约成员？外国仲裁裁决在该国承认和执行情况如何？
20	法律资源获取	所在国的法律资源如何？有无国际知名律所？本国律师的水平和能力怎样？律师收费如何？该国有无知名的工程咨询专家和税务顾问专家？

表 7-12 国家层面：自然风险清单（RBS 1～2 级）

序号	风险因素	风险源
1	自然灾害	所在国自然灾害现象（地震、洪灾、旱灾、火山、台风等）是否严重？是否常年缺水？
2	气候恶劣	全年降雨量和气温如何？是否有明显的旱季和雨季？雨季和旱季的分布和持续时间？夏季的最高平均温度和冬季的最低平均温度？

续 表

序号	风险因素	风险源
3	水文地质	所在国的地形地貌如何？水文地质条件是否复杂？
4	传染疾病	所在国是否是传染疾病高发区？主要的传染疾病有哪些？病情是否得到有效控制？公民的疾病防范意识如何？
5	生态保护	所在国是否特注重对生态的保护？项目是否经过生态保护区？

表 7–13　项目层面：招投标风险清单（RBS 1～2 级）

序号	风险因素	风险源
1	投标程序	建筑市场投标的基本程序是怎么样的？公正性如何？外国企业投标需要哪些准备？
2	投标政策	所在国对本国企业和外国企业投标的政策是否不一样？具体政策是怎样的？
3	业主手续	业主的行政审批手续是否齐全？
4	工程量和工程范围	合同中关于工程项目内容描述是否清楚？是否存在可凭借推测和想象而导致工作范围扩大的成分？工程量是否有清单？
5	合同报价	合同计价方式约定是否明确？是固定总价合同还是可调总价合同？合同中有无关于价格调整方式的条款？合同价格包含的风险费是否足够？
6	融资要求	合同中是否要求承包商融资？融资额度是否超过企业规定标准？
7	保函担保	业主是否要求承包商提供保函担保？需要提供哪些保函？保函失效、失效条件及担保金额约定是否明确？
8	预付款约定	合同中是否约定工程预付款？预付款的比例是多少？预付款支付形式是什么？

续 表

序号	风险因素	风险源
9	进度款支付约定	合同中是否约定工程进度款的审批及支付时限？进度款的支付方式是什么？是否约定发包人未按时支付工程进度款的违约责任？
10	工程尾款支付约定	合同中是否约定工程尾款的审批和结算时限？工程尾款的支付方式是什么？是否约定发包人未按时支付工程尾款的违约责任？
11	质保金支付约定	合同中是否约定质量保修期和期满后工程质量保修款的清算和支付时限？
12	竣工结算约定	合同中是否约定工程竣工验收的条件？是否明确规定竣工结算审核单位和审核时限？是否约定中间结算和结算时限？
13	付款形式	合同工程款结算的币种有哪些？业主以何种方式付款？
14	工程变更	是否约定工程变更、洽商、签证价款的审批和支付时限？
15	违约赔偿	合同对双方违约的责任是否做出明确的规定和量化？对赔偿的条件和形式是否约定？
16	条款不平等	业主是否特意将自身承担的风险定义模糊化？风险范围是否缩小？是否将一些不可抗风险全部强加给承包商？
17	条款不严谨	合同对一些重要性条款有没有清晰的定义？规定是否详细？前后是否存在矛盾？
18	合同条款误解	合同条款翻译是否正确？双方就条款的理解是否进行沟通并达成一致？
19	业主免责	合同条款关于业主责任的要求是否明确？有无具体的制约措施？

表 7-14　项目层面：设计风险清单（RBS 1～2 级）

序号	风险因素	风险源
1	设计标准	业主要求使用的设计标准规范是哪些？中国标准、欧美标准、所在国自身标准规范有哪些？设计分包商对国外标准规范的熟悉程度如何？
2	设计技术	设计院或分包商的资质如何？是否做过海外工程的设计？设计团队人员组成结构是否合理？设计人员的设计经验如何？
3	设计资料	业主提供的资料信息是否真实、完整和更新？承包商是否亲自到项目现场勘察过？勘察资料的深度和广度是否满足设计要求？
4	设计方案	承包商是否深入研究业主提出的技术指标和要求？设计方案是否合理？业主是否会因喜好任意要求承包商改变设计方案？业主对设计方案的审批效率如何？
5	设计变更	设计分包商是否正确理解业主的概念要求？业主对项目的要求是否一次性交代清楚？
6	衔接风险	设计部门的时间安排是否合理？与采购部门、施工部门工作的衔接是否顺畅？

表 7-15　项目层面：采购风险清单（RBS 1～2 级）

序号	风险因素	风险源
1	本地材料设备供应	所在国有无项目所需的材料设备？当地材料的质量能否达到项目要求？当地的材料生产能力和设备生产效率能否满足项目的需求？材料和设备的价格怎么样？
2	材料设备采购计划	各种材料和设备的采购来源是否合理安排（当地、中国还是第三国）？每次材料采购数量是否经济？采购计划是否合理和灵活？

续 表

序号	风险因素	风险源
3	供货商供货	供货商的信誉情况怎么样？供货数量和质量是否有保障？能否及时供货？供货规格是否与项目匹配？售后服务怎么样？
4	物流运输	物资运输形式和成本如何？运输速度和安全性如何？货物运输损耗大不大？清关手续是否复杂？货物是否在所在国进口管制名单内？
5	物价上涨	材料设备价格是否上涨？跨国采购时货币汇率是怎样的？
6	采购报价	业主是否指定供货商？供货商的数量有多少？承包商询价是否方便？供货商报价是否合理？供货商会不会坐地起价？

表 7-16　项目层面：施工风险清单（RBS 1～2 级）

序号	风险因素	风险源
1	施工技术	技术交底是否清楚？施工工艺是否落后？专项施工方案是否得到论证以及效果如何？有无采用新工艺和技术？
2	安全措施	现场安全措施是否到位？执行力如何？是否安排专职安全巡视员？
3	施工人员管理	施工人员素质如何？施工人员是否服从安排？施工人员是否会盗窃材料设备？施工人员是否会集体要求涨薪或罢工？施工人员是否接受加班安排？
4	分包商管理	分包商之间的施工界面是否清晰？分包商进场安排是否合理？与分包商之间的沟通是否顺畅？有无做好各分包商之间的协调？

续　表

序号	风险因素	风险源
5	材料设备管理	现场材料设备是否有专人看管？设备的保养怎样？材料的进场是否及时？设备之间的调度是否协调？
6	基础设施	施工现场的供水供电是否充足？交通方不方便？
7	施工组织	施工方案是否可行？施工进度计划是否科学？施工现场平面布置是否合理？
8	施工影响控制	施工过程中有无注意保护周围的生态环境？有无干扰到周围居民的生活？有无对周围建筑和地下管线造成影响？
9	劳工流动	当地的劳工是否充足？劳工的流动性大不大？
10	技术文件翻译	公司是否拥有既会说当地语言又懂工程技术的人才？技术文件的翻译与原文贴近程度如何？
11	项目目标管理	项目目标分工是否明确？是否制定严格的项目目标管理体制？项目目标管理计划是否严格执行？

表 7-17　项目层面：业主方风险清单（RBS 1～2 级）

序号	风险因素	风险源
1	业主支付不及时	业主拖欠工程进度款和竣工结算款的情况如何？业主对承包商的请示回复情况如何？
2	业主干预	业主是否强行干预项目的管理，发号一些不合理的指令？
3	需求变更	业主会否因经济问题减少项目工作量或范围？业主是否要求承包商执行合同规定之外的工作？

表 7-18　企业层面：企业风险清单（RBS 1～2 级）

序号	风险因素	风险源
1	融资风险	企业的融资能力如何？融资渠道有哪些？融资是否得到国家支持？
2	资金短缺	企业的资金运转是否正常？是否有足够的资金维持垫资施工？
3	人力资源管理	企业雇用当地员工和国内员工的规划是否合理？员工的培训计划和费用如何？薪酬制度是否透明公正？
4	企业内部组织管理	企业的管理团队是否团结？内部是否拉帮结派？与当地建筑企业是否存在腐败交易？管理人员结构安排是否合理？各自的责任与权力是否明确？
5	组织结构	企业项目组织机构采用何种形式？机构设置是否合理？

3. **风险识别的结果**

风险识别的最终成果是建立风险登记册，记录已经识别的风险、潜在的风险责任人和潜在的风险应对措施。

（三）风险评估

风险评估是指根据工程所处的环境，风险管理人员应用统计、概率分析等方法对已识别风险的发生概率和影响进行综合分析的过程。其主要目的是对风险进行优先级排序，筛选出高优先级的风险重点关注。

企业应通过考虑不合规的原因、来源、后果的严重程度、不合规及其后果发生的可能性进行合规风险评估。后果包括（不限于）：个人和环境伤害、经济损失、声誉损失和行政责任等。

企业可根据企业的规模、目标、市场环境及风险状况确定合规风险评估的标准和合规风险管理的优先级。

企业进行合规风险评估后应形成评估报告，供决策层、高级管理层和业务部门等使用。

风险具有动态性、紧迫性、临近性、潜伏期、可控性、连通性、可监测性、可管理性、不确定性、相对性、突发性等众多特性。传统的风险评价方法大都认为风险度为风险发生概率 P 与风险损失 I 的乘积，即 R=P x I。这种分析方法仅从概率和损失两个维度来评价风险，不能全面反映风险的发生过程和规律，可能会导致错误的结果。有必要将风险分析从两维向三维甚至多维拓展，也就是除了考虑风险发生的概率和风险损失，还需考虑风险的可控性、紧迫性、临近性等风险特性指标，用风险特征向量表示如下：R=（R_1，R_2，R_3，R_4，R_5…）=（概率、损失、可控、紧迫、临近…）。

风险各评价维度的具体含义如下：

（1）发生概率：风险在工程全过程中发生的可能性大小。

（2）损失：风险发生后影响工程进度、质量、成本等目标而造成的损失，以及连带给企业的经济损失、声誉损失和行政责任等。

（3）紧迫性：为有效应对风险而必须采取应对措施的时间段。时间短就说明紧迫性高。

（4）邻近性：风险在多长时间后会影响一项或多项项目目标。时间短就说明邻近性高。

（5）可管理性：风险责任人（或责任组织）管理风险发生或影响的容易程度。如果容易管理，可管理性就高。

（6）可控性：风险责任人（或责任组织）能够控制风险后果的程度。如果后果很容易控制，可控性就高。

（7）可监测性：对风险发生或即将发生进行监测的容易程度。如果风险发生很容易监测，可监测性就高。

（8）连通性：风险与其他风险存在关联的程度大小。如果风险与多个其他风险存在关联，连通性就高。

（9）战略影响力：风险对组织战略目标潜在的正面或负面影响。如果风险对战略目标有重大影响，战略影响力就大。

（10）密切度：风险被一名或多名相关方认为要紧的程度。被认为很要紧的风险，密切度就高。

值得说明的是，并不是每一个风险特性都需要考虑，除概率和损失外，其他的特性根据项目的情况进行选择，并设定相应的权重。各项评分应由经验丰富的专家进行打分，评分的标准应在风险规划中设定，多位专家的多重评分会显著提高风险评估的准确性。表 7-19 是风险评估模型示例。

表 7-19　风险评估模型（示例）

<table>
<tr><td rowspan="2">风险
10 分制</td><td>维度</td><td>概率</td><td>损失</td><td>可监测性</td><td>紧迫性</td><td>……</td><td rowspan="2">综合
评分</td><td rowspan="2">优先级</td></tr>
<tr><td>权重</td><td>30%</td><td>30%</td><td>5%</td><td>5%</td><td>……</td></tr>
<tr><td>风险 A</td><td>/</td><td>9</td><td>8</td><td>8</td><td>8</td><td>……</td><td>8.3</td><td>1 级</td></tr>
<tr><td>风险 B</td><td>/</td><td>7</td><td>8</td><td>5</td><td>6</td><td>……</td><td>6.5</td><td>3 级</td></tr>
<tr><td></td><td colspan="8">……</td></tr>
</table>

（四）风险应对

企业应建立健全合规风险应对机制，对识别评估的各类合规风险采取恰当的控制和处置措施。发生重大合规风险时，企业合规管理机构和其他相关部门应协同配合，依法及时采取补救措施，最大程度降低损失。必要时，应及时报告有关监管机构。

合规风险的应对主要从五个大方面考虑，即风险上报、风险规避、风险减轻、风险接受和风险转移，见图 7-2。

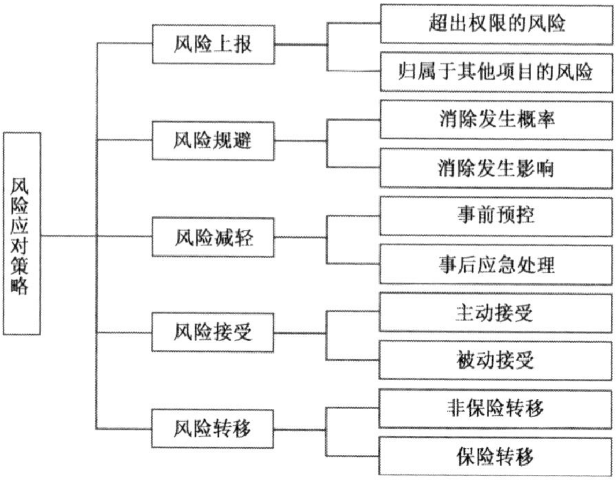

图 7-2　风险应对方案框架图

1. 风险上报

如果某风险不在职责范围内，或提议的应对措施超出了责任人能力或权限，就应该采用上报策略。被上报的风险将在相应的相关部门加以管理。而风险责任人应确定就风险通知哪些人员，并向该人员或组织部门传达关于该威胁的详细信息。

上报策略带来的好处是能在更高层次进行统筹管理，能调动更多的资源来响应风险。合规管理人员应该充分意识到上报并不是责任推诿，也更应清楚地意识到如果在超出职权能力范围内自行管控风险或是瞒报而导致风险没有得到及时有效处理，都将导致最终的失控。

2. 风险规避

风险规避是指采取行动来消除威胁，避免受威胁的影响。规避策略应对的核心是“阻断”，即把概率降低到零。或者风险发生了，主体也会受保护而不受影响。

某些合规风险发生概率和损失都很大，但又没有经济有效的措施来减小风险，合规管理人员就应该采取放弃项目或原计划，或者改变目标，避免损失。

采取风险规避常需同时满足以下三点：

（1）对合规风险要有足够的认识和把握。

（2）该风险发生的概率很高，带来的后果很严重。

（3）采用其他应对策略的代价超过风险所带来的经济效益，只有采取风险规避才能将项目损失降到最低。

但运用该策略时也须认识以下三点：

（1）风险是始终存在的，规避这个风险可能会面对另外一个新的风险。

（2）规避风险也就丧失了从该风险中获取利益的机会。

（3）风险规避要把握最佳时机，当断则断。

如上所述，在采取规避策略的时候，往往需要付出相对较大的代价，因此在制定策略的时候需要权衡经济性和可行性，如果无法完全规避，可以考虑强化其他策略。

3. 风险减轻

风险减轻是指采取措施来降低威胁发生的概率和（或）影响，最终使风险处在可控范围内。当风险应对目标是只需可防可控时，或对于需要完全消除风险（高风险），但因风险特性或其他因素无法采用规避措施时，优先采用减轻策略。

采取减轻策略，在具体应对方案的制定时，从风险严重性的因素入手，通过强化过程控制来降低概率和损失。

它一般包括事前控制和事后控制。事前控制是指通过制定防范性措施来降低风险事件发生概率的行为，分为有形的和无形的。有形的措施如高空作业人员必须系安全带，脚手架挂安全网；进场人员须带安全帽；易燃易爆材料远离办公场所等。无形的措施如对现场工作人员进行风险教育；制定严格的风险管理制度；采取多种货币结算方式等。事后控制是指通过制定应急处理计划来尽量减小风险事故所造成的损失或抑制事故的进一步发展的行为。相应的措施如调整施工进度和材料设备采购计划；准备索赔证据，计算索赔金额，递交索赔报告；查看项目资金链运转状况，调整融资计划等。

4. **风险接受**

风险接受，又称为风险自留。

风险接受是指承认风险的存在，事前不主动采取措施，因此它不改变风险的概率和损失，依靠自身的力量来承担风险事故损失的行为。此策略可用于低优先级威胁，也可用于无法以任何其他方式加以经济有效地应对的威胁。对于采用接受型风险（暂时不管它），有两种建议，一是为它建立应急储备，包括预留时间、资金或资源以应对出现的威胁；二是定期审查，确保其并未发生重大改变。

5. **风险转移**

转移涉及将应对威胁的责任转移给第三方，让第三方管理风险并承担威胁发生的影响。采用转移策略，通常需要向承担威胁的一方支付风险转移费用。购买保险、使用履约保函、使用担保书或保证书是转移的最常见手段。

该行为并不能减小风险发生的概率和损失，而只是将风险损失转移给最有能力承担或控制的其他组织或个人。一般分为保险转移和非保险转移。

保险转移是指项目主体通过购买工程保险来将风险转移给保险公

司。常见的保险转移措施有：建筑工程一切险、安装工程一切险、社会保险、车险、汇率险等。

非保险转移是指项目主体通过签订合同将风险转移给对方。该方法能够转移那些不可投保但被转移者长于该类风险管理的风险。但要注意被转移者的财务能力，一旦无法承受风险带来的损失而破产，那么最终的损失仍由转移者承担。此外，为确保风险转移的顺利落实，在合同中须明确规定双方的权利与责任。常见的非保险转移措施有：工程分包、转包、担保、出售，技术转让，设备租赁，免责合同等。

（五）风险监控

监控风险是在整个项目期间，监督商定的风险应对策略的实施、跟踪已识别风险、识别和分析新风险，以及评估风险管理有效性的过程。

由于在项目实施过程中合规风险是不断变化的，企业应落实监控措施，管理合规义务和对应的合规风险，实现预期的行为。

采取有效的监控措施确保满足合规义务，能够预防或发现不合规事件并纠正。充分而严格地设计各类、各层次的监控措施，以促进企业的活动和运行环境实现合规义务。

比如：控制包括：

——清晰、实用并易于遵循的文件化运行方针、程序、过程和操作指示；

——系统和异常报告；

——审批；

——划分有冲突的角色和职责；

——自动化过程；

——年度合规计划；

——员工绩效计划；

——合规评估和审核；

——管理层的承诺和促进合规行为的其他措施；

——对预期的员工行为（标准、价值观和行为准则）进行主动、公开并经常的沟通。

风险监控方法如下：

（1）风险审计：专人督察风险监控机制的执行情况，并定期对风险执行过程进行审核。

（2）风险审查会：定期召开合规风险的审查会，来检查和记录风险应对策略的有效性。在风险审查中，还可以识别出新的合规风险，并及时制定应对措施。

（3）技术指标分析：比较计划技术指标与实际技术指标之间的差异。

（4）风险预警监督：度量项目在运作过程中某指标偏离预警线的强弱程度、发出预警信号并提前采取防范措施的系统。

结　语

开展境外经营是中国企业实现企业发展战略，参与“一带一路”建设，推进中国与世界各国互利共赢的重要方式。强化合规经营意识是企业海外经营行稳致远的前提。

不论国内还是国外，廉洁、合规都已成为世界范围内对企业的基本要求，国际机构以及国家、行业组织等各个层面的监管力度都将越来越严，企业依法合规经营已经成为当今企业治理的国际趋势。中国的工程建设企业也应当积极顺应国际趋势，认识到建立合规制度、强化合规监管的重要性，努力建设和实施符合国际标准的合规经营制度。

我国工程建设企业在“走出去”过程中，因合规被处罚的案例比比皆是，而在海外失败项目中的经验教训，往往具有很高的相似度。“屁股出去了，脑袋还留在国内”，这十分形象而深刻地概括了造成合规问题的原因。我国的工程建设企业在国内市场中在技术、工期等方面创造了一系列的奇迹，但是我们必须清醒地认识到，这些奇迹的产生是因为有中国这个得天独厚的市场环境占尽了“天时、地利、人和”，一旦脱离了这个熟悉的市场环境，丧失了我们赖以创造奇迹的土壤，中国承包商很难复制“中国速度”。

我国工程建设企业在几十年“走出去”的过程中所形成的经验，往往是以高成本作为代价的。而用高成本所换来的境外工程经验，又常常是低效率的。一方面，获得经验的往往是个人，而个人的经验很难转化为组织合规体系的部分，常常出现“人走了，经验也被带走了”的怪现象。然后，企业又不得不重新开始“交学费”和积累教训，很少能够像大多数成熟的国际承包商那样，及时把经验和教训总结、固定下来，形成失败项目的案例库。另一方面，我国“走出去”的工程企业之间很难建立有效的沟通交流机制，个别企业的经验教训很难成为整个行业的共同财富。如果不能突破这种不断重蹈覆辙的恶性循环，我们所付出的“学费”会更加惊人。

基于这些考虑，我们编制了本书。该书是境外合规经营的经验总结，期望能通过我们的努力，把大家的经验串联起来，能对境外经营人员及企业对境外各国的经营方式及合规要求有总体的了解。同时，希望通过本书的阅读能使企业在对合规意识、合规文化及合规具体要求上有所重视。

附　录

附录 1　孟加拉国部分政府部门和相关机构一览表

（1）总理办公室，网址：www. pmo. gov. bd

（2）内阁局，网址：www. cabinet. gov. bd

（3）公共管理部，网址：www. mopa. gov. bd

（4）财政部，网址：www. mof. gov. bd

（5）法律、司法及议会事务部，网址：www. minlaw. gov. bd

（6）农业部，网址：www. moa. gov. bd

（7）食品及灾难管理部，网址：www. mofdm. gov. bd

（8）邮电与信息技术部，网址：www. ptd. gov. bd

（9）信息部，网址：www. moi. gov. bd

（10）宗教事务部，网址：www. mora. gov. bd

（11）船运部，网址：www. mos. gov. bd

（12）外交部，网址：www. mofa. gov. bd

（13）计划部，网址：www. mop. gov. bd

（14）环境与林业部，网址：www. moef. gov. bd

（15）国防部，网址：www. mod. gov. bd

（16）劳动就业部，网址：www. mole. gov. bd

（17）纺织与黄麻部，网址：www. mof. gov. bd

（18）住房及公共工程部，网址：www. mohpw. gov. bd

（19）商务部，网址：www. mincom. gov. bd

（20）能源、电力及矿产资源部，网址：www. emrd. gov. bd
（21）吉大港山区事务部，网址：www. mochta. gov. bd
（22）民航及旅游部，网址：www. mocat. gov. bd
（23）国土部，网址：www. minland. gov. bd
（24）妇女及儿童事务部，www. mowca. gov. bd
（25）渔业及畜牧部，网址：www. mofl. gov. bd
（26）青年体育部，网址：www. moysports. gov. bd
（27）交通部，网址：www. moc. gov. bd
（28）工业部，网址：www. moind. gov. bd
（29）教育部，网址：www. moedu. gov. bd
（30）基础及大众教育部，网址：www. mopme. gov. bd
（31）科技部，网址：www. mosict. gov. bd
（32）社会福利部，网址：www. msw. gov. bd
（33）水资源部，网址：www. mowr. gov. bd
（34）文化部，网址：www. moca. gov. bd
（35）内政部，网址：www. mha. gov. bd
（36）健康及家庭福利部，网址：www. mohfw. gov. bd
（37）解放战争事务部，网址：www. molwa. gov. bd
（38）铁道部，网址：www. railway. gov. bd
（39）侨务及海外就业部，网址：www. probashi. gov. bd
（40）农村发展合作局，网址：www. rdcd. gov. bd
（41）地方政府局，网址：www. lgd. gov. bd

附录 2　孟加拉国华人商会、社团和主要中资企业一览表

序号	名　　称	邮　　箱
1	孟加拉国中资企业协会	cccb88@ gmail. com
2	孟加拉国华侨华人联合会	secretariat@ ocaib. org
3	海能达通信股份有限公司孟加拉国办事处	shadow. zhang@ hytera. com
4	华为技术（孟加拉国）有限公司	zhangqidi@ huawei. com
5	江苏徐州矿务集团有限公司孟加拉国代表处	mgfdhaka@ 163. com
6	江西中煤建设集团有限公司孟加拉国代表处	jxzmbdoffice@ 163. com
7	金景纺织化工有限公司孟加拉国代表处	dhaka. goldview@ gmail. com
8	京华国际旅行社	xiaorongf@ hotmail. com
9	兰雁集团孟加拉国公司	anq@ sdlanyan. com
10	龙建路桥股份有限公司派拉桥项目	pairabridge2016@ 163. com
11	东方电气集团国际合作有限公司驻孟加拉国办事处	yangwenchuang@ decintl. net
12	山东电力建设三公司孟加拉国代表处	wangj@ sepco3. com
13	上海电气电站工程公司孟加拉国代表处	Liugang19681008 @ hot-mail. com
14	威海国际经济技术合作股份有限公司孟加拉国分公司	limeng@ wietc. com

续 表

序号	名　　称	邮　　箱
15	新希望集团孟加拉国代表处	nhfmbd@ newhopegroup. com
16	长城孟加拉有限公司	greatwall. water@ gmail. com
17	中工国际工程股份有限公司	wangxiaojiao@ camce. com. cn
18	中国成套设备进出口总公司孟加拉国代表处	linweiqiang@ complant-ltd. com
19	中国地质工程集团公司孟加拉国分公司	cgcbd@ 163. com
20	中国电建湖北工程有限公司孟加拉国代表处	qw_ hb@ powerchina. cn
21	中国电建集团国际工程有限公司	pandengyu @ powerchina - intl. com
22	中国电力工程有限公司孟加拉国分公司	wangyongjunmegt@ 163. com
23	中国电线电缆进出口有限公司孟加拉国代表处	hongyu. deng@ ccceng. cn
24	中国东方航空孟加拉国代表处	jkbai@ ceair. com
25	中国港湾工程有限责任公司孟加拉国代表处	bangladesh@ chec. bj. cn
26	中国葛洲坝集团有限公司孟加拉国代表处	bangladesh@ cggcintl. com
27	中国黑龙江国际经济技术合作公司孟加拉国代表处	guangqiushi@ live. cn
28	中国化学工程第七建设公司孟加拉国代表处	qhjhuangzy@ 126. com
29	中国机械进出口集团有限公司孟加拉国代表处	zhuguanglei@ cmc. genertec. com. cn

续 表

序号	名 称	邮 箱
30	中国技术进出口总公司孟加拉国代表处	wangliang@ cntic. genertec. com. cn
31	中国路桥工程有限责任公司孟加拉国代表处	pangm@ crbc. com
32	中国南方航空公司孟加拉国代表处	dacsale@ csair. com
33	中国能建东北电力第三工程有限公司	liudongjiecn@ gmail. com
34	中国能源建设集团广东火电工程有限公司	jfxu3019@ ceec. net. cn
35	中国石油天然气管道局	cpp_ bd@ 163. com
36	中国水电建设集团国际工程有限公司孟加拉国代表处	hankun @ powerchina - intl. com
37	中国通信服务有限公司孟加拉国分公司	lyf_ sptdi@ 126. com
38	中国土木工程集团驻孟加拉国办事处	ccecc-bd@ ccecc. com. cn
39	中国外运孟加拉国有限公司	shiyang@ sinotrans. com
40	中国五环工程有限公司孟加拉国代表处	wangxiqing@ cwcec. com
41	中铁大桥局集团公司孟加拉国代表处	pnh2008@ 163. com
42	中铁国际集团有限公司孟加拉国代表处	weixiaojun@ crecgi. com
43	中铁一局集团有限公司孟加拉国代表处	liuyadong@ crfeb. com. cn
44	中兴通讯有限公司孟加拉国代表处	Wang. bo122@ zte. com. cn
45	新竹轩餐饮有限公司	xiaorongf@ hotmail. com
46	中国建筑第七工程局有限公司	guoshichao@ cscec. com
47	上海建工集团有限公司孟加拉国联络处	hwb@ scg-overseas. com
48	中国航空技术国际控股有限公司	viplhf@ gmail. com
49	城晓控股集团孟加拉国公司	David. TING@ ckeex. com

续 表

序号	名　　称	邮　　箱
50	中国能源建设集团东北电力第一工程有限公司孟加拉国区域公司	NEPCROYLUO@ 163. COM
51	中国建筑股份有限公司孟加拉国代表处	li _ yulin @ chinaconstruction. com
52	中铁十七局集团有限公司孟加拉国代表处	411601036@ qq. com
53	中国能源建设集团广东省电力设计研究院有限公司孟加拉国代表处	xubin@ gedi. com. cn
54	东连制衣有限公司	Skyong @ donglian - fashion. com
55	大湖国际有限公司	whoysan@ gmail. com
56	中国铁建大桥工程局集团有限公司孟加拉国分公司	crbgbangladesh@ hotmail. com
57	武汉烽火国际技术有限责任公司	xiaozy@ fiberhome. com
58	孟加拉国运城制版有限公司	huyuncolgx@ 163. com
59	云南能投联合外经股份有限公司孟加拉国代表处	lishuntao@ aliyun. com
60	中国技术进出口总公司孟加拉国代表处	wangliang@ cntic. genertec. com. cn
61	三一重工有限公司孟加拉国代表处	francesco@ sany-mmr. com
62	浙江大华技术股份有限公司	hu_ wentao@ dahuatech. com
63	中国成达工程有限公司驻孟加拉国代表处	fangdong@ chengda. com
64	迪尚毛衫有限公司	wjz11188@ dishang. com
65	武汉凯迪电力工程有限公司孟加拉国代表处	huwei@ kdpe. com. cn

续 表

序号	名　　称	邮　　箱
66	河北建设勘察研究院有限公司孟加拉国分公司	348190996@ qq. com
67	安徽水安建设集团有限公司孟加拉国办事处	ascg-bangla@ qq. com
68	天威新能源科技有限公司	dingleiyy@ hotmail. com
69	中国能源建设集团西北电力建设工程有限公司孟加拉国代表处	cqliu3414@ ceec. net. cn
70	浪潮集团有限公司	qichao@ inspur. com
71	潍柴控股集团有限公司孟加拉国代表处	shaz@ weichai. com
72	利德成服装有限公司	chen. jianhao@ lizfashion. com
73	北京中缆通达电气成套设备公司孟加拉国办事处	caijun. chen@ ccceng. cn
74	中国成套工程有限公司	995515493@ qq. com
75	通威股份有限公司孟加拉国分公司	dengdg@ tongwei. com
76	中国能源建设集团浙江火电建设有限公司孟加拉国代表处	zhanjintao@ ceecztpc. com
77	中铁二十四局集团有限公司	cao. jinpeng@ foxmail. com
78	中石化国际石油工程孟加拉国子公司	chengpeng25@ 126. com
79	中国电建集团福建工程有限公司	fjec. dhaka@ gmail. com
80	哈尔滨电气国际工程有限责任公司	gaoqiang@ china-hei. com
81	河南省水利第一工程局	chwe_ bd@ hotmail. com
82	中国一冶集团有限公司	cfmcc_ bd@ 163. com
83	中国电建市政建设集团有限公司	jiangningan@ stecol. cn
84	中国铁建港航局集团有限公司	suimingguo@ hceb. cn

续 表

序号	名　　称	邮　　箱
85	中国交通建设股份有限公司孟加拉分公司	ccccbangla@ gmail. com
86	上海德克花边（孟加拉）有限公司	liyan@ shdeck. com
87	豫水设计集团有限公司	814018335@ qq. com
88	中国纺织对外经济技术合作有限公司	houyqindhaka@ qq. com
89	阿利發汽车（达卡）有限公司	401689787@ qq. com
90	西安西电国际工程有限责任公司	guomc@ xianelectric. com. cn
91	中铁大桥勘测设计院集团有限公司	xurundong@ qq. com
92	中国电建集团山东电力建设第一工程有限公司	jt@ sepco1. com zhangqi@ sepco1. com
93	北方国际合作股份有限公司	lins@ norinco-intl. com
94	永顺丰国际物流有限公司	liuwentao@ iplinternational. com
95	顺丰机械工业有限公司	davisliu@ qq. com
96	东信和平智能卡（孟加拉国）有限公司	richardlee@ eastcompeace. com. bd
97	威士高物流孟加拉有限公司	vito@ viscologistics. com
98	中国电建上海电力建设有限责任公司	pengzhangwen @ sepcc. com. cn
99	中国机械设备工程股份有限公司	wangbing@ mail. cmec. com
100	湖南建工集团有限公司	zxg210@ 163. com xtzxyx@ 163. com
101	株洲金源化工有限公司	ywang134@ qq. com
102	中国铁建国际集团有限公司孟加拉分公司	yuqiu@ crcc. cn jerryyang2008@ foxmail. com
103	青岛林泰国际贸易有限公司	lintai@ bdchina. com

续 表

序号	名　称	邮　箱
104	大地管桩（孟加拉）有限公司	zjh-dadi@ foxmail. com
105	达卡绕城高速公路开发有限责任公司（四川路桥集团）	srbg_ no1@ 163. com
106	武汉市政建设集团有限公司	wanglinwgmec@ gmail. com
107	传奇工程与贸易有限公司	weiji630@ gmail. com
108	中国中铁股份有限公司	zhongguangzhou79 @ yahoo. com
109	湖南路桥建设集团有限责任公司南亚区域管理中心	99518574@ qq. com
110	中国电建集团成都勘测设计研究院有限公司	liucong@ chidi. com. cn
111	蓉达国际物流有限公司	xuhui. liu@ rongtua. com
112	凌志环保股份有限公司孟加拉国办事处	lz@ lzhb. com. cn
113	安徽江淮汽车集团股份有限公司国际公司	steven. zhong@ jac. com. cn sammi. shang@ jac. com. cn
114	东翔针纺织有限公司	peter@ texstreambd. com
115	雪村制冷厨房设备有限公司	liurongyi69@ hotmail. com
116	许继集团有限公司	xjyangchunguang@ 163. com
117	奔虎（孟加拉）有限公司	150670091@ qq. com
118	孟加拉葆力保安物业管理有限公司	Wenyan10@ hotmail. com
119	中国机械工业机械工程有限公司孟加拉分公司	wangpeng@ sinoconst6. com
120	远景能源（江苏）有限公司孟加拉代表处	wayne. liu@ envisioncn. com

续 表

序号	名　称	邮　箱
121	中国电建集团中南勘测设计研究院有限公司	340415769@ qq. com
122	顺丰旅游服务有限公司	shunfengbd@ 163. com
123	武汉长光科技有限公司	liqiang@ yotc. com. cn
124	鸿运达国际（物流）有限公司	luckydarinternational @ gmail. com
125	华山国际工程孟加拉有限公司	top-bgd@ tiec. net. cn
126	中国船舶重工集团应急预警与救援装备股份有限公司孟加拉国办事处	zhoupeng@ harzone. com. cn
127	新时代制衣（孟加拉）有限公司	zhangws@ newera-bd. com
128	中国石油集团东方地球物理勘探有限责任公司孟加拉分公司	gaofazhong@ bgpintl. com
129	中国电力技术装备有限公司	44622181@ qq. com
130	中国水电顾问国际工程有限责任公司	liuzhi@ powerchina-intl. com
131	中辉旭能国际有限公司	114579795@ qq. com
132	山东高速集团有限公司	joyfangzhen@ 163. com
133	江苏省交通工程集团有限公司	jteg. bn. wp02@ gmail. com
134	孟加拉华湘麻制品有限公司	hxjute6688@ 163. com
135	中国重型机械有限公司	chengtingyu@ chmc. cc
136	平高集团有限公司	wcd943492605@ 163. com
137	河南省第二建设集团有限公司	zhj@ henandr. cn
138	常熟风范电力设备股份有限公司	damon. zhang@ cstower. cn
139	香港欧博（集团）有限公司	86253985@ qq. com
140	宝丽印刷（孟加拉）	pxz@ dgmingmei. com

续 表

序号	名　　称	邮　　箱
141	胜利油田富邦实业有限责任公司	tonyzhang6109@ 163. com
142	航天长征国际贸易有限公司	alityuyang@ 126. com
143	北京城建集团有限责任公司孟加拉办事处	huangxinlong@ bucg. cc
144	中电科技国际贸易有限公司孟加拉办事处	zhangjun@ cetci. com. cn
145	江苏省交通工程集团有限公司	jteg. bn. wp02@ gmail. com
146	上海双鹿上菱企业集团	flimimy@ 163. com
147	中国华电香港有限公司	meng-wang@ chdhk. com
148	稻香村餐饮有限公司	847506627@ qq. com
149	武汉晋合生工程有限公司	zhaofor@ 163. com
150	中国电建集团核电工程有限公司	wangyang@ powerchina-ne. com
151	飞达帽业控股有限公司	Fuming. lee@ mainland-bd. com
152	大连春安航运集团	chengyuxuan@ chunan. com. cn
153	孟加拉领先建筑科技有限公司	Ict2016888@ 163. com
154	中国电缆工程有限公司	chenxuebing@ chinacable. com
155	山东水利建设集团有限公司	Swccg-rnppdp@ 163. com
156	中国江西东劲集团	Hugoye1986@ gmail. com
157	长江航道局	Andy_ xiang@ ychdgcj. com
158	上海港湾基础建设（集团）股份有限公司	wdz@ geoharbourbd. com
159	Linkus Network Technology Bangladesh Limited	lye@ linkuslive. com

附录3 中孟使馆信息

中国驻孟加拉人民共和国大使馆

地址：Plot 2/4，Road No. 3，Block-I，Baridhara，Dhaka，Bangladesh

电话：0088-02-8824862，8824164

传真：8823004

经商处电话：8825272，8823313

传真：8823082

网址：http：//bd. china-embassy. org

http：//bd. chineseembassy. org

邮箱：CHINAEMB@ BDMAIL. NET

孟加拉人民共和国驻华大使馆

地址：北京市光华路42号

电话：65322521，65323706

传真：65324346（使馆），65320615（商务处），65320528（武官处）

邮箱：bdembassybeijing@ yahoo. com（Diplomatic Wing）

cc-bdembassybeijing@ hotmail. com（Commercial Wing）

ec_ bdembassybeijing@ yahoo. com（Economic Wing）

bddefatt@ yahoo. com（Defence Wing）

网址：www. bdembassybeijing. org

孟加拉人民共和国驻昆明总领事馆

地址：云南省昆明市滇池路 1399 号 3 楼

电话：0871-64329670/71

传真：0871-64329673

领区：云南、广西、贵州、四川、重庆

附录4　中方投资服务机构

中国商务部研究院海外投资咨询中心

地址：北京市东城区安外东后巷28号

电话：010-64515042、64226273、64515043

传真：010-64212175

邮箱：kgjyb@126.com

网址：www.caitec.org.cn

UNDP中国企业海外可持续发展办公室

地址：北京市朝阳区亮马河南路2号联合国开发计划署

电话：010-85320733、85320776

南南合作促进会海外投资项目信息中心

地址：北京市东城区白桥南里甲2号

电话：010-65280465、56765617

网址：www.china-ofdi.org